A
GLOBALIZING
WORLD?
CULTURE, ECONOMICS, POLITICS

グローバル化とは何か

文化・経済・政治

デヴィッド・ヘルド 編
David Held

中谷義和 監訳

高嶋正晴・山下高行・篠田武司・國廣敏文・柳原克行 訳

法律文化社

The Open University

A GLOBALIZING WORLD? edited by David Held

Copyright © 2000 by The Open University
All Rights Reserved. Authorised translation from English
language edition published by Routledge,
a member of the Taylor & Francis Group.
Japanese Translation published by arrangement with
Taylor & Francis Group Ltd through
The English Agency (Japan) Ltd.

日本語版への序文

グローバル化：9.11事件以後

　ある契機を誇張したり、ある事件や局面を過度に一般化しがちである。9.11事件は、現局面の、確定的とはいえないまでも、ひとつの転換点にあたり、グローバル化のもくろみがグローバルなラディカリズムの色調を帯びた大量テロに出会ったことになる。大量テロはグローバル化に対してのみならず、法の支配と民主政や平等な自由といった価値の広がりに対する挑戦でもあると考えられる。このテロは、こうした価値のすべてに対する挑戦である。だが、もっと広くて深いと思われる別の挑戦もある。以下では、そのいくつかを明らかにしておこう。

　グローバル化は別に新しい現象ではない。この2,000年間に、世界的宗教の展開、発見の時代、諸帝国の拡大など、多くのグローバル化の局面を認めることができる。そうではあるとしても、現代のグローバル化には、やはり、何か新しいものがある。それは、いろいろな変化が一体となって、人々の活動に、つまり、経済、政治、法、情報、環境に広く及んでいることである。この状況を、人々の活動の中心に位置するネットワークと諸関係にどの程度の影響を与えているか、また、その強度やインパクトはどのようなものであるかという点から測ることができる。本書で、また、別の著作でも試みたことは、この作業である[1]。

　現代のグローバル化は過去の諸局面と構成諸要素を共有しつつも、固有の組織的特徴を帯びている。それは、ひとつの世界が作られつつあるなかで、人々の諸関係とネットワークが広域化しているだけでなく、その強度と速度およびインパクトの力が、多くの社会生活の諸側面に強く及んでいることである。その結果、グローバル経済と24時間営業の金融市場が出現しているだけでなく、多国籍企業によって多くの諸国経済はいびつなものとなり、リージョナルな、また、グローバルなガヴァナンスの構造が生成し、さらには、グローバルな体系的諸問題（地球温暖化、エイズ、大量テロ、市場の不安定化、マネー・ロンダリング、国際的麻薬取引、遺伝子工学の規制など）も浮上している。こうした状況のなかで多くの注目すべき課題が浮している。

第1に、現代のグローバル化とリージョン化のなかで、超領域的な重複型権力ネットワークが生まれていることである。かくして、世界秩序は領域に対する排他的な主権的支配というウェストファリア原理に即して設定されているとはいえ、この原理に対する圧力と緊張が高まっている。

第2に、実効的政治権力の中心は、単純に国民型政府に求めることができるとは、もはや想定されえず、実質的には、ナショナル・リージョナル・インターナショナルなレベルで、公私いずれを問わず、多様な諸力と諸機関によって共有され、交換されている。さらには、自己決定型人民という考え、あるいは、ひとつの政治的運命共同体という理念は、単一の国民国家にのみ帰属しているわけではない。生活のチャンスの本質を規定している最も根本的な諸力と諸過程が、今や、個別の国民国家の範囲を超えるに及んでいる。

これまで、国民国家は、外交的イニシアティブに訴え、また、究極的には強制的手段を背景として、「国家理性」を追求することによって領域問題をめぐる相互の違いを解決してきた。しかし、今や、この権力論理だけでは、経済規制と資源枯渇や環境悪化から大量テロに及ぶ多くの複雑な争点を解決するには不十分なものとなり、「国民的運命」の網状化が起こっている。カントが適切にも指摘しているように、「共存が不可避」の状況に至っている。また、強力な諸国家が自国民のみならず他国民に対しても決定を行ない、超国民的諸力が国民共同体の領域を多様に越えるに至って、だれが、だれに対して、どのような根拠で説明責任を負っているかという問題は、簡単に解決できる状況にはない。

第3に、国民的と国際的とを問わず、既存の政治制度は、次の3つの極めて重大な規制と政治のギャップによって弱体化している[2]。

- 管轄権ギャップ——世界がリージョン化とグローバル化の状況を深めながらも、政策形成の単位は、なお、国民的・個別的状況にある。したがって、内外の方向が齟齬をきたすなかで外部性の問題が、また、だれがその責任を負うかという問題が浮上している。
- 参加ギャップ——既存の国際システムでは、国家と非国家を問わず、多くのグローバルなアクターが重要な役割を果たしていながらも、これに妥当な発言権が認められていないという問題がある。
- インセンティブのギャップ——グローバルな公共財の供与と利用を規制しうる超国民的実体を欠いている状況にあって、多くの国家は、差し迫った超国民的課題を継続的・集団的に解決しようとするよりも、これを回避し、ただ乗りしようとするか、あるいは、いずれかを求めようとする。

第4に、以上のような政治的乖離に別のギャップが複合化している。それは、「道徳的ギャップ」と呼びうるものであって、次のように規定することができる。
(a)　12億以上の人々が1日につき1ドル以下の生活を、世界人口の46％が1日につき2ドル以下の生活を余儀なくされている一方で、世界人口の20％が世界の所得の80％を享受している。
(b)　この事態に対し、せいぜい、「消極的無関心」から一定の負担と代償が払われているが、その額は国連負担で年間12億5,000万ドルに過ぎない（平和維持費を含めて）。他方で、合衆国の年間糖果消費額は270億ドルに、合衆国の年間アルコール消費額は700億ドルに、合衆国の年間自動車消費は天井知らずである（5,500億ドルを超えている）。

　これは、もちろん、反アメリカ的指摘ではない。EUの数字を引き合いに出すこともできよう。

　これだけでも、いくつかの疑問が浮上することは明らかである。このような事態をあえて良しとする人々はいるだろうか。現代の社会的階層構造のなかで自らが特権的位置にいることを自覚していない場合といえども、希少財とサービスの配分パターンのなかで、何億もの人々が自らの意に反して甚だしい危害と障害に苦しみ、毎日5万人もが飢餓と貧困で死亡していることを知るに及んで、なお、こうした配分パターンを選ぶであろうか[3]。さらには、すべての子供たちに対する年間の基本的教育費が60億ドル、飲料水と下水設備費が90億ドル、健康維持費が130億ドルであるのに対し、アメリカでは毎年20億ドルが化粧品に、約200億ドルが宝石類に、（アメリカとヨーロッパで）170億ドルがペットフードに使われているという状況を見過ごすことができるであろうか。倫理的理性の公正な判断からすると（要求が拒否されてしかるべきかどうかという点からすると）、こうした問題が肯定されてよいはずはあるまい。とりわけ、マスメディアの時代においては世界の生活スタイルが目に見える状況にあるだけに、グローバルな不平等は対立の引き金となり、抗争を煽ることになったとしても、驚くべきことでもない。

　第5に、それなりに個別の国民的なコミュニケーションと経済システムから、リージョナルな、またグローバルな次元で、もっと複雑で多様な網状化状況へと移行している。さらには、一国型政府から多次元型ガヴァナンスへと移ってもいる。だが、この状況のなかで、政治的アイデンティティの「グローバル化」が起こっていると想定すべき根拠は見当たらない。ひとつの例外はグローバル体系（専門家、熟練者、上級行政職員、超国民的企業の重役からなるネットワ

ーク）のエリートたちである。また、彼らの活動を追いかけ、張り合っている人々や（反グローバル化運動を含む）社会運動の緩やかな勢力配置、および労働組合の活動家と（少数）の政治家や知識人も、これに該当する。しかし、こうした集団が典型的なわけではない。すると、極めて重大な逆説に逢着することになる。つまり、ガヴァナンスが多次元的で複雑に制度化し、空間的に分散的な活動方向を強めながら、代表と忠誠やアイデンティティは、なお、伝統的な民族的・地域的・国民的コミュニティに強く根ざしているということである[4]。

したがって、一国型政府から多層型ガヴァナンスへの、国民経済から経済のグローバル化への移行が認められるが、これは潜在的に不安定な移行であるだけに、いくつかの逆転可能な激しい反動をよびうることも確かである。ノスタルジア、政治的共同体のロマン化、部外者（難民）の敵視、純粋な国民国家の模索（例えば、オーストリアのハイダー、フランスのルペンの政治など）、これに訴える反動である。だが、こうした反動といえども極めて不安定で、おそらく、（うまくいけば）比較的短期の、ないしは中期の現象となろう。その理解を期そうとすると、ナショナリズムの検討が求められることになる。

「文化的ナショナリズム」が人々のアイデンティティの中心に位置しているし、この状況は今後も変わるまい。だが、政治的ナショナリズムを、つまり、国民的アイデンティティと国民的利益のみを政治的に優先しうるかとなると、これは困難なものとなり、他者と協力してリージョナルな、またグローバルな調整を経ないでは、また、これを媒介としないでは、多くの必要な公共財の配分は期しえないことになろう。すると、国際的、ないし、より高いコスモポリタン的展望のみが、結局、もっとグローバル化した時代の政治的挑戦に耐えうるものであって、その特徴は重複型運命共同体と多次元的多層型政治に求められる。多様な争点や課題への対応と処理の必要は、生地と居住地を問わず、人々に影響を与え、結合することにもなるので、コスモポリタニズムは、政治的ナショナリズムと違って、この要請に応えうることになる。

今や、閉鎖的で管理者指導型のマルチラティラリズムから、つまり典型的には密室的な排除型のものから、もっと透明で説明責任を果たし得る公正なガヴァナンス形態への移行が、すなわち社会に支えられたコスモポリタン型マルチラティラリズムが求められている[5]。その基本的要件としては次が挙げられる。

(a) （社会・経済・環境を含む）多様な次元において、政治的共同体の相互連

関化が深まっているという認識。
(b) ローカル、ナショナル、リージョナル、グローバルなレベルで共同の規範と解決策が求められており、この点では重複型の「運命共同体」にあるとする理解が深まること。
(c) 超国民的レベルで、より多くの決定が行なわれるとともに、もっと実効的で説明責任を果たしうる決定が求められているとする認識。
(d) 既存の多次元的・多層型政体(ポリティ)をローカルからリージョンに、また、グローバルにまで広げ、また、この政体を変えるとともに、活動様式に透明性、説明責任、民主政の原理を導入すること。

だが、コスモポリタン型マルチラティラル化には、アメリカ型の地政学と国際介入主義が基本的モデルとなりうるわけではない。この点は、とりわけ、9.11事件以降の共和党右派のグローバルな単独主義(ユニラティラリズム)の新しい形態に明らかである。ヨーロッパの社会的実験は社会民主的価値のモデルと協力型ガヴァナンスという高貴な実験に依拠するものであって、その目的は将来に設定されている。とはいえ、EUにおいても、エリートと大衆政治との亀裂の深まりや人民意思の疎外という由々しい事態も起こっている。その回避策はありうるであろうか。

ナショナリズムと同様に、コスモポリタニズムも文化的・政治的プロジェクトであることには変わりはないが、ひとつの違いもある。それは、コスモポリタニズムは現代のリージョナルとグローバルな時代に適合的なプロジェクトであり、これに対応し得るものであるという点にある。しかし、これを支えるだけの議論が公的領域において支配的なわけではないだけに、水泡に帰しかねない危険もある。

9.11事件に返り、以上の脈絡からすると、この事件が何を意味しているかについて指摘しておかなければならない。公正という問題を、つまり、生存や防衛体制の政治協力という問題を生活領域に正しく位置づけるためには、そのありようの模索が求められることになる。政治と安全とが、また公正の社会的次元と経済的次元とが、今日のグローバルな体系に認められるように、長期的に分離され続けると、平和な市民社会の展望など望みえないことは確かである。あらゆる政治的暴力と排除型政治や、テロに反対する民衆の支持が広がるかどうかは、自らの苦痛に対処しうる合法的で応答的な固有の方法が存在していることを人々が納得し得るかどうかにかかっている。こうした公的制度に対する信頼感が成立しないと、実現しうるとしても、テロと不寛容を打ち砕くことは、

とてつもなく困難な課題とならざるをえない。こうみると、コスモポリタニズムを欠いたグローバル化は挫折せざるをえないことになる。

デヴィッド・ヘルド
2002年6月15日

(1) 次を参照のこと。David Held and Anthony McGrew, David Goldbatt and Jonathan Perraton, *Global Transformations: Politics, Economics and Culture,* Cambridge: Policy Press, 1999; David Held and Anthony McGrew (eds.), *The Global Transformations Reader,* Cambridge: Polity Press, 2000; David Held and Anthony McGrew, *Globalization/ Anti-Globalization,* Cambridge: Polity Press, forthcoming October 2002.

(2) 次を参照のこと。Inge Kaul, Isabelle Grunberg and Marc Stern (eds.), *Global Public Goods: International Cooperation in the Twenty-first Century*, Oxford: Oxford University Press, 1999, pp. xix-xxxviii.

(3) 数字は1997年の合衆国経済調査（US economic census, 1997）、および次より引用。http://www.wwflearnig.co.uk/news/features-0000000354.asp.

(4) 次を参照のこと。William Wallace, 'The Sharing of Sovereignty: the European Paradox', *Political Studies,* 47, 3, special issue, 1999.

(5) マルチラティラリズムの「管理者（executive）型」と「社会（social）型」との違いは、マイケル・ツアーンが2002年5月17日にロンドン経済学院で行った講演に依拠している。

目　次

日本語版への序文——グローバル化：9.11事件以後……………………i

序　論 ………………………………………………………………………1
　　　　　　　　　　　　　　　　　　　　　デヴィッド・ヘルド

第1章　グローバル化する社会……………………………………7
　　　　　　　　　　　　　　　アレン・カックレイン／キャシー・ペイン

1　はじめに　8
2　グローバル化とは何か？　10
3　グローバル化を定義する——グローバルな変化を理解する　19
4　大論争
5　根拠を求めて　30
6　グローバル化を地図で表わす　35
7　むすび　45

第2章　文化のグローバル化……………………………………51
　　　　　　　　　　　　　　　　　　　　　ヒュー・マッカイ

1　はじめに　52
2　グローバル論者　53
3　伝統論者　73
4　変容論者　79
5　文化と技術　87
6　むすび　89

第3章 経済のグローバル化··95
　　　　　　　　　　　　　　　　　　　グラハム・トンプソン

　　1　はじめに　96
　　2　経済のグローバル化の本質と限界　97
　　3　経済のグローバル化の操作的定義　102
　　4　グローバル化度の測定——貿易　105
　　5　グローバル化度の測定——資本投資　113
　　6　グローバル化というより三極リージョン化か？　121
　　7　開発途上国はどうなっているか？　129
　　8　むすび　134

第4章 権力移動···141
　　　——国民型政府からグローバル・ガヴァナンスへの移行
　　　　　　　　　　　　　　　　　　　アンソニー・マッグルー

　　1　はじめに　142
　　2　国境を越える政治——国際政治からグローバル政治へ？　145
　　3　グローバルな隣人たちを統治する　166
　　4　権力移動——国民型政府の位置設定　179
　　5　むすび——「ウェストファリア」体制から多層型グローバル・ガヴァナンスへ　182

終　章 ···187
　　　　　　　　　　　　　　　　　　　デヴィッド・ヘルド

監訳者あとがき ···198
索　引 ···200

序　論

デヴィッド・ヘルド

　商工業が十分に発達していなかった頃の地球のことを考えてみよう。また、この惑星の一隅で、例えば、小さな村や町で隣人たちと仲良く暮らしていて、他の人たちが住んでいる地区と地域や島々と大陸から地理的に孤立していると想定してみよう。すると、あなたの暮らしは1000年前のイギリスの小村に典型的な住人の生活と似て、その住処が世界そのものとなろう。訪れるものはまれで、旅行者を見かけることなどまずなく、村から出かけることがあるとしても、近くの市場に出かけることぐらいになろう（Lancey and Danziger, 1999）。かつては、別の世界と交わることが日常生活であるというより、そんなことなどめったになかったのである。当時、世界の多くは、なお、「発見される」べきものであった（多くの人々にとって、確かに、自らの世界が住処であった）。地球をきちんと区画化した地図や明確な海図などなく、伝達と通商の手段が確立されていたわけではなかった。

　この世界では、人々の社会は互いに孤立しながら発展し、相互の交渉はほとんどなかった。ある解説者が中国、日本、イスラムの古代文明について描いているように、いずれも「別々の世界」であった（Fernandez-Armesto, 1995, ch.1）。だが、時間が経つにつれて、また技術が発達するなかで輸送や農業と通商の変化をよび、近隣社会との接触が着実に深まったとしよう。すると、貿易は地域を越え、巨大な貿易網は世界に及ぶことになる。個別社会の経済力が結合されるようになると、理念が伝播し、技術革新の道がつけられることになる。こうなると、価値の新しさも手伝って、個別社会はかなりのインパクトを受けることになろう。だが、旅行・探検・軍事的冒険・貿易のネットワークが整えられつつあるとはいえ、この世界は、なお、住民と領土という点では、それなりに個別の世界であったといえよう。理念と商品および人々の広がりは、主として、隣接社会と地域に集中していて、世界的規模に及んではいなかったのである。

　確かに、数千年のあいだ、人々は旅を続け、新しい土地に入植し、深海を探り、帝国を建設し、あるいは生活手段を捜し求めてきた。だが、世界を股にかけ、両アメリカ・オセアニア・アフリカ・アジアを制覇し、互いに結び付けることができるようになったのは、ここ500年のことにすぎないことも想起すべ

きである。こうして探検と移住、戦闘と経済交換の爆発的広がりをみることになったが、これは計り知れないインパクトを人間社会に与え、その形態を大きく変えることになった。というのも、ネットワーク化と交換システムに組み込まれるなかで、人々・商品・情報のみならず、微生物すらも地域的・地球的規模で移動する新しい時代が訪れたからである。社会的・政治的・経済的活動は、共同体や地域に広がっただけでなく、大陸規模にも及び、貿易と投資や文化のフローが強まるなかで、人々のエネルギーもこうした活動に向けられるようになった。また、権力とコントロールの組織と機構（帝国、植民地化、大企業）の利益追求の活動は世界的規模に及ぶことになった。新しい輸送と通信システムが出現するなかで、そのスピードは加速している。

　こうした状況に至ると、経済・政治・文化の基盤が新しく整備され、その組織化も進み、社会関係と交渉の空間的組織も変化することになる。また、活動の規模は個別社会を超えるものと、実際、全世界に及ぶものとなる。今日、こうした状況は広く認識されている。Eメールによって世界は瞬時に結ばれ、金融市場は地球全体に及んでいる。巨大な多国籍企業が成立するなかで、多くの国々の経済は小さなものとなり、雇用は遠隔地の決定に依拠することが多くなっている。また、スーパーマーケットには世界中から集められた商品が山と積まれ、麻薬関連犯罪は超国家的規模で組織されている。地球温暖化とオゾン層破壊や環境汚染にみられるように、人類の生存にとって最も重大な脅威のなかには、個別の国家や社会の管理を超えるものもある。要するに、「発見の時代」から新しいミレニアムを迎えて、変化の諸過程が進み、人々と社会との関係や結びつきが変わっているのである。「グローバル化」とは、こうした過程の表現にほかならない。

　本書はグローバル化について論ずる。これは、この20年間に最も繁く論じられている現象のひとつである。だが、この言葉は、広く使われるあまり紋切り型になりかねない。しかも、その価値と有効性については激しい議論も起こっている。実際、なかには、詳細な経験的検討をもとに、グローバル化という言葉で現実の説明がつくのであろうかという疑問も提起されている。したがって、本書は以下の諸問題の検討に及ぶことになる。

1　グローバル化とは何か。これをどのように概念化すべきか。
2　現代のグローバル化は、それまでの時代との流れのなかでみると、どのような特徴を帯びているのか。
3　グローバル化は、個々の政治社会に、とりわけ近代の国民国家の主権と自

律性にどのようなインパクトを与えているのか。
4 グローバル化は、新しい型の不平等と階層化を、換言すれば、新しい類型の勝者と敗者を生み出しているのか。

　本書のような概説書で、以上の諸問題を詳細に辿り、その論争に含まれる多くの歴史的変化のすべての次元には及びえないことは明らかである。だが、グローバル化の議論の中心に位置している一連の争点に、つまり、近代国家の展望に焦点を据えることで討論の序文とすることはできよう。近代世界の形成は、個別の土地空間と結びついた政治社会の展開をみることによって決定的なものとなり、国民国家へと転化した（次を参照のこと。**Guibernau and Goldbatt, 2000**）。16世紀後期以後、政治権力は、まず、ヨーロッパで国家の諸構造に集中するようになった。次いで、この現象は広く世界に及ぶに至った。主権・正統性・民主政はすべて一定の境界や領土と結合することになった。こうして、地図がひかれ、明確な境界線のみならず、権威と影響力の領域が正確に画定されるなかで国家が出現した。だが、国家は、かつては社会の組織化の重要な位置にあったにしろ、今もそれと同様の地歩を占めているのであろうか。端的には、グローバル化のなかで蚕食されているのではなかろうか。これが問われて然るべき局面を迎えている。

　グローバル化の文献には3つの理論的潮流が認められる。グローバル主義と伝統主義および変容主義である。本書は、それぞれを紹介し、検討することになる。簡単にふれておくと、グローバル論者は、私たちの生活がグローバル化を深めるなかで、国家は巨大な経済的・政治的変化のなかにあると位置付けている。したがって、国民国家は蚕食と断片化の過程にあるだけでなく、国家の管理者と要員の権力は縮小の方向を強めているとされる。この状況に至って、国家は「決定の受け手」であって「決定設定者」の立場を失いつつあるとされる。伝統論者はこれに強い異論を発し、現代のグローバル化状況に先例がないわけではないとする。彼らは、近年、国際的・社会的活動の深化が認められるとしても、そのなかで国家権力は強化されている場合が多いとする。というのも、国家は新しい機構を置き、あらゆる手段を尽くして、予想される新しい挑戦に応じているとされるからである。変容論者は別の立場にある。彼らは、グローバル化によって新しい経済的・政治的・社会的環境が生まれるなかで、国家権力は変容をみているだけでなく、国家が機能する脈絡も変わっていると考えている。行く末を予言しているわけではなく、実際、言を控えているにしろ、政治は、もはや、国民国家だけを基礎としているわけではないし、そうした状

況にはありえないと考えている。国家の社会空間的脈絡は変化の過程にあり、したがって、国家の本質と形態および機能も変化していると考えられている。

第1章では以上の理論的立場を具体的に紹介し、第2章から第4章では、主として、その主張の内実の検討にあてられる。つまり、第2章ではグローバル論者について、第3章では伝統論者について、そして第4章では変容論者について検討する。各章では人々の活動の主な領域を、つまり文化とコミュニケーション、経済と政治を取り上げるのも、この領域がグローバル化の中心であると論じられる場合が多いからである（例えば、次を参照のこと。Held and McGrew, Goldblatt and Perraton, 1999）。したがって、本書は以下のような構成にある。

- 第1章では、グローバル化の概念を明らかにするとともに、本書で扱われる主な諸理論を提示する。また、地球的規模の体系を明示するための新しい方法についても検討する。
- 第2章では、コミュニケーション技術の爆発的広がりの現状（放送、インターネットなど）を紹介し、それが地球的規模の権力と社会およびアイデンティティのネットワークにどのような意味を帯びているかについて検討することになる。テレビの普及によって地球的規模の社会文化的ネットワークがどのように維持され、また強化されているのか、また、これを利用することによって国民的・地方的文化形態がどのように生み出されているのか、これに焦点が据えられることになる。また、この章では、グローバルな情報化社会が訪れているとする議論についても検討する。さらには、文化産業や文化商品のグローバル化（ディズニー、CNN、タイム・ワーナー、スカイなど）が文化生活の変化に与える作用について議論が起こっているが、この点の検討にも及ぶことになる。
- 第3章では、グローバル化を巡る議論において、国際貿易や国際金融と多国籍企業がどのように位置づけられているかについて検討する。この章の重要な争点として、世界経済におけるグローバル化の現実的規模や地球的規模の金融機構の役割が取り上げられることになる。また、国民国家と多国籍機関とのあいだで権力バランスの移動が起こっているかどうかについても論じられる。さらには、北と西の半球に経済権力が集中していることについても検討する。
- 第4章では、国民型政府の役割変化について検討する。政治自体がどの程度にグローバル化を深めているか、そのなかで、国家間システムはどのような挑戦に直面しているのか、この点に焦点が据えられることになる。「政治の

グローバル化」の鍵的次元はグローバル・ガヴァナンスの諸形態の生成に求められる。この章では、こうした現象の意味と可能性や限界について検討し、将来の展開可能性について言及することで結びとしている。こうした展開は団体型世界(コーポリット)へと、技術官僚型世界へと、また新中世型体制へと向かっているのであろうか、あるいは、より民主的世界体制へと向かっていると考えられるのであろうか、これが問われなければならない。

● 終章では、短いあとがきを付し、本書のテーマに一定のまとまりをつけている。つまり、本書で論じられている4つの重要な問題に再び戻り、暫定的であれ、一応の答えを出している。また、各章に広く認められる諸問題を概括することにもなる。とりわけ、グローバル化によって諸過程や諸構造が解き放されるなかで、国家と社会の機能（と自主的選択）が新しい作用に服しているのであろうか、また、地球的規模の変化によって多様な未確定の世界が新しく生まれているが、一連の危険や予測できない結果が待ち受けているのであろうか、これが問われなければならない。

グローバル化という言葉は、今や、専門的流行語と化している。新聞、ラジオ、テレビには、この言葉が繁く登場する。しかし、社会科学がこの概念を採り入れてしかるべきなのは、その言葉に概念的・理論的・経験的根拠が十分にあると判断されうる場合である。本書はこの点を明確にする一助となりうることを課題としている。

参考文献

Fernandez-Armesto, F. (1995) *Millennium*, London, Bantam.

Guibernau, M. and Goldblatt, D. (2000) 'Identity and nation' in Woodward, K. (ed.) ***Questioning Identity: Gender, Class, Nation**, London, Routledge/The Open University.*

Held, D. and McGrew, A., Goldblatt, D. and Perraton, J. (1999) *Global Transformations: Politics, Economics and Culture*, Cambridge, Polity Press.

Lacey, R. and Danziger, D. (1999) *The Year 1000*, London, Little, Brown.

第1章

グローバル化する社会

アレン・カックレイン／キャシー・ペイン

1 はじめに
2 グローバル化とは何か？
　2.1　いくつかの主張
　2.2　グローバル化を解釈する
3 グローバル化を定義する——グローバルな変化を理解する
　3.1　鍵概念
　3.2　グローバル化の諸概念を適用する
4 大論争
5 根拠を求めて
6 グローバル化を地図で表わす
7 むすび

キーワード解説
参考文献
さらに深く学ぶために

1　はじめに

　広く共有され、ほぼ当然視されているひとつの見方がある。それは、21世紀の幕開けにあたって、世界はこれまでになく急速かつ劇的に変化しているとするものである。そうした変化の多くは、だれしもが使っている言葉ではないかもしれないが、「グローバル化 (globalization)」と呼ばれてきたものと結びついているように思われる。

　グローバル化にまつわる物語にはすでに周知のものもあろうから、比較的簡単に済ますことができよう。麻薬、犯罪、セックス、戦争、病気、人々、観念、イメージ、ニュース、情報、娯楽、汚染、モノ、カネなど、今や、あらゆるものが地球上をかけめぐっている。それらは国境を越え、空前の規模と想像以上の速度で世界を結びつけている。世界のどこに住んでいようと、日々の生活や職場から遠く離れた場所で起こる出来事と決定や行動に左右される傾向が強まっているようにみえる。文化、経済、政治のいずれもが、情報・観念・知識の迅速な交換やグローバル企業の投資戦略を通じて、地球的規模で縦横に結ばれているように思われる。

　携帯電話、衛星テレビ放送、インターネットの出現で、地球の一方から他方へのコミュニケーションが瞬時にできるようになっている。遠く離れたところで起こった出来事を現場にいるかのようにテレビで観ることができる。新聞やテレビは、危機と恐怖やパニックのニュースを家庭に届けるが、そうしたニュースに接すると、世界中で起こっている変化は手に負えないものではないかといういらだちがつのる。私たちの多くは、グローバルな経済変化のなかで、自らの経済的安定の確保に不安を覚えている。また、文化と政治の基盤は、新しい諸運動の台頭や新しい諸制度が出現するなかで、その挑戦にさらされてもいる。個々の国民国家の権威や伝統的な社会制度は、強力で、みたところ禦しがたいグローバルな諸力から邪魔者扱いにされる状況が強まっている。ポケットの中の貨幣の価値でさえグローバルな金融市場に左右されている。

　私たちはどうやら、変化と不確実性が強まっている世界に住んでいるようである。この世界を、ギデンスは、「暴走する世界」と呼んでいる (Giddens, 1999)。「良くも悪くも、私たちはグローバルな秩序に巻き込まれている。だが、だれもこれを完全には理解しえてはいない。とはいえ、だれもがその影響下にあると感じている」と指摘している (Giddens, 1999, Lecture 1)。

ここ3世紀のあいだ、国民国家の存在と主権は政治権威の基礎として自明視されてきたが、今や劇的な試練に直面しているということ、とりわけ、この点については同意があるように思われる。

国民国家*1の鍵的な規定的特徴は、グローバルな変化の脈絡のなかで、とくに脆弱化している。というのも、国民国家とは、基本的に、「境界で区切られた領域に対する至高の管轄権」を有するものと定義されているからである（Held, 1995, p.49）。国民国家の重要な次元のひとつは、当の国家が境界線を明確に確定し、その範囲内において権威を有するものとされていることにある。国家は次のように理解することができる。つまり、「ある領域における究極的立法権を主張し、強制と暴力の正統的行使について、その独占を主張しうる一群の諸機構である」と（Gibernau and Goldblatt, 2000, p.123）。だが、交流と関係が国境を越えて成立し、国境と結びついていた従来の枠組みや統制に従わないか、あるいは、これを迂回するといった状況が起こるなかで、国境の意義が挑戦にさらされている。国民国家はグローバルな変化に対応し得るには小さすぎるし、フレキシビリティと競争力の強化を求める圧力に有効に対応するには大きすぎる。つまり、ギデンズが指摘しているように、「大問題の解決には小さすぎるが、かといって、小問題の解決には大きすぎる」のである（Giddens, 1999, Lecture 1）。

グローバル化という考えは、今や広く受け入れられ、私たちの住む世界で現に起こっている変化をとらえるものであると考えられている。とはいえ、その実体や意味をめぐっては、社会科学者たちのあいだで激論がかわされている。後にみるように、なかには、グローバル化をもって、過去との断絶を説きうるほどの状況にはないと強く主張するものもいる。本章では、まず、グローバル化をめぐる主要な議論を紹介し、後の章で展開されることになる分析的アプローチの基礎を示すことにする。ここでは、グローバル化を定義する諸概念を確定し、グローバル化という考え方が現代の社会変動の本質を理解するのに有効であるかどうかの判断規準を設定することにする。「グローバル化」がはやり言葉となったからこそ、その意味を確定することが困難になっているのである。

2　グローバル化とは何か？

2.1　いくつかの主張

　グローバル化と結びついた社会変動を検討するにあたって、まず、この概念が現代の政治論争にどのように入り込んでいるのかについて考えてみよう。次の抜粋は、グローバル化の特徴の一面を探るもので、グローバル化の論拠となっている重要な論点を明らかにしている。

> 課題 1.1

　まず、次の抜粋を読み、グローバルな変化の性格について述べたいと思ったことを3つないし4つにまとめなさい。

「ゲイツの天国をノックする」

　サイオン社（Psion）のテレコム＝コンピュータ連合がマイクロソフト社の独占を揺るがせている。

　　ビル・ゲイツは攻勢的広報活動の中心にいる。……
　しかし、そのゲイツでさえ自らの事業の急転換を余儀なくされるであろう。というのも、ある小さなイギリス企業が、急成長下にある企業連合体（コンソーシアム）の中心となり、マイクロソフト社の将来技術の支配に深刻なダメージを与えかねないからである。
　　先週だけでも、日本の携帯電話会社のＮＴＴドコモとアメリカのコンピュータ企業集団のサン・マイクロシステムズが、手のひらサイズ型コンピュータの製造会社であるサイオン社が率いるコンソーシアム＝シンビアンに加わった。
　　シンビアンは、携帯電話による「無線」革命の先導者である。この革命において携帯電話は急速に普及し、インターネットへのアクセス、メッセージの送信、請求支払や株式購入などを、現在の「有線」モデム利用の場合よりも40倍も速く行えるようになった。サイオン社、ノキア社、エリクソン社からなるコンソーシアムに率いられたヨーロッパ企業が世界市場を制覇するのも、そう遠い話ではないのかもしれない。
　　サイオン社は、ケンブリッジ大学卒の南アフリカ人であるデヴィッド・ポッターによって経営され、規模からすれば弱小の企業である。同社は、1980年代に、シンクレア・リサーチ社のためのコンピュータ・ゲーム制作から出発し、その後、個人スケジュ

ール管理と手のひらサイズ型コンピュータの分野に参入し、この分野で世界最先端の地位を確立した。近年では、フィンランド企業のノキア社、スウェーデン企業のエリクソン社、アメリカ企業のモトローラ社──これらの企業だけで世界市場の4分の3を支配している──と、シンビアンを形成するために提携した。サイオン社のオペレーティング・システム〔ＯＳ〕が新しい「インテリジェント」型携帯電話を作動させることになろう。

　マイクロソフト社は株式市場の資本額で世界最大の企業であり、ソフトウェアの世界市場の約95％のシェアを占めているが、このヨーロッパのコンソーシアムを脅威とみなしている。やがて数年のうちに、ウィンドウズとシンビアンのどちらのＯＳが市場を制するのかをめぐって、ダビデとゴリアテの対決が起こるであろう。

　大半の人々はアメリカ・グループの勝利に賭けているようである。というのも、マイクロソフト社の市場占有率には磐石のものがあるようにみえるからである。だが、サイオン社とその提携企業が移動電気通信技術〔モバイル&テレコム〕を持っているのに対して、ゲイツのマイクロソフト社はこれを保有していない。とはいえ、マイクロソフト社は、他の電気通信企業と提携し、この劣勢を挽回しようとするであろう。……

　デジタル高速通信網の次の段階はどこに向かっているのかと思案した人がいたにせよ、その種の疑念は〔1999年の〕クリスマス前の携帯電話の購入ラッシュで一掃されることになった。インターネット通信は、今や、ブリティッシュ・テレコム社の市内通話の15％を占めているとみられ、1年前の2倍にも及んでいる。専門家は、工業諸国の電話加入者数の増加率が4％であるのに対して、携帯電話加入者は33％の伸び率で増えると予想している。

　ここ5年以内にモバイル機器の販売量は、およそ7億5000万ユニットに、つまり、パソコン販売台数の3倍に達すると予想されている。それまでに、携帯電話通信は、固定電話回線を上回ることになろう。ロンドン・ビジネス・スクールのゲイリィ・ヘイメル教授によれば、アメリカで電話が1,000万人の顧客を獲得するのに約40年を要したのに対し、インターネット閲覧ソフトは18ヶ月であったという。……

　製造企業は、携帯電話が売れるほど、より安くなるということ、また、携帯電話が普及するにつれて、これを利用しない者がのけ者にされ、風当たりがきつくなるというネットワーク効果が生まれると考えている。……

　世界は1と0のデジタル電波の見えない光速の嵐としてとらえられ、次世代型携帯によって、写真、音楽、遠距離電気通信、印刷、電子メッセージなどの一連のメディア信号に再パッケージされることになる。数年のうちに、多くの製造企業によって数多くの新製品が生まれ、あらゆる種類のサービスが提供されることになろう。結局、決着をつけるのは消費者であろう。

　しかし、どのような製品で決着がつくのだろうか。おそらくは、コンパクト技術によって軽量化された携帯電話であろう。それは、高解像度のもので、腕時計ないし手のひ

らサイズの画面を備えていて、すでに敷設過程に入っている衛星媒介の世界的コミュニケーション・システムにラジオ電波を通じて接続できるものとなろう。デジタルコード化されたデータは衛星を通じて伝達され、世界中のどこのだれにでも瞬時に電話をかけ、メッセージを伝えることができることになる。また、サッカーの最新の試合結果から議会図書館の所蔵資料まで、あらゆるものにインターネットでアクセスできるようになろう。……

　消費者はもはや買い物に出かけなくとも済むことになろう。というのも、販売店が消費者のまわりにいつもいて、消費者が希望すれば、購入した製品やサービスの代金をスペインの快適な浜辺からパソコン電話を利用して支払うことも可能となろう。

　ついには、手のひらサイズのコンピュータが進化して、衣服のデザインの一部と化し、マイクが襟や帽子に縫いこまれるようになるかもしれない。また、だれもが個別に電話をもつことになれば、有線型の家庭電話は不要となり、例えば、家族生活の文化を変化させることにもなろう。

　個人市場は最大規模にふくらむことになろうが、最大の利潤を生むのは企業需要であろう。モトローラによれば、アメリカだけでも、4,000万人の従業員が放牧民のごとく長期に職場を移動しているという。コロンビア遠距離情報通信研究所は、940万マイル四方のアメリカで「電話のベル4回の範囲にある」のは2％にすぎないと推定している。まもなく、だれもが瞬時にコミュニケーションを結べるようになろう。

　こうした商業機会は企業間の激烈で容赦ない競争の引き金となろう。昨年でみると、インターネット閲覧用機器の96％がパソコン接続型のものであり、そのほぼすべてがマイクロソフト社のOS上で作動するものであった。マイクロソフト社が世界を「支配」し続けようとするなら、モバイル機器に適したヴァージョンのウィンドウズOSがインストールされる必要があろう。

　3ヶ月前に、マイクロソフト社はラジオ電波技術では全米一のクアル・コム社と提携し、今年の初めにはブリティッシュ・テレコム社と共同事業について合意した。これは、ゲイツが5年ほど前に気づいていた成行きと不気味なほど似かよっており、インターネットが巨大化する中でマイクロソフト社が遅れをとりかねない状況にあった。

　ゲイツは、まもなく、膨大な資源を投入して追いついた。サイオン・コンソーシアムが十分にわかっているように、二番手のマイクロソフト社ほど怖いものはない。マイクロソフト社は、デスクトップからモバイルの世界へ、さらにはインターネットやケーブルTVへと、そのOSをデジタル時代の主要製品のすべてに確実に導入することを決意している。……

　というのも、主要な携帯電話製造会社はマイクロソフト社の新たな独占に押さえつけられたくないと考えて、サイオン社とチームを組んだからである。その目的は、マイクロソフト社が最初の足がかりを固めてしまわないうちに、サイオン社のエポックOSを新しいモバイル機器の業界規準として確立することにある。その実現の可能性は五分五

分であり、ヨーロッパは高速情報通信網〔インフォ・ハイウェイ〕をめぐる競争において勝利するチャンスを握っている。

出典：The Guardian, 20 March 1999

課題 1.1 のコメント

報道されている出来事を描写するのに、どのような言葉が使われているかに注目したであろうか。また、この記事が伝えるメッセージをどのように考えたであろうか。「ダビデとゴリアテの対決」や「マイクロソフト社が世界を『支配』し続けようとするなら」、そして「マイクロソフト社の新たな独占に押さえつけられ」といった表現には、明白な意味がこめられている。これは世界市場の支配をめぐる争いの物語であり、企業の膨大な資源が世界大のコミュニケーションのあり方にどれほどの力を振るっているか、少数の主要企業とその幹部たちがどれほど重大な影響力を行使しうるのかについての物語にほかならない。こうしてみると、グローバル化とは、ほんの少数の主要組織（そして、おそらくは、諸個人）に権力が集中することを意味している。これは権力をもって支配とする考えに沿うもので（Allen, 2000）、権力の行使に占める特定の主体の役割を強調している。

この事例を取り上げたのは、こうした企業の範囲と影響力が、電話交信によって世界中の人々がダイレクトに結びつき、衣服に縫いこまれた機器によってサッカーの試合経過を知ることができるにまで及んでいることを示すためである。私たちには「手のひらサイズ型コンピュータによって開かれる未来」が約束されている。情報とコミュニケーションの技術発展は、私たちの生活と職場の空間的枠組みを変える力をもっている。換言すれば、人々と場所との関係についての考え方を変えてしまうことも起こりうるということである。これは、ある種の行動が起こる、あるいは起こりうると想定される場所と時間についての前提も変えることになろう。したがって、わざわざ銀行に出かけるとか、ブローカーに会わねばならないということがなくなり、スペインの浜辺などから居ながらにして所持金を移すことができるようになる。また、店を探しまわるよりも、電子ネットワークを通じて店のほうが消費者を追いかけることになろう。換言すれば、少なくとも、この主張によれば、新しい地理学が出現し、物理的距離は電子ネットワークによる連結性ほど重要ではなくなるということになる。

これらの電子ネットワークを介して表現される権力とは、特定の社会集団ないし行為主体の要求としてではなく、構造的に理解しうるものであり、行為にかかわる制度のあり方が選択肢を決定することになる。だが、ひとつの組織だけで、この種

の複合的な諸関係のネットワークを実効的に支配することは困難となる。この点で、「ダイナミックなコミュニケーションに基づく世界では、……もっぱらトップダウン型で行使される権力はその優位性を失う」ことになる。というのも、「グローバル・コミュニケーションの本来的に開放的な枠組み」においては、「分権化と柔軟性が求められる」からであると、ギデンズは指摘している（Giddens, 1999, Lecture 5）。

　先の抜粋から、私たちは現にグローバル化を強めている世界に住んでいて、どこに住んでいようと、禦しがたい決定や出来事に左右されているということを読み取ることができる。しかし、少なくとも、この記事からすると、情報やコミュニケーション技術を利用することで、諸個人には銀行のような主要機関に影響力を行使する余地が現に残されているようにも思われる。小規模の組織といえども、同盟を結ぶことで世界的に支配的な組織の権力に挑戦できるかもしれない。また、グローバルなアプローチをとることで、小規模のプレーヤーであっても、サイオン社の場合のように、「世界市場の4分の3のシェアを占める」大きな企業群と同盟し、グローバル市場に地歩を築きうるかもしれない。これは、世界がいかに統治されているかという点で、そのありようについて重大な意味を含んでいるともいえよう。コミュニケーション技術の発展は**国民主権**[*2]の脅威をよび、国民国家の政治的権威を揺るがせているようにみえる。トランスナショナルな経済と政治の権力からなるグローバルなネットワークが重要性を増しているように思われる。

2.2　グローバル化を解釈する

　サイオン社の事例研究は、グローバル化と典型的に結びついた諸変化の様相を理解する手だてとなりうる。とはいえ、これはなお、部分的なものであって、論争を呼ぶものでもある。

　課題 1.2

　以下の抜粋において、4人の著述家たちが20世紀末のグローバル化する世界の特徴をいくつか指摘している。これを読んで、彼らの類似点と相違点とを挙げなさい。また、その主張は、あなたの経験とどれほど一致していますか。

●リーディング1.1　　ウィル・ハットン『来たるべき状況』
　　貿易、金融、あるいはコミュニケーションの速度と範囲のいずれを問わず、市場と文化の国際的な相互浸透の度合いは史上空前の水準にある。どこでもマールボロの煙草を吸い、寿司を食べ、［マイクロソフト社の］ウィンドウズを使い、鍼治療を受け、『コス

モポリタン』誌を読み、ピザを持ち帰り、ＣＮＮを観ている。英語は、航空交通管制と科学論文のいずれにおいても、国際的なコミュニケーション言語となりつつある。スキー・リゾート、ディーリング・ルーム、空港の文化はどこでも等質化している。ブルージーンズ、スウェットシャツ、トレーナーはいたるところで目にすることができる。

出典：Hutton, 1997, p.55

● リーディング1.2　　ジェフ・ムルガン『連結の時代』

　大多数の人々にとって、現代世界の基本的事実とは、世界が連結されているということである。一世紀前であれば、あるいは一世代前でさえ、多くの場所は互いに隔たっていたが、今や、そんなところはどこにもない。

　この連結性の最も単純な次元がコミュニケーションである。今や、ほぼ10億万世帯がわずか数秒で言葉を交わすことができる。グローバルな位置確定技術によって、地上のどこであれ、位置を正確に追跡することができる。携帯電話は断崖の上や砂漠のなかでも使うことができる。だが、別の側面もまた重要である。世界的な気候変動、オゾン層の破壊、海洋汚染、このすべてが世界中の人々をより密接に結びつけることになる。というのも、ある場所で下された決定が、他の場所に影響を及ぼすからである。その結果、見慣れない新しい状況が出現している。隔絶と孤立とは、かつては貧者の状況であったが、今や、他の人々から簡単に姿を隠せるだけの資力をもった大富豪だけのものとなっており、しかも、そのプライバシーを守るのに多くの支援に依存せざるをえないという状況が生まれている。

　これほどの連結性は予想されなかったことであって、縮小する世界の青写真など、だれも持ち合わせてはいなかった。

出典：Mulgan, 1998, p.19

●図1.1　グローバル化のインパクト？　あるインドの村でのテレビ視聴

● リーディング1.3　　ジョン・ワイズマン『オーストラリアとグローバル化の政治』

　グローバル化という言葉は、20世紀後期の、最も意味があいまいで、危うく、かつ重要な流行語である。意味があいまいだというのは、多くの意味を含み、さまざまに使われているからである。危ういというのは、どこであれ、生活のあらゆる面に資本主義的諸関係が規制されないままに入り込みながら、この言葉でもって、こうした状況が強力かつ簡単に正当化されかねないからである。重要であるというのは、グローバル化をめぐる論議によって、時間と空間とがこれほどまでに劇的に圧縮され、世界の片隅でとられた行動が遠くはなれた人々や場所に急速かつ重大な反響を与えていることを明らかにしうるからである。

出典：Wiseman, 1998, p.1

● リーディング1.4　　アンソニー・ギデンス『暴走する世界』

　ギデンス自身は、別の見方に立っているとはいえ、グローバル化とはアメリカ化にすぎないとする見方を次のように手際よく要約している。

　「ヨーロッパと北アメリカ以外の地域に住む多くの人々にとって、[グローバル化]とは西洋化――ないし、おそらくはアメリカ化――のことであるようにみえる。というのも、アメリカ合衆国は、今や、唯一の超大国となり、グローバルな秩序において、経済的・文化的・軍事的に支配的な立場にいるからである。グローバル化の最も目立った文化的表象の多くはコカコーラやマクドナルドなどアメリカのものである。……[多国籍企業の大半がアメリカと北側先進諸国を拠点としているだけに]、悲観的なグローバル化観からすると、グローバル化とは主として北の先進工業社会の事象であって、南の発展途上社会はほとんど、ないし、まったく積極的な役割を担ってはいないと考えられることになる。こうした見方に立つと、グローバル化とは、ローカルな文化を破壊し、世界的な不平等をさらに拡げ、多数の貧困者の現状を悪化させるにすぎないものと捉えられることになる。グローバル化は勝者と敗者の明暗のはっきりとした世界を作り出し、少数の勝者が繁栄の道をひた走る一方で、多数の人々はみじめで失望に満ちた生活を余儀なくされると論じられてもいる……。[20世紀最後の10年間において]世界人口の5分の1を占める最貧困層が世界所得に占めるシェアは、[すでに悲惨な]2.3％から1.4％に落ちこんでいる……。[他方で]グローバル企業の中には、北の繁栄した国々では統制ないし禁止されている商品を低開発諸国で売りさばいている企業もある……。これでは、『地球村（グローバル・ヴィレッジ）』というより『地球的略奪（グローバル・ピレッジ）』である」。

出典：Giddens, 1999, Lecture 1

　課題 1.2 のコメント

　4つのリーディングがグローバル化について異なる理解を示していることは明らかである。最初のリーディングは、グローバル化とは経済と文化の均質化を特徴とし

ていることを強調し、第2のリーディングは連結性の強化を重視している。また、第3のリーディングは、グローバル化とは無規制の資本主義とほぼ同義であることを強調している。そして、第4のリーディングは、グローバル化とはアメリカのグローバルな力であると解釈している。

　いくつかの点で、以上のリーディングには矛盾した面があるように思われる。例えば、グローバルな連結性の強化はローカルな世界に脅威を与えるものとみなすことができる。リーディング1.1は、グローバル化によって社会をコントロールできない状況が生まれるという悲観的な見方に立っているとも読み取れる。すると、グローバル化の諸力がさまざまに均質的社会を作りあげるなかで、文化的特性を解体し、「グローバル」な経済・政治システムを押し付けていることになる（この見方はリーディング1.3と1.4にも読み取ることができる）。社会変動をこのように解釈すると、グローバル化とは、社会の歴史と文化的多様性や伝統的な生活様式に対する、また、個人的・集合的な主体的行為ないし自律性に対する脅威にほかならないことになる。すると、経済がどのように運営されるべきか、また職場がどのように組織されるべきかという点で、私たちの選択肢はますます狭まっていることになる。さらには、賃金カットや新しい職種、あるいは福祉財源のカットなどを受け入れなければ、イギリス（あるいは、いずれの国であれ）は世界的競争力を持ちえないことにもなる。

　もちろん、より積極的なとらえ方もある。おそらく、リーディング1.2はこの点を最も明確に反映している。この場合、よりグローバルな世界で生活することはエキサイティングで刺激的なことであって、世界のどこに住もうと、新しい機会と選択肢が開かれることになる。ローカルな場で営まれる生活といえども、しだいにグローバルな脈絡に組み込まれることになり、イギリスの一都市でタイ料理を食べ、TVをつけるだけでオーストラリアの生活感にひたることもできるようになる。リーディング1.1が指摘しているように、世界が均質化すると、どこにいてもスシを食べ、鍼治療を受けることができることになる。

　ムルガンが述べているように、「異なっていたものの多くが平準化されている。同時に、連結性が強まるなかで、今まで以上に文化が容易に結合し、混成と変容を繰り返すことになる」(Mulgan, 1998, p.22)。海外旅行は異文化理解を深めるし、電子メールによって世界中で連絡を取り合うことができる。社会的諸関係は空間を越えて広がり、相互連結が国境を越えて強まるなかで、伝統的なローカル文化や生活様式の再解釈と刷新が求められることになる。そうなれば、国境を越えてモノ、観念、技術、社会的諸慣習が自由にフローするなかで、行動主体の範囲は実際に広がり、国の違いに起因する消極的側面が消えることになるかもしれない。これは、ローカ

ルな文化と多様性の幅を（狭めるというよりも）広げることになるかもしれない。というのも、国民国家が自らの市民に画一的アイデンティティを押し付けることが難しくなり、場と場との結びつきが国境線を越えることが多くなるからである。

　この点で、リーディングの指摘には共通点が認められるということがより重要であろう。というのも、いずれもグローバル化の諸過程が現代生活の主領域で強まっていることを強調しているからである。この諸過程は、形態のいかんを問わず、普段の生活のなかで確認しえよう。どこへ出かけても（ファーストフード・レストラン、世界的ブランド、携帯電話の形で）なじみのものに出くわすし、逆に身近では（食べ物、文化的・宗教的行事、音楽や映画といった点で）違いに気づくことも多くなる。

　本節で確認した意見の違いは、本章と後の諸章で展開されることになるグローバル化をめぐる議論にとって極めて重要な意味をもっている。あなたは、リーディングが提起している諸問題をどのように理解したであろうか。グローバル化を積極的に、あるいは消極的にとらえたであろうか。グローバル化には何か新しいものがあるのだろうかとの疑念を覚えただけであろうか。ローカルな生活や文化がグローバルな諸力の脅威にさらされているのであろうか、それとも、ローカルの歴史は、ローカルなもののなかにグローバルなものを組み込むことによって、新しく、また、大胆に再形成されているのであろうか。こうした疑問に対する反応は不確実で両義的なものとならざるをえないと想定されるが、それは、問題が複雑だからである。

要約 グローバル化とは何かという点について、いくつかの暫定的結論を引き出すことができよう。
- それはグローバルな連結性が強まっていることを示している。
- グローバル化とは、社会的諸関係の空間的形態に重大な変化が起こっていることを表すものであり、したがって、みたところローカルな過程とグローバルな過程と思われても、両過程間の相互作用がしだいに重要なものとなっている。
- グローバル化には、グローバルな規模で権力が組織され、行使されることが含まれる。
- グローバル化とは、多次元的な過程であって、社会的諸関係全般——文化、経済、政治——に妥当する。その影響は、食べもの、テレ

ビから環境の持続可能性にいたるまで、社会生活のあらゆる次元に及んでいる。
- グローバル化を積極的にも消極的にも理解することができる。それは恩恵のみならず、リスクをも社会に与えている。ローカルな場所と文化がグローバルなフローの脅威にさらされる傾向が強まっていると、あるいは、こうしたフローによって新しく、さまざまにつくり変えられていると理解することができる。

3 グローバル化を定義する——グローバルな変化を理解する

3.1 鍵概念

第2節で確認したように、グローバル化の解釈は多様であるとはいえ、最も顕著な特徴ないし概念を次の4項目に括ることができよう。

3.1.1 社会的諸関係の拡張

社会における文化・経済・政治の過程が国民国家の境界線を越えて**拡張**[*3]し続けており、ある場所で起こったことや決定が他に重大な影響を及ぼしているとされる。**リージョン化**[*4]とは、ヨーロッパにみられるように、「地理的に隣接する国家」間の相互連関性の強化であると定義すると、グローバル化とは、大陸を越えた諸関係やリージョン間の諸関係が形成され、地球全体に広がっていることを指すものとみなしてよかろう。（ムルガンのリーディング1.2にあるように）グローバルな気候変動や環境悪化が、あるいは（ワイズマンのリーディング1.3にある）無規制の資本主義的諸関係がこれに該当するといえよう。このように社会的諸関係が拡張するなかで、あらゆる人々が幅広い連結ネットワークに組み込まれるようになり、個々の決定がグローバルに影響を与えることになる。こうしたなかで、例えば、個人の消費決定が積み重なって、今日のグローバルな環境問題に連なったとする論者もいる。

3.1.2 フローの強化

社会的諸関係の拡張は、国民国家を超えた相互作用と相互連関性のフローおよびネットワークの**強化**[*5]と結びついていると思われる。その一面をコミュニケーションと相互作用の密度に読み取ることができる。この点は、先のサイオ

ン社に関する抜粋のなかで、1999年のアメリカにおいて「電話のベル4回の範囲にある」のは2%にすぎなかったが、……「まもなく、だれもが瞬時にコミュニケーションを結べるようになろう」と指摘されていることにうかがうことができる（*The Guardian*, 20 March 1999）。アメリカ合衆国は、なお、この種の電子フローの中心に位置しているが、コミュニケーション・ネットワークが世界中に普及すると、他所の出来事とは隔絶していた人々も、領域的空間を異にしつつも社会空間を共有しうることになる。すると、例えば、世界の片側で飢餓や戦争が、あるいは大虐殺といった事態が起こったとすれば、物理的に距離があるからといって、事実上、これを無視するというわけにはいかなくなる。こうした事態から隔離されているわけにはいかず、居間に入り込んでくることになる（歪められたり、美化されたり、あるいはセンセーショナルに）。

3.1.3 相互浸透の深化

グローバルな相互作用の規模が広がり、強度が強まるなかで、ローカルなものとグローバルなものとの相互関係からなる地理状況も変化している。社会諸関係が拡がるにつれて、経済的・社会的諸実践の**相互浸透**[*6]も深化し、距離があるかにみえた文化と社会が、グローバルな次元だけでなくローカルな次元でも、他の文化や社会と直面するようになる。コカコーラやマクドナルド、あるいはハリウッド映画は、ある文化（この場合はアメリカ合衆国の文化）の表現が他の国々へ輸出され、さらには別の方向にも作用することを示す明白な事例である。先のリーディングも示しているように、西洋文化は世界中で文化的影響力を強めている。モスタファーヴィは次のように指摘している。

> グローバル化とは、ある意味で、現に領土を物理的に占拠することを必要としないまま、旧植民地的権力関係を鋳直すことであるとみなすことができる。例外はロンドンやニューヨークといったグローバル都市であり、今や、西洋によって物質的ないし経済的に植民地化されてきた国々の人々によって植民地化されている。(Mostafavi, 1999, p.9)

3.1.4 グローバルなインフラストラクチャ

国民国家の境界を越えた相互連関化は、個別国民の規制と統制のシステムの外部で作動しており、作動様式だけでなく制度的な**インフラストラクチャ**[*7]の点でもグローバルなものとなっている。情報とコミュニケーションの技術によ

って、グローバル市場の成長を支える相互作用のインフラストラクチャが整えられる。この理解からすると、国民国家はこうした市場の裁量にゆだねられ、市場が構造的に強力に作用するなかで、国民国家の政策的選択肢を厳しく制限することになる。現に起こっていることは、国民国家の主権が根本的な挑戦に直面していることである。大前研一は、「ボーダーレス世界」へと移行しており、国民国家ではなくて都市地域ないし都市国家が政治組織の主要な基盤になると指摘している（Ohmae 1990）。いくつかの（世界）都市がグローバルな権力の結節点となり、ここで金融上の決定が行われることになる。この種の権力要塞で下された決定が多大の影響を与えることは、株式市場の浮き沈みに、また、日経平均とナスダックやFTSEとダウ・ジョーンズといった諸指標にやっきにならざるをえないことに窺うことができる。こうみると、要は、真にグローバルな（「自由」）市場が存在していて、そのルールに企業も国々も、また、人々や労働者と資本も従わざるをえなくなっているにすぎないとみなす人々もいる。他方では、トランスナショナルな、ないしはグローバルな経済的・政治的ガヴァナンスの諸機関が生成しているとも指摘されている。

3.2　グローバル化の諸概念を適用する

　これが「グローバル化」の基本的特徴であるとすると、この特徴は、現実の事態を分析し、社会変動を理解するのに、どれほど有効であろうか。また、グローバル化が日常生活に与えるインパクトの評価という点で、どれほど有効であろうか。こうした問題について考える手がかりとして、グローバルな核廃棄物の移送を事例研究としてみよう。

課題 1.3

　事例研究として、以下の引用を、「拡張」、「強化」、「相互浸透」、そしてグローバルな「インフラストラクチャ」といった概念を念頭に置きながら読んでみよう。また、グローバル化という考えは、核廃棄物の移送にかかわる諸過程の理解を深めることになるのか、また、どのような点で、その手引きとなりうるかを考えてみよう。

ボックス 1.1　事例研究——核廃棄物を移送する

　1986年4月、ソビエト連邦のチェルノブイリの原子力発電所で事故が起こった（この国家は消滅し、チェルノブイリは、現在、ウクライナ共和国にある）。爆発の諸影響は事故現場から遠く離れた地域にまで及んだ。放射能を含んだ雲が雨となってイギリス北部に降った。また、放射能降下物の影響は短期的なものであろうと予想されていたが、10年後になっても、イギリス北西部のカンブリア州では7万頭の羊の放射能汚染が続いた。旧ソビエト連邦においては、チェルノブイリの放射能の結果、2040年までに死者は1万6000人を超えるであろうと予測されている。

　一方、カンブリア州のセラフィールドでは、原子炉や核燃料貯蔵庫および再処理工場も、環境と社会の両面で重大なリスクを抱えていることは明らかである。イギリス全土から、さらには日本からも核廃棄物が再処理のためにセラフィールドに持ち込まれている。また、セラフィールドはイギリスの核産業とアメリカのためにプルトニウムを製造している。したがって、イギリスと他の国々とをグローバルに結びつけている経済的・政治的諸関係が、カンブリアの汚染というローカルな危険に凝縮されていることになる。

　イギリス南部にある民営のアルダマストン核兵器工場は、核産業が抱えているローカル・リスクの事例である。環境庁による1999年の工場査察の際に、汚染された水が無許可で路面の排水溝に流されているのが見つかった。また、大量のトリチウムを含んだ水が小川に排出され、その川がレディングの町の飲料水となっている河川に合流していることも判明した。すると、数百万ポンドを工場配管の交換に充てなければならない。そうしないと、テムズとロンドンの飲料水も危険なプルトニウム粒子で汚染される危険性がある（*Observer*, 21 February 1999）。

　身近に、あるいは飲料水の供給源近くに、こうしたリスクを抱えた工場があることを歓迎するコミュニティなど、まずない。それでも、人口密度の高いイギリスが世界最大規模の放射性廃棄物の貯蔵庫をいくつか抱えている。現地の反対からカンブリアなどのイギリスの地下深くに核汚染物質を投棄するという計画は取り消され、投棄場を海外に求めるという政治的決定が下された。これはグローバルな連結性と影響のネットワークが複合的であることを示す一例である。こうした状況のなかで、1999年に『オブザーバー』紙は、イギリス政府所有企業のイギリス核燃料公社（BNFL）が出資したとされる1つの計画を報道した。それは、世界中から集めた汚染物質を、オーストラリアのアボリジニ・コミュニティの「目と鼻の先に」運び込むというものであった。それは、推定で25万年以上ものあいだ放射能が残存しつづけることを意味する。この計画はアボリジニの土地に世界最大の核廃棄物貯蔵庫を建造しようとするものであった。BNFLの高官＝ビル・アンダーソンは次のように発言したと報じられている。「わが社は核技術の最先端企業であり、常に、革新的解決策を模索している。現実的見地からすると、廃

棄物貯蔵庫の建造については、なんらかの国際協力の模索が不可避であろう。……オーストラリアは好適地であり、深層処理場の建造と維持に不可欠の政治的安定性もそなえている。……オーストラリアの経済などの点からも、その継続的繁栄につらなるものと考えている」と（*Observer*, 21 February, 1999）。

他方で、オーストラリアの現地の反応はそれほど熱烈なものではなかった。アボリジニの指導者たちは、古くからの居住地や多くの希少種に対する脅威も含めて、ローカルな環境が破壊されると指摘した。また、イギリスが「彼らを犬のように扱って」いると述べた。アボリジニたちは、約50年前にも、イギリスの核実験のために故郷を去るように強いられたことがある。あるアボリジニの女性代表者は、「私たちはイギリスなどによる

●図1.2　グローバル化とともに生きる　オーストラリアのアボリジニの若者

採鉱や核実験で苦しめられてきた。子どもたちをイギリスから持ち込まれる毒物で殺されたくはない」と述べている（*Observer*, 21 February 1999）。

汚染物質のグローバルな移送の正当化論は、1991年の世界銀行の内部メモで経済学的に説明されている。このメモはローレンス・サマーズによるもので、当時、世界銀行の主任エコノミストであった。サマーズは「汚染物処理産業の低開発諸国への移動を促す」3つの理由を挙げ、次のように説明している。第1に、汚染が健康に与えるコストは高賃金国の方が低賃金国よりも高くつくというもので、そのコスト差は、患者ないし瀕死の人たちが疾患のせいで失った潜在的所得で測られるとする。また、「大量の有害廃棄物を低賃金諸国で投棄することを正当化する経済学的論理」には「非の打ちどころがない」と論じている。第2に、「アフリカの過疎国は広く低汚染の地域」であって、汚染が深刻化したとしても、健康などに与える影響のコスト増は相対的に小幅にとどまるであろうと述べている。最後に、高所得の国々においては、安全な環境という要望がさらに強まるだろうと主張している。したがって、例えば、汚染で前立腺ガンの発症リスクが増えると、「5歳以下の幼児死亡が1,000人中200人である国の人々よりも、前立腺ガンから生き残ろうとする」高所得諸国の人々の関心を強く呼ぶであろうと論じている。結論として、汚染の輸出は「福祉の改善」を促し、輸出側（の富裕諸国）には環境面で、輸入側（の貧困諸国）には財政面で恩恵を受けることになり、ともに状況の改善につながるだろう、と指摘している。

（次に引用。Harvey 1995, p.65）

課題 1.3 のコメント

　この核廃棄物の移送例は、明らかに、複雑で、この種の汚染には不確実性とリスクがつきものであると認識されているだけに、強い感情と反応を呼びうる。以下では、グローバル化に関する4つの鍵的概念を使って、それぞれの概念から事例にみられる諸過程について説明している。

- 空間を超えて社会的諸関係が拡張していることは極めて明白である。旧ソビエト連邦における原子力とその生産に関する諸決定は、チェルノブイリ原発から遠く離れたところにまで劇的な影響を与えた。核廃棄物の再処理はグローバルな産業であり、核廃棄物の投棄地の探索もグローバルなものとなるなかで、オーストラリアの投棄地がBNFLにとって魅力的なものであったことは明白である。こうした諸関係が複合するなかで、投棄場の探索が世界的な焦点となった。これは、少なくとも、グローバル化のテーゼと一致している。オーストラリアは、イギリスの最初の流刑植民地として始まって以来、同様に利用されてきたと論ずる者もあろうが、この種の新しい取り決めはイギリスの植民地主義（あるいは新植民地主義）とよりも、グローバルな規模の産業活動と結びついている。世界銀行の内部メモが示唆しているように、北の豊かな諸国から南の貧しい諸国（いわゆる低開発諸国）への汚染のフローは「福祉を世界的に高める貿易」であり、広大な空間と低汚染の場所は汚染物を貯蔵することができるし、その見返りに所得を増やすことができると論じられている。これが新しい「論理」である。これは、従来のグローバルな不均等発展のパターンに依拠しつつも、これを組み直す論理である。

- 相互作用の強度も明白である。チェルノブイリの爆発は、現地にとどまらず、数千マイル離れたところでも測定可能な影響を与えた。カンブリアに核廃棄物を投棄しようという計画に地元民が反対しただけで、子どもたちが新たな汚染の被害を受けるのではないかという恐怖で世界は激しく揺さぶられかねなかった。また、オーストラリアのアボリジニたちは、1950年代にイギリスの核実験のために土地から追い出されたことがあるが、それと同様の脅威に直面していたと論ずることもできよう。だが、今回の場合は、その論理は、単純な植民地主義というより、グローバルなビジネスの要求に従うものである。この脈絡からすると、グローバル化のインパクトが地理的に不均等に作

用していることを確認しておくことも重要である。汚染物質の貿易はグローバルであるが、汚染のインパクトや汚染物投棄場の設置はローカルである。換言すれば、グローバルな決定によって受ける影響の度合いは地域的に異なるものであって、不平等な権力関係を反映するとともに、これを強化することにもなるといえよう。

● 相互浸透の点ではどうであろうか。チェルノブイリの事故がイギリスに与えたインパクトや、BNFLがオーストラリアに投資することを決定した潜在的インパクトは極めて明白である。しかし、相互浸透には、インパクトの跳ね返りも含まれている。チェルノブイリの事例が核産業の規制についてグローバルな関心を高めたことは確かである。しかし、おそらく、より重要なことに、この事件によって技術超大国としてのソビエト連邦の脆さが立証されることになり、決定的とはいえないまでも、既存の国家システムの崩壊を早めることになったといえる。また、イギリスのセラフィールドがイギリスと日本の核廃棄物の再処理工場の役割を務め、イギリスとアメリカの核産業のためにプルトニウムを生産し、さらには、他国へ核汚染物質を再輸出するという役割を果たしている。こうしたことから、グローバルな核産業を軸に複合的な相互作用過程が進行していることがわかる。そして、オーストラリアにおける核廃棄物貯蔵庫建築計画に対する地元民の反対は、イギリスにおいて（例えば、『オブザーバー』紙にみられるように）数ページにわたる新聞報道にただちに跳ね返ることになったが、こうした展開から双方向的過程が作動していることがわかる。

● グローバルな制度的インフラストラクチャとネットワークの出現は、核廃棄物処理をめぐる論議の多くの論拠となりうるものである。サマーズの内部メモの指摘もこの点を明らかにしている。世界銀行は、確かに、グローバルな経済と貿易のインフラストラクチャという点で重要な役割を担っていることを自認している。しかし、トランスナショナルなインフラストラクチャのなかには未発達なものもあるということを、また、チェルノブイリの事例にみられるように、トランスナショナルな規制機関の非力が危機の発生にあずかったということを注意しておくことも重要であろう。さらには、グローバル化を主として支えているのは、グローバルな「自由主義的」貿易システムにすぎず、このシステムによって主要な経済主体がいつでも、どこへでも自由

に移動しているとも論じられている。

要約 グローバル化にまつわる諸概念を核廃棄物の事例に適用するなかから、グローバルな変化の性格や影響をめぐる理論的論争の鍵的諸問題が明らかになった。その要点は以下である。
- グローバル化は、ローカルとグローバルなレベルで、社会的諸関係の地理的変化を引き起こしている。
- グローバル化は不均等な経済的・政治的諸関係と結びついている。
- グローバル化の影響は地理的に不均等である。
- 「拡張」、「強化」、「相互浸透」、「インフラストラクチャ」という4つの概念は、グローバル化のインパクトを明らかにするうえで有効である。

4 大論争

　次の3つの章では、文化と情報、経済、ガヴァナンスの3つの主要な次元と結びつけて、グローバルな変化をめぐる多様なパースペクティブと具体例が提示されることになる。そうしたパースペクティブのメリットとデメリットを評価するために、理論的枠組みを使って各パースペクティブを3つの包括的なアプローチにまとめておこう。

　支配的アプローチの2つはグローバル論者と伝統論者のアプローチと呼んでよかろうが、両者は、グローバル化について、ほぼ正反対の立場にある。第3のアプローチは変容論者と呼ばれ、この2つのアプローチとはかなり異なった立場にある。

　グローバル論者[8]は、グローバル化が現実の明白な現象であるという見方をとっている。彼らは、社会的諸関係の形状が大きく変化しており、社会諸過程は、今や、圧倒的にグローバルな規模で展開していると論じている。グローバル化のインパクトは世界中で感じられ、グローバルな相互連結が強まるにつれて、国境はそれほど重要ではなくなったと、また、ナショナルな文化や経済と政治はグローバルなフローのネットワークに包摂されていると、さらには、そのことによってローカルな、またナショナルな差異や自律性と主権が弱まり、

均質でグローバルな文化と経済が生まれていると指摘している。グローバル論者は、新しいグローバルな構造が出現し、そのルールによって諸国や組織と人々の活動が左右されていると述べている。この見方に従えば、グローバル化は進歩の必然的な軌跡であって、それゆえ、これに抵抗しようとする試みは挫折せざるをえないことになる。

　グローバル論者でも、楽観主義者ないし**積極的グローバル論者**はグローバル化の恩恵を挙げ、グローバル化の諸影響を歓迎すべき変化であるとする。彼らは、社会的諸関係が拡張することによって生活の質と水準が改善され、人々の一体化も進むなかで文化の共有と諸国民間の相互理解が深まるものと考えている。それは、ある意味で、グローバルなコミュニケーションを通じて人々が世界市民になるということである。積極的グローバル論者は、グローバルな環境汚染の危険性を認識しつつも、消費水準を最低限におさえるように責任を分担しあうことで状況は改善しうるし、また、新技術の開発によって環境汚染水準を減らすこともできるとしている。

　これとは対照的に、**悲観的グローバル論者**は、世界がしだいに多様性を失い、均質性を強めているととらえている。彼らは、主要な大国――とりわけ、アメリカ合衆国、西ヨーロッパ、日本といった北側の諸国――の経済的・政治的利益集団の支配を強調している。というのも、こうした集団は、変化を求める圧力に効果的に抵抗することができるし、自らのアジェンダを世界に押し付けることもできるからである。悲観的グローバル論者は、また、国民的アイデンティティと主権の縮小を否定的にとらえつつ、グローバル化の作用が不均等であることにも注目している。

　逆に、**伝統論者**[*9]はグローバル化に懐疑的である。彼らは、社会的諸関係に根本的ないし体系的変化が起こっていることは明白であるとする考えに異議を発している。グローバル化とは神話であり、まったく新しい現象であるとすることは誇張にすぎないとし、むしろ、過去との連続性を強調している。世界中で貿易とカネのフローが増大しているとしても、歴史的には、これまで諸国民間で繰り返されていた経済的・社会的な相互作用との実質的な相違が起こったわけではないと論じている。モノや文化の交流は以前からのことで、19世紀にもあったわけであり、開かれた交易や自由な経済関係は世界的規範であったし、これまでの歴史においてもグローバルに強力な経済と政治の利益集団が存在しなかったわけではないとする。それゆえ、現に起こっていることは、これまでの交易型の世界的結びつきの継続と展開にすぎないとしている。伝統論者は、

多くの経済的・社会的諸活動は、空間的な規模において真にグローバルなものというより、本質的にはリージョナルな水準にあるととらえている。この点で、欧州連合（EU）は、グローバル化というより、リージョン化が重要性をました事例として引き合いに出されることになろう。

　解決策を模索するなかで、伝統論者は、グローバル論者とは違って、国民国家には戦略を展開しうる余地が残されていることを強調する。彼らは、国民は、なお、（相対的に自律的な機関として）自らの経済的・政治的優先順位を決定し、戦後の福祉国家を守るだけの余地を十分に残していると考えている。グローバル論者はそうした政策的余地はないと主張するが、これは税金や妥当な賃金を支払いたくないと考える大企業のイデオロギー攻勢にほかならないと一蹴する。伝統論者はグローバルな企業の開発優先策に対する諸集団の抵抗を支持し、こうした策から生ずるグローバルな不平等に挑戦しようとしている。

　第3の変容論者*10のアプローチは、グローバル論者と伝統論者の、ややもすると不毛なものになりがちな論議を越えようとするものである。変容論者はグローバル主義と伝統主義のパースペクティブの両極論を拒否している。彼らは、グローバル論者には誇張が認められるという点では伝統論者と意見を同じくし、国民国家は、軍事的・経済的・政治的になお強力であると論じている。しかし、グローバル化に対する懐疑論には正当なところがあるとしつつ、グローバル化の概念を否定したり、あるいは、その物質的インパクトや影響を過小評価することは無謀であると判断している。

　この見方からすると、現代のグローバルな相互作用の影響は、複合的かつ多様で、予想しがたく、さらには不均等に波及するだけに、真剣な考察と関心が求められることになる。換言すれば、グローバルな社会的諸関係には重大な変化が認められないとしても、その諸特徴には看過しえないものがあるということになる。国民国家の自律性は、説明責任を負わないトランスナショナルな権力の諸形態によって制約されている。というのも、こうした権力の形態には商業利益の追求を駆動力とする主要な大企業の優先順位が反映され、あるいは、グローバル市場において有効に競争できるという至上の要請が優先されることになるからである。したがって、グローバル論者に本質的な誤りがあるということではないが、グローバル化が不可避の、あるいは、不変の終着点であると理解されるべきではないとする。むしろ、グローバル化とは、相互に結びついた一連の複合的諸関係であって、権力の大半はこうした諸関係を通じて間接的に行使されるものと認識すべきであるとする。

変容論者は、グローバル化の形態そのものは不可避のものではなくて、逆転可能な場合もありうると、また、解決策の基礎は民主的責任性とグローバルなガヴァナンス・システムをめざす新しい進歩的な組織を作りあげることに求められることになると主張している。このシステムにおいてグローバルな諸制度は民主的なものとなり、新しい権能が付与されることになるが、国民国家は固有の領土と正統性を維持し、政策の説明責任を有する枠組みとして鍵的な役割を保持することになるであろうとしている。変容論者は、グローバル化の諸傾向に認められる構造的脈絡と、国民的な、ローカルな、および、その他の諸機関がそれぞれイニシアティブを発揮して実行可能なことを明確にすること、この両者の相互作用の脈絡をつけることが重要であるとしている。

課題 1.4

本書の先を読むなかで、以上の理論的アプローチの違いの理解が深まることであろう。これまでに提示した争点の理解を深めるために、核廃棄物の事例（3.2節）を題材に、3つのアプローチからグローバルな変化がどのようにとらえられることになるかについて考えてみよう。また、こうしたアプローチについて自分なりの考えを下の表にまとめてみよう。事例研究からすると、いずれのアプローチが最も有効であると考えますか？

■表1.1 グローバル化の理論的アプローチ――核廃棄物の事例から

理論的アプローチ	
グローバル論者（積極派）	
グローバル論者（悲観派）	
伝統論者	
変容論者	

課題 1.4 のコメント

　グローバル論者からすると、核廃棄物の事例は、新しいグローバル体制のなかで生きていくことの学ぶ必要性を伝えるものであることになる。世界銀行のメモの引用は汚染物質取引のメリットを強調するものであって、グローバル主義の視座と一致している。サマーズ自身は、おそらく、楽観論者とみなされることになろうが、彼の主張に納得できない人々のパースペクティブからすると、そうした方向は悲観的にとらえられることになろう。伝統論者は、たいした変化は起こってはいないと論じるであろう。この事例に認められる関係は古い植民地的関係の拡張にすぎず、グローバルな不平等には取り立てて新しいものなどないと考えるであろう。変容論者は、この関係には重大な変化が起こっていて、植民地的関係を反映するものであるというより、グローバルな貿易が現実の関係となっていると主張することになろう。だが、アボリジニとオーストラリア政府のいずれにも、その計画に疑念を発し、グローバルな汚染物質取引が引き起こす諸結果に抵抗する機会も存在していると指摘することになろう。

5　根拠を求めて

　後の諸章では、グローバルな変化に関するパースペクティブの違いを評価することになるが、まず、次のことを考えてみる必要がある。つまり、どのような量的・質的根拠をもって、グローバル化が重大な現象であると、あるいは政治ないし学界のブームにすぎないといえるのか、また、それが経済と社会の関係に重大なインパクトを現に与えているか否かを評価しうるのかということである。グローバル化の根拠を捜し求めることは困難であるし、論議を呼ぶものでもあるが、欠くことのできない手順でもある。この節では、評価に求められる多様な根拠のいくつかについて考えてみよう。まず、第3節で確認した特徴に立ち戻り、グローバル化が起きているかどうかを、そうだとすると、どのような構造にあるかを判断するための妥当な指標について考えてみよう。

社会的・経済的関係が空間を超えて広がっている

　これには次の例が含まれよう。
- 国境を越えた移民のフローや、さまざまの異国に住んでいる（かつては祖国

に住んでいた）移民者間の顕著な結びつきとネットワークの存在をみてみよう。すると、国境線を越えて文化の諸形態が共有され（ときとして「ディアスポラ〔離散〕文化」と呼ばれることもある）、その存続と維持および展開をみていることがわかる。これは、社会的諸関係が空間を超えて広がっていることを示すものである。こうした事例には、中国の外部で中国人コミュニティどうしが結びついていることや（Allen, 1999, pp.212-4）、ギルロイが「ブラック・アトランティック」と呼んでいるような黒人間の複合的な結びつきも含めてよかろう（Gilroy, 1993）。もちろん、懐疑論者（ないし伝統論者）は、ユダヤ人のディアスポラの歴史が古くからのものであることに注目することで、現に起こっていることが真に新しい現象ではないとみなすことになろう。

- 貿易と投資のフローが世界的に拡がっているといえるのか、あるいは、かなり小規模なものにとどまっているのか、これを評価することが重要である。経済交換が、おおむね、かなり少数の国々に限定されているのであれば、誇大なグローバル化論に疑問を発してしかるべきことになろう（第3章を参照のこと）。グローバル論者と伝統論者との論争において重要なことは、貿易パターンが19世紀以来変化したかどうか（また、それがどのように変化したか）を確定することである。

- 北の富裕国民によって生み出された環境汚染がどのように拡がり、環境のグローバルな持続可能性を脅かしているのであろうか。この点では、空間相互間のフローや相互連関を地図化してみると、国民国家を越えて、また、政治的境界を越えて、さらには、リージョンを越えてグローバル化がどの程度に進んでいるのかが判明しよう。

地球上を交差するフローの深化

これには次の例が含まれよう。

- コミュニケーション技術は世界の大半の国々で普及している。その歩みをたどることはそれほど困難なことではなく、第2節で検討したように、イギリスの小さな会社＝サイオン社と「一枚岩」のマイクロソフト社との世界的な支配をめぐる闘争にもうかがうことができる。重要なことは、こうした技術がさまざまな社会において、どの程度に積極的に活用されているかを、その人口のなかでどれほどの利用者がいるかを明確にすることである。この視点からすると、グローバル論者と伝統論者との議論においては、規模の変化が

起きているにすぎないのか、それとも、生活様式を変えるほどの変化が起きているのかを明確にすることが重要となる。
- かなり短い時期（5年から10年）を顧みて、変化のペースを評価することができよう。例えば、携帯電話の利用率や衛星放送の受信増加率を、また、世界中でアメリカのファストフード店がどの程度に拡がっているかを調べることができよう。

●図1.3　インドネシアでのファーストフードの購入

- グローバルな文化現象はどれほど世界に広がり、その範囲はどの程度に及んでいるのであろうか。瞬時にコミュニケーションが成立するからといって、隣人よりも（例えば、ネルソン・マンデラのような）世界的に偶像視されている人々に強い親近感を覚えるといえるであろうか。ハリウッドは日々の生活にどれほどの影響を与えているのであろうか（第2章を参照のこと）。
- 国々や大陸間の貿易量と交換のレベル、および、その増加量という問題もある。というのも、これは経済的フローが強まっていることを示す有力な根拠となるからである。
- 国民国家という政治的境界を越えて移民が増加し、グローバル化が進んでいるとすると、その影響を受ける国も増え、世界の全リージョンで移民人口が増えることになる（Casteles and Miller, 1993）。すると、重大なことに、この現象への対応策を伝統的な（国民国家を基礎とした）取り決めに求めることができるのか、それとも、新しい形態のグローバル・ガヴァナンスが求められているのかという問題が浮上することになる。

経済的・社会的慣行の相互浸透の深化

これには次の例が含まれよう。

- アメリカの文化形態がどの程度に他の国々に輸出されてきたかという問題がある。この点は、かなり容易に測定することができよう。だが、ここにとどまらず、こうした輸出文化が、輸入国でどのように再解釈・再活用されているかを評価することも重要である。相互浸透を明らかにしようとすると、逆輸出ないし交換と学習の複合的パターン——例えば、新しい思考様式や新しい文化の形態とアイデンティティの編入——がどのような状況にあるかに注目せざるをえなくなるであろう（Woodward, 2000）。

    こうした文化形態の相互浸透の具体例を挙げることは、輸出入のフローを計測するよりも困難である。この種の事例としては、ポルトガルのTV放送でブラジル製のメロドラマの人気が高いことや、「インド」料理が、典型的な「イギリス」料理としてイギリスを訪れる旅行者に出されるようになっていることが挙げられよう。

- ズーキンは、ニューヨークのレストランについて検討するなかで、移民がレストラン関連の多様な取引の場に関与することが多くなっていて（とはいえ、労働力市場においては、とりわけ低賃金で臨時の職種である）、「被雇用者と顧客の点でグローバルな市場とローカルな市場」との一体化が進んでいると指摘している（Zukin, 1995, p.185）。レストランでは、ローカルな味に仕立てられたグローバルな料理が提供されているのである（p.182）。

- 多様な文化と異なった伝統がローカルな場で並存している。伝統論者は、都市部で人種的ないし文化的に区切られたゲットーや社会的区域が認められるからといって、それほど新しい現象とは言えないのではないかと指摘することになろう。だが、その規模や複雑さには従来とは異なるものがあるといえよう。例えば、ディヴィスは、「ロサンジェルスの近隣地図は、従来の世界地図を書き直し、韓国の隣にエルサルヴァドル、タイの隣にアルメニア、ベリーズの隣にサモア、ハリスコ〔メキシコ中部の州〕の隣にルイジアナを配してきた」と述べている（Davis, 1993, p.41）。

- モノやサービスの輸出、ないし（日本、イギリス、ドイツの対アメリカ投資のように）さまざまな国への対外直接投資のパターンが認められる。このことから、世界中でどれだけの国々がこの過程に実際に関与しているかということだけでなく、その動向がどの程度に一方通行のものとなっているかが明らかとなる。

グローバルなインフラストラクチャの出現

これには次の例が含まれよう。

- 情報とコミュニケーションの技術はグローバルにシステム化している。その最も明らかな例がインターネットの発展である。これがどの程度に及んでいるかについて検討し、評価することができよう。これには、TV放送用の、また、携帯電話ネットワークを含むコミュニケーション用の衛星通信システムの普及も含まれる。

- グローバルな金融市場が出現しているだけでなく、複雑化してもいる。とくに、ロンドン、ニューヨーク、東京の大取引所では、今や、世界的な大取引が昼夜を問わず繰り返されているというのが実態である。だが、金融部門において国ごとの相違がどれほど残されているかということと併せて、小規模取引が諸国でどの程度に続けられて（かつ繁栄して）いるかを調べることが重要である。銀行システム間の多様性が高いと、熱烈なグローバル論者の主張は根拠の弱いものとなろう。

- なかにはグローバル市場の圧力に抵抗している国々もある。例えば、通貨切り下げの拒否や福祉支出維持の試みが挙げられる。この種の試みの成否をもって、これら諸国がどれほど主権の属性を維持しているかの指標とすることができよう。

- 国民政府間で、また、諸機関や非政府組織（NGO）間で、トランスナショナルな相互連関が深まるなかで、新しい形態のグローバル・ガヴァナンスが生成している。これは、少なくとも、国民国家が、他の諸機関や組織と提携しないでは、役割を十分に果たしえないということでもあろう。国民国家と結びついた公的ガヴァナンスは特定の地理的境界とかかわっているだけに、空間的に制約されている。遺伝子組み換え食品やバナナ貿易をめぐる論議は世界貿易機関（WTO）のようなグローバルな組織を通じて処理されている。こうした諸機関は、大企業ないし特定の国々によって支配されているにすぎないとみなされることもあるが、実際には、指摘されるほど自律性に欠けているわけではない。この種の組織の別の例としてEUが挙げられるが、これは世界のグローバル化のなかでリージョナルなパートナーシップを形成している。マッグルーは、例えば、（北大西洋条約機構（NATO）のような）安全保障、テレコミュニケーション、人権などの分野で、国家間の制度やネットワークが広範に成立していることを確認している（McGrew, 1995）。その実態を測るひとつの手段として、国際的政府組織（とりわけ、EU、NATO、

国際連合、WTOが含まれよう）や非政府組織（例えば、グリーンピース、オックスファム〔Oxfam: Oxford Committee for Famine Relief〕、カトリック教会）の増加を図示化することが挙げられよう。第4章では、こうした組織の台頭について検討することになる。
- 1999年のセルビア爆撃で、NATOは主権国家間の同盟の役割を果たしたといえよう。だが、関係諸国がとった統一行動は、NATOがグローバルな、ないし超政府的な組織以上のものであることを示している。確かに、セルビア人からすれば、コソボはユーゴスラヴィアの一地方である。だが、国際的に認知された国境といえども、ユーゴスラヴィア政府が自らの境界内で暴力手段を独占的に行使することが許されるわけではないと考えられたことは、極めて明らかである。一国家の国境内で起こった出来事といえども、広くグローバルな関心事となり、外部からの介入を呼ぶことになった。

要約 グローバル化は多次元的過程であり、複雑で重層的な地理状況と結びついている。こうした新しい地理状況を測ることは困難で、単純な量的測定だけでは適切なものとはなりえない。例えば、トランスナショナル企業の数、こうした企業のグローバル市場における占有率、移民人口ないし環境被害地といった規模はフローの一部や相互連関の規模と強度を知る重要な手がかりとなりうるが、文化の転移や社会的不平等の程度を測ることはそれほど容易なことではない。

6　グローバル化を地図で表わす

　グローバル化は複雑な現象であり、その意味を表現しようとすると常に困難がつきまとう。そこで、より深くとらえるために、地図を使ってその意味を考えてみるのもひとつの方法といえよう。というのも、多くの人々は世界を地図や地球儀で考えるという方法になじんでいるからである。
　どこの地図も当然あるものと受け止められている。道路地図は町や都市間のガイドの役目を果たしている。街路図は目的地に案内してくれる。田舎を散歩するときには法定測量地図が便利であろう。このように、少なくとも基本的レベルで、地図の利用法に疎い人などほとんどいないといえよう。

とはいえ、地図は実際には極めて複雑な抽象物である。現実の単純な写しではなくて、その作成にあたる人たち（また、それを読み取る人たち）が強調したいと考える現実の表現である。したがって、どのような情報を取り入れ、排除するかという点で極めて選択的な性格をもっている。だから、例えば、町や都市の街路図が地勢図とみなされることはまずないし、また、田舎へ出向こうとすると、それ相応の情報が必要とされるであろう。それぞれの地図には込められた意図があり、課題に従ってデザインされている。地図は、世界をどのように理解するかという点で、固有の方法を反映してもいる（また、強化することもありえよう）。この点で、ドリーン・マッシーは、「地図は表象手段であって、どの地図にも個々に描かれている場所について独自の理解と解釈が具体化されている」と述べている（Massey, 1995, p.20. 傍点は原文）。

地図が重要な表象の形態であるということは、地球を図示化しようという試みを考えてみると、とりわけ明確となる。もちろん、1枚の紙に2次元で表現することには、そもそも根本的な問題がある。というのも、世界は3次元であって、球体に近い形状にあるからである。さらには、3次元のものを2次元に翻訳するわけであるから、その方法に関連してはより重大な問題もある。

世界を表象する最もポピュラーな地図は、長い間、メルカトル図法によって作成されてきた（図1.4を参照のこと）。これは、そもそも、ヨーロッパの貿易業者の航行用に作られたものであり、さまざまな大陸の形状をかなり正確に図示するという点で優れている。だが、極めて重要な点で、この図法で作成された地図は多大な誤解を生みがちである。つまり、北半球の国々と南半球の国々とを比較してみると、前者が実際以上に大きいことを暗示している。「教室の壁に貼られる標準地図」（Wright, 1993, p.38）としてメルカトル図法が流行したのがヨーロッパ（およびアメリカ）の支配の時代、とりわけ植民地支配が当然視されていた時代と一致していることは、おそらく驚くべきことではあるまい。1960年代まで、少なくともイギリスの学校で使われていた地図では、大英帝国（後にはイギリス連邦）の勢力範囲を強調するために、自らの植民地がピンク色に塗られていた。

メルカトル図法の世界地図では、イギリスは、その植民地領土と比較すると、実際以上に大きくみえる。さらには、グリニッジ子午線が中心にされるだけに、イギリスの重要性が際立ち、世界の中心に据えられることになる。地図の中心を変えると、例えば、太平洋のまん中を地図の中心にすると、どの国が重要であり、どの国がそうでないのかという点で、まったく別のメッセージが伝えら

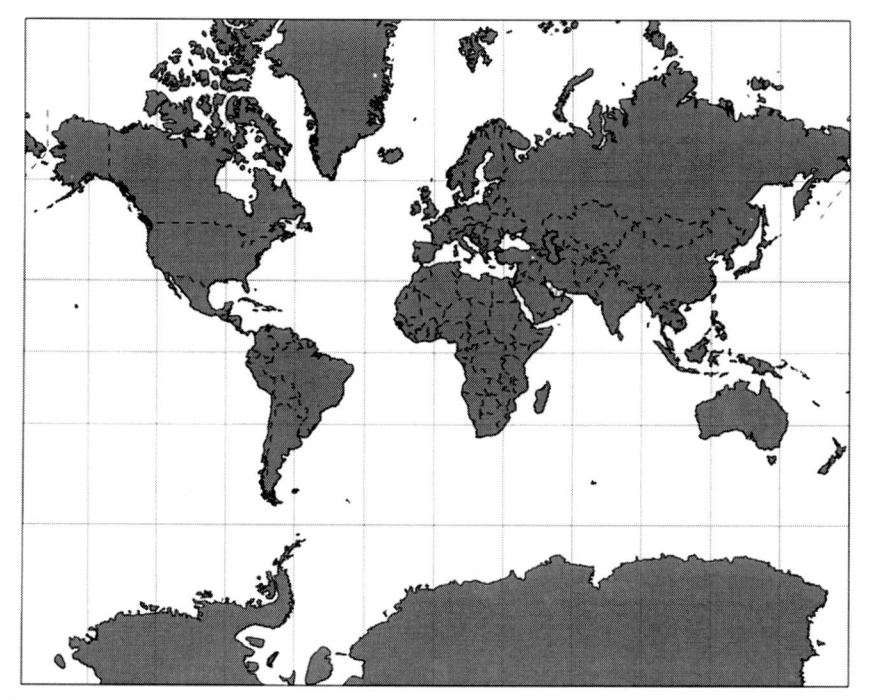

●図1.4　メルカトル図法による世界地図

れることになる。同様に、北半球を地図の上部に据えた一般的なモデル（これは、だれもが「北」とはどこかを「知っている」という理由による）では、どうしても北が世界で最も強力で重要な位置にあると理解されがちとなる。おそらく、（次の図1.5に認められるように）オーストラリアを上部に据えた地図を見ると、世界の見方が、現実には、地図による表象によってどれほど強く形づくられているのかを理解することができよう。

　図法が異なれば、伝わるメッセージや反映される世界理解がどれほど異なるものとなるのかを理解する方法のひとつとして、ピーターズ図法によって示された世界地図（次の図1.6）を挙げることができる。この図法（より正確には、さほど知られてはいないが、ゲイル正積図法という）では、多様な諸国の面積を精確に表現することに力点が置かれている（これは「等面積」図である）。少なくとも、面積の点では、イギリスとヨーロッパが世界に占める役割はかなり控えめなものとなり、それ以外の地域は、より重要であるとはいえないまでも、同じ程度には重要であるという理解につらなる。この地図にも欠点がない

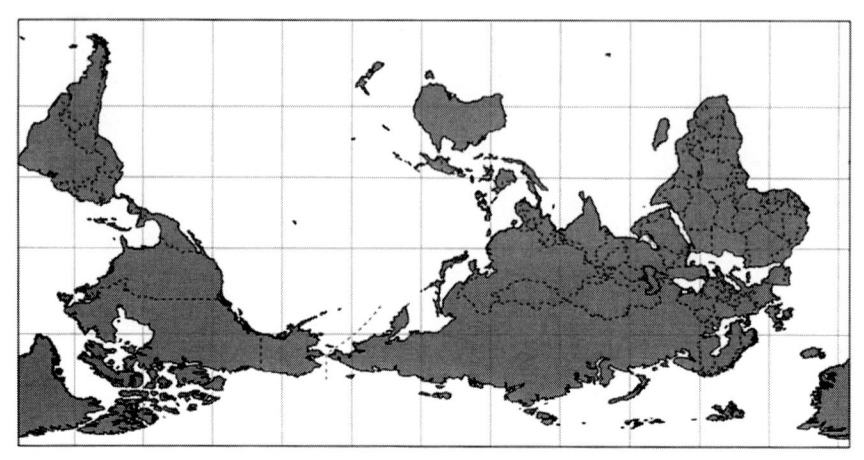

●図1.5　オーストラリアを世界の上部にもってきた地図

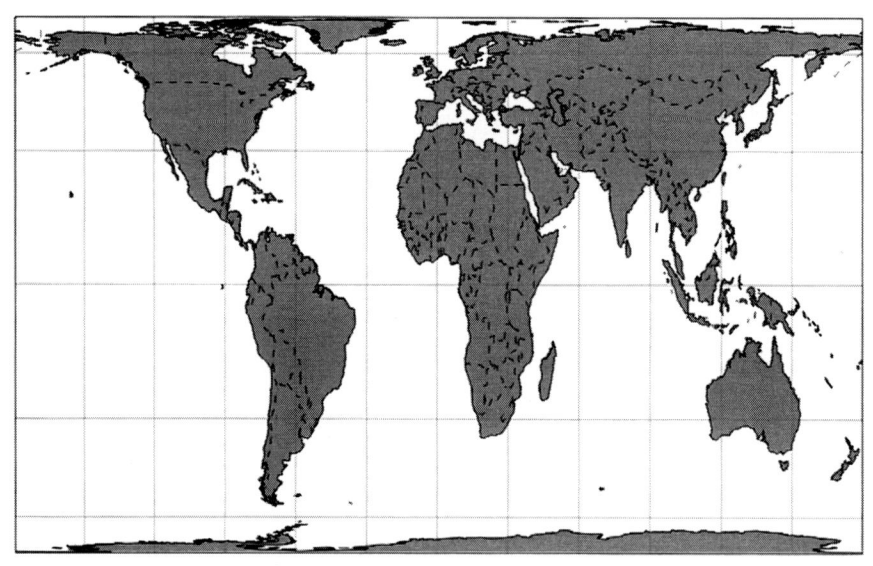

●図1.6　ピーターズ図法による世界地図

わけではなく、例えば、大陸の形状を歪めてしまうことは確かである。この2つのモデルを折衷しようとの試みもあるが（Wright, 1993, p.45）、いずれも、表象の点で独自の折衷を強いられることは言うまでもない（したがって、いずれも固有の意味を帯びることになる）。

　最もなじみ深い世界地図は、境界に注目して国々とその境界線を確定するも

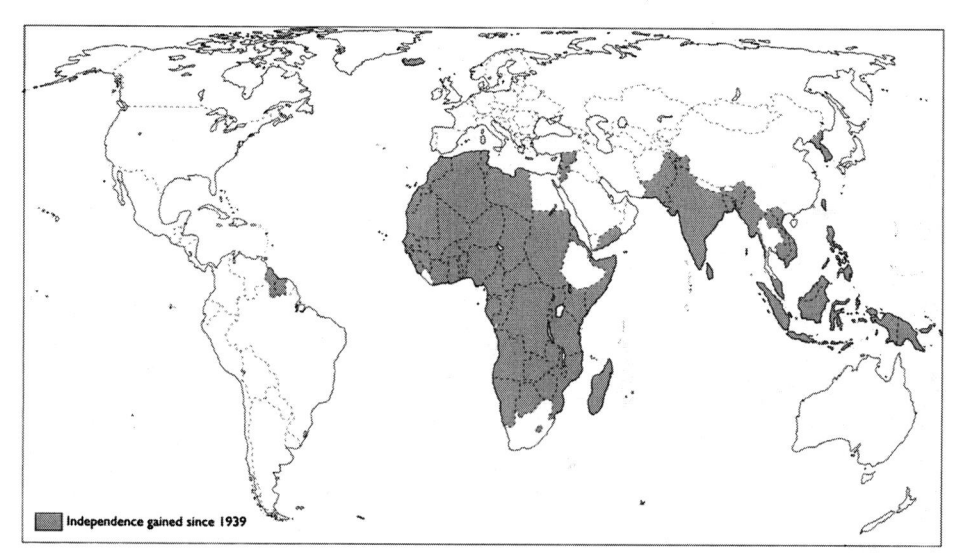

●図1.7　第二次世界大戦後の主権の変化

のである。かつて、こうした地図では、ヨーロッパ列強が世界中に版図を拡げるなかで、植民地が強調されていた。だが、ここ数十年にあっては、変化を追いかけることが地図作成者の現実的課題となっている。この点では、1990年代に入るやソビエト連邦がその構成国に分裂するなかで、これを反映した新しい地図がさっそく出版されている。続いて、ユーゴスラヴィアが血なまぐさい再編成に突入したことが挙げられる。次の図1.7は、1939年以降の主権の変化を示している。注目すべきことは、こうした変化の影響を受けなかった地域がいかに少ないかということである。だが、グローバル化の過程がいかに重要とはいえ、国境が、なお、国家にとって自らの法的支配の及ぶ区域を確認する重要な手段であるということも認識してしかるべきである。また、国民国家の数が1945年以来、さらには1980年代以降も劇的に増加していることも注目に価しよう。

　しかし、世界を表象する方法は境界で示されるものとは限らない。次の図1.8は、一部が雲で覆われた、自転する青い地球の写真である。これは宇宙飛行が実現して以来、なじみ深いイメージである。

　ある意味で、これだけが「現実」の図であるといえるのかもしれない。というのは、なんといっても、これは写真だからである。だが、実際には、いくつかの疑問が湧くであろう。この図は何を伝えているのだろうかという疑問であ

●図1.8　「宇宙船地球号」

る。この写真は説得力ある表象である。世界は政治的境界で分断された空間であるというより、単一の存在であることを示している。「ひとつの世界」であることを、だれもが「宇宙船地球号」の乗客であることを、そして、経験をほぼ共通にしていることを示唆している。だが、この写真は、境界と区域とを強調する地図よりも正確に現実の生活世界を表象しているといえるのであろうか。

　いくつかの点で、図1.9は、諸国と諸大陸の、なじみ深い形状を示した世界地図であるようにみえる。この地図は、また、「宇宙船地球号」の乗客には、なお、区分が存在していることを知らせる世界観を示してもいる。諸国の大小は20世紀末の各国の国民所得（国内総生産〔GDP〕）の大きさを表現している。この地図では、国が大きいほど国民所得も大きいことを示している。この様相は21世紀も大きく変わりそうにはない。すると、相対的に繁栄した「北」（オーストラリアとニュージーランドを含む）と、貧しい「南」との違いが表面化することになる（とはいえ、北と南の内部においてもかなりの違いがみられる）。この地図は世界の不均等性（と不平等）をそれなりに明らかにしている。

　カステルは、不均等性と不平等はこの程度にとどまるものではないという（Castells, 1998, pp.70-165）。グローバル化は、移民パターンを通じて予想外の結びつきを生み出すとともに、世界の巨大都市のどこにでも、似かよった生活スタイルをもったグローバルなエリートをつくり出しているが、同時に、どの世界都市においても、労働力市場の底辺に位置する移民とローカルな労働力の

●図1.9　国々のGNP比で表した世界地図
出典：*Financial Times*, 27 November 1999. データはCIAの情報管理部の提供による。購買力パリティで換算した1997年のGDPデータに基づいている。ただし、この地図にはすべての国が図示されているわけではなく、多くの国が入っていない

プールが形成されていると論じている。彼は、「第四世界」という概念を使って、グローバル化のなかで経済的フローから排除されている人々がいることを指摘している。こうした人々は、事実上、新しいグローバル経済に参加する道を閉ざされており、また、「第四世界」は「世界中で多数の社会的排除というブラックホールを形成している」と論じている。さらには、次のように指摘している。すなわち、「第四世界」は、「こうした新しい社会的排除の地理という点からすると、文字どおり、どの国においても、どの都市においても存在している。それは、アメリカの市街地のゲットー、スペインの大量の若年失業地域、フランス郊外の北アフリカ人収容所、日本の寄せ場（Yoseba）地区、アジアのメガ都市の貧民街などからなる。そこには数百万のホームレス、収監者、売春者、犯罪者、暴力団員、汚名の烙印を押された人々、病人、文字の読めない人々が住み着いている」と（Castells, 1998, pp.164-5）。こうした事態をすべて地図に表現できれば、新しい世界をかなり異なった視点からみることができよう。

　地球を地図で表わそうとすると、世界をどのように理解しているかが問われ

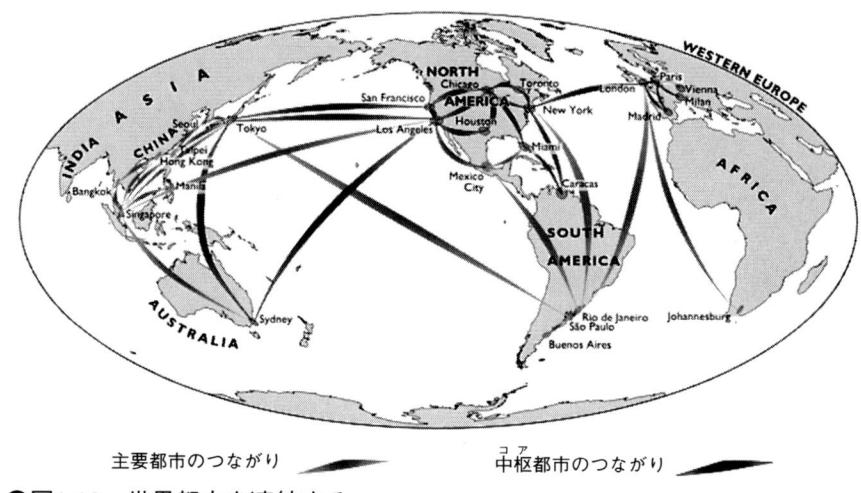

主要都市のつながり　　　　　　中枢(コア)都市のつながり

●図1.10　世界都市を連結する

ることになる。どのように地図を用いれば、グローバル化の諸特徴を、つまり複合性、フローと相互連関性、断絶と分裂をとらえることができるのであろうか。グローバル化にかかわる諸関係性を地図で表わす方法があるのだろうか。

　グローバルな状況をかなり単純に地図化する方法として、世界の結節点間のフローを捕捉することが挙げられる。この方法によれば、例えば、図1.10が示しているように、世界都市を確定して、その連関を描くことが可能となる。

　別の方法は、図1.11がフォルクスワーゲン社の場合を明らかにしているように、ひとつの主要多国籍企業を取り上げて、その国際的な生産システムを地図化することである。こうした情報を明示することで、世界を別の見方でとらえることが可能となり、諸関係が世界的な拡がりにあることがわかり、一国的な政治・経済や国境を中心としたアプローチを疑問視せざるをえなくなろう。

　別のアプローチは、伝統的な距離の観念からではなく、時間と空間の観点から世界を再考するものである。例えば、地域間の関係性を、マイルやキロメーターよりも移動所要時間で表わすような地図を作ることができよう。図1.12は、太平洋地域の一般的地図であるが、図1.13は同地域を別の視点から再構成したものである。図1.13の距離は、物理的距離に基づくものではなくて、定期空路の移動所用時間を基礎としている。すると、まったく違った様相が現われる。より近くなる場所もあれば、遠くなる場所もあり、定期空路でほとんど、あるいはまったく結ばれていない場所は、事実上、地図から消えてしまう。しかも、このプロセスの流動性は強まっている。というのも、図1.13の図は1975年時点

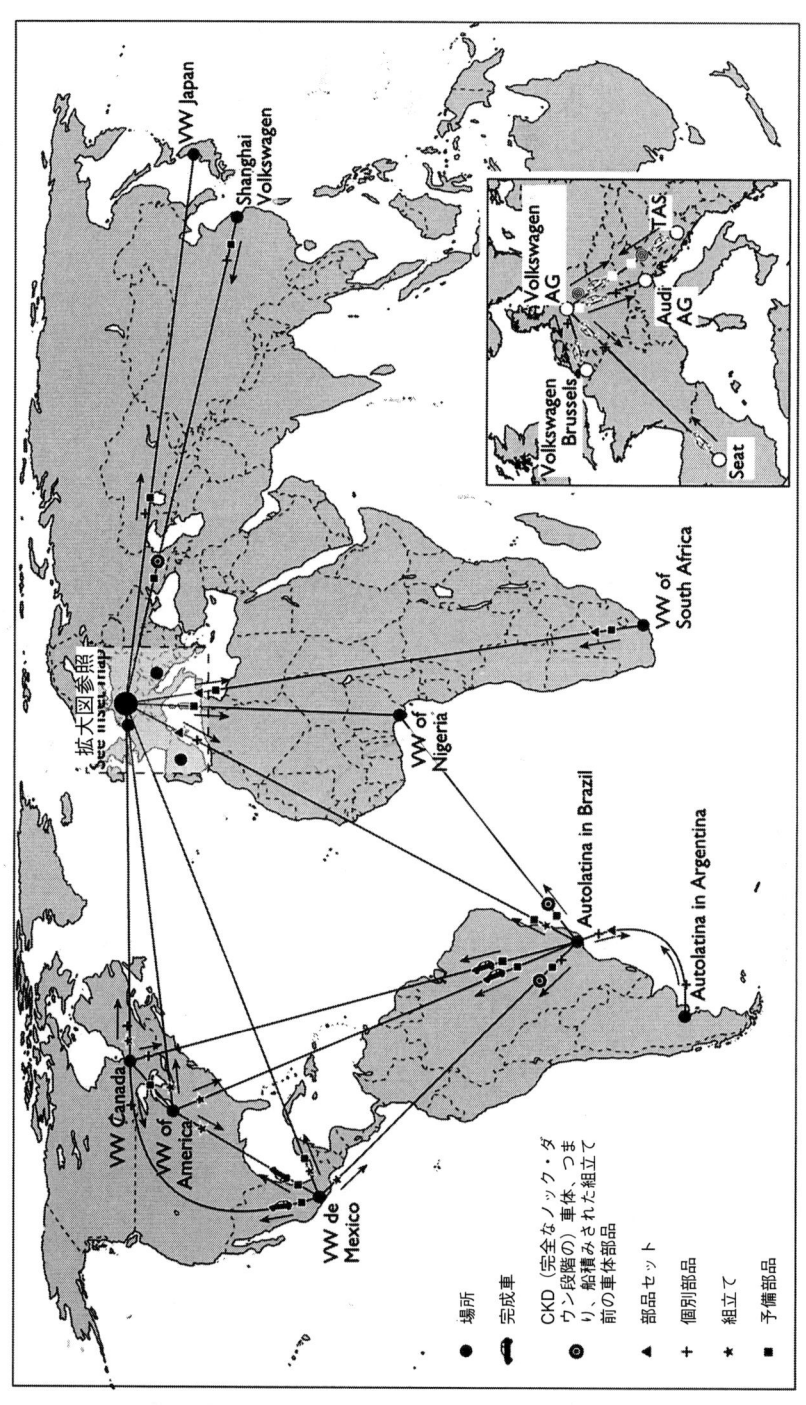

●図1.11 フォルクスワーゲン社の国際生産システム
出典：Knox and Agnew, 1998

の定期空路を基礎としているからである。今では、この地図も違ったものになろうし、なかには、なお、空路外の地域もあろう。

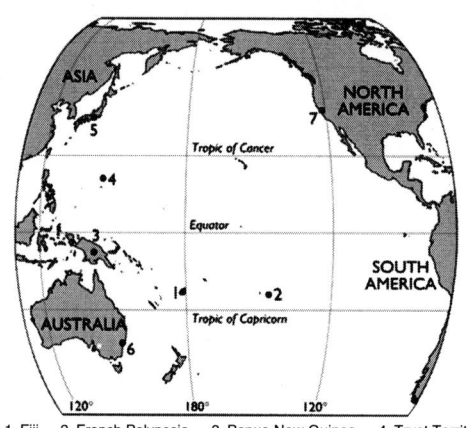

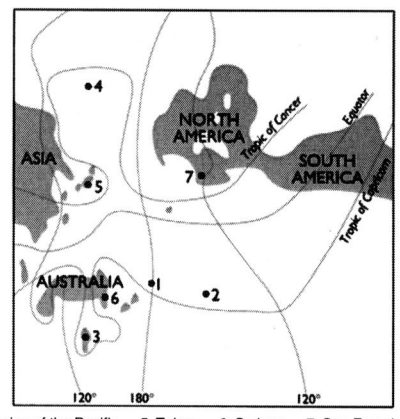

1 Fiji　2 French Polynesia　3 Papua New Guinea　4 Trust Territories of the Pacific　5 Tokyo　6 Sydney　7 San Francisco

●図1.12　距離の観点からみた通常の太平洋地図

●図1.13　太平洋の時空間地図
1975年の定期航空路線による相対的なアクセス所要時間に基づく
出典：Haggett, 1990, 図3.3(c)

課題 1.5

3.2の核廃棄物輸送の事例を思い起こし、どのような地図があれば、この事例にみられるグローバルな変化の過程をより深く理解できると考えますか？

課題 1.5 のコメント

3.2でみたように、核廃棄物輸送にかかわる諸過程の理解には困難がつきまとう。文化、経済、政治のフローが地球をかけめぐっているだけに、イギリスとオーストラリアの関係だけでなく、複合的な連結ネットワークによって両国と他の国々がどのように結びついているかを図示することが求められることになる。この点については、サマーズがグローバルな汚染物質輸送に潜んだ論理を説明していたことを思い起こしてみよう。その説明によれば、この一連の諸過程を理解するためには、生活、保健、環境、消費、汚染の水準に基本的な相違があって、これがグローバルな不均等発展のパターンと結びついていることを表わす方法が求められることになる。

地図がグローバル化と社会変動の諸過程の理解（ないし誤解）を深める強力な道具となりうることは明らかである。だが、グローバルな変化が現に日常生活に及んで

いるとはいえ、その複合性や帰結を十分にとらえることは困難である。『スモール・ワールズ（Small Worlds）』と題された絵画シリーズにおいて、芸術家のワッシリィ・カンジンスキィが1920年代にこれを試みている。このシリーズは、私たちが住んでいる境界を確定するとともに、境界を越える社会的諸関係のネットワークに焦点をあてることで、グローバル化の時代における社会的諸関係の安定と不安定を表現している。カンジンスキィの絵のひとつを図1.14として転載してある。これは厳密な意味で「地図」とはいえないが（多様なシンボルが何を表象しているかは定かでない）、グローバル化が相互行為の複合性、速度、および興奮とインパクトと結びついているだけに、これをまとめたいという気にさせるはずである。

要約 グローバルな変化を理解するには地図が有力であることがわかったが、これは次のことを示している。

- 地図はグローバルな変化とその作用を理解するための多様な、ときには強力な手段となりうる。
- 現代の社会世界の複雑な地理的形状を理解しようとすると、新しい地図が必要である。
- トランスナショナルな社会的フローやネットワークと結びついて連結や分離が起こっているので、領域型国家の境界のみならず、この点をも表現した新しい地図が必要とされている。
- グローバルな社会的フローとネットワークを視覚的に表現すると、個別の国民国家のコントロールの外に位置し、領域型境界を横断する経済と権力の関係が浮上する。

7　むすび

　グローバル化について、冒頭のかなり単純な物語から出発して長い道のりを経た。既述のように、グローバル化は論争的で異論の多い主題である。世界的に何かが起こっているという点では広い合意がみられるが、それが正確には何かとなると、それほど広く合意が認められるわけではない。それゆえ、本章では、グローバル化の特徴となりうる主な特質を紹介した。グローバル化を定義するには、次の点が重要であると指摘した。

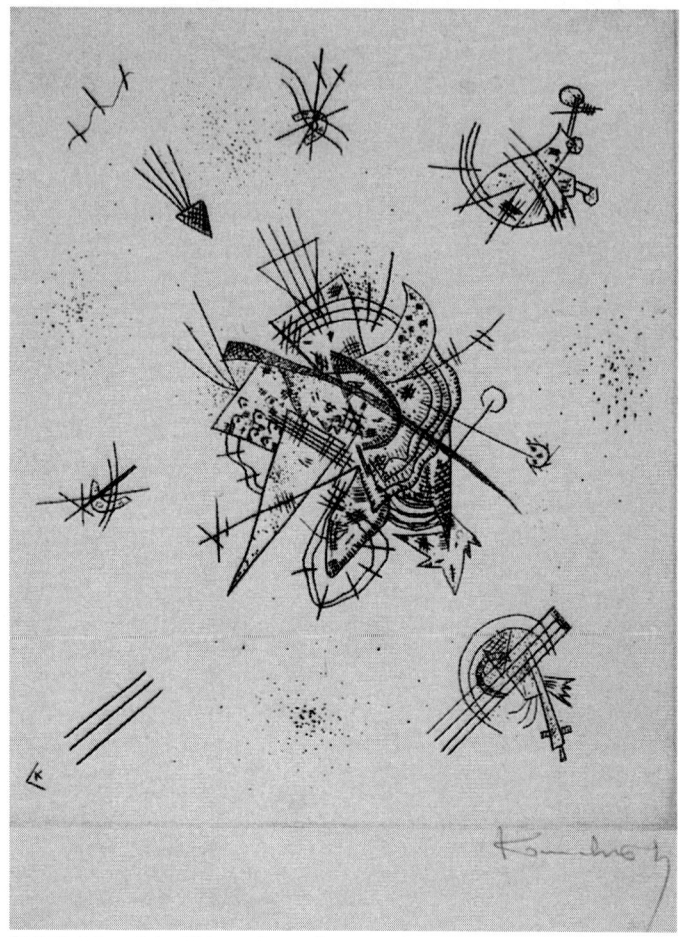

●図1.14　カンジンスキィ「スモール・ワールドⅩ」1922年
© ADAGP, Paris and DACS, London 2000

- 社会的・経済的諸関係の拡張
- コミュニケーションなどのリンケージの強化
- 経済的・社会的慣行の相互浸透
- グローバルなインフラストラクチャの出現

　グローバル化が起こっているとすると、その諸特徴は現存していると考えられる。本章の最後の2節では、その存在の根拠をどのように求めればよいかという点で、その方法について検討した。

だが、同様に重要なことに、グローバル化という考えをめぐる論争の主要な論調も紹介した。こうした論調をグローバル論者、伝統論者、変容論者の3つの立場にくくり、その特徴も示した。グローバル論者は、グローバル化のなかで、社会的・経済的脈絡が劇的に変わりつつあると考えている。伝統論者は、これにかなり懐疑的である。彼らは、変化が起きているとしつつも、システムの変化にまでは及んでいないのではないかと考え、むしろ、過去との連続性を強調している。変容論者は、伝統論者からの反論に説得力があることを認識しつつも、現実の変化の規模と意義を過小評価していると信じている。彼らは、大きな変容が起こっていると考えてはいるものの、(グローバル論者に認められがちなように)その方向が初めから規定されているわけではないとみている。むしろ、(国民国家のような)伝統的諸機関の行動の余地は残されているし、新しいアプローチを開発する必要もあると主張している。この3つのアプローチが次章以降で展開される議論の基礎となる。

第1章 キーワード解説

＊1　国民国家　Nation-state
外部とは区分され、公認の固定的境界を有し、かつ、支配の内的統一性を保持している国家のことである。

＊2　主権　Sovereignty
自らの境界内で排他的な独占的権威を主張しうる国家の属性のことである。

＊3　社会的諸関係の拡張　Stretched social relations
世界を結びつける文化・経済・政治のネットワークが存在していることである。

＊4　リージョン化　Regionalization
国境を接する国家間の相互連関性の深化のことである。

＊5　強化　Intensification
相互作用の密度が地球的に高まり、諸事象のインパクトが以前よりもより強く感じられるようになったことを意味する。

＊6　相互浸透　Interpenetration
みたところ離れた文化や社会がローカルなレベルで向き合うようになり、多様性を強めることである。

＊7　インフラストラクチャ　Infrastructure
グローバル化したネットワークが作動するための基盤となる公式・非公式の制度的編制のことである。

＊8　グローバル論者　Globalists
グローバル化を不可避の展開ととらえ、人的に介入すること

によって、とりわけ国民国家のような伝統的政治制度によって、これに抵抗したり、重大な影響を及ぼそうとしても、不可能であると考えている。

＊9　伝統論者　Traditionalists

グローバル化を新しい段階であるとすることは、その意味を誇張しているだけのことであると論じている。経済と社会の活動の多くはグローバルというより、リージョナルなものであると、また、国民国家が重大な役割を保持しているとみなしている。

＊10　変容論者　Transformationalists

グローバル化とは重大な変化を象徴するものであると考えてはいるが、そのインパクトが不可避であるという点については疑問視している。また、ナショナル、ローカルなどのレベルの諸機関には、なお、十分な行動の余地が残されていると論じている。

参考文献

Allen, J. (1999) 'Cities of power and influence: settled formations' in Allen, J., Massey, D. and Pryke, M. (eds) *Unsettling Cities. Movement/Settlement,* London, Routledge, pp.181-227.

Allen, J. (2000) 'Power: its institutional guises (and disguises)' in Hughes, G. and Fergusson, R. (eds) *Ordering Lives: Family, Work and Welfare,* London, Routledge/The Open University.

Arlidge, J. (1999) *The Observer,* February 21.

Castells, M. (1998) *End of Millennium*, Volume 3 of *The Information Age: Economy, Society and Culture,* Oxford, Blackwell.

Castles, S. and Miller, M. J. (1993) *The Age of Migration: International Population Movements in the Modern World,* New York:, The Guilford Press（S. カースルズ、M. J. ミラー、関根政美・関根薫訳『国際移民の時代』名古屋大学出版会、1996年）．

Davis, M. (1993) 'Who killed Los Angeles? Part Two: the verdict is given', *New Left Review,* 199, pp.29-54.

Financial Times (1999) 'Buying powers', 27 November 1999.

Giddens, A. (1999) *Runaway World, The BBC Reith Lectures,* London, BBC Radio 4, BBC Education（アンソニー・ギデンズ、佐和隆光訳『暴走する世界――グローバリゼーションは何をどう変えるのか』ダイヤモンド社、2001年）．

Gilroy, P. (1993) *The Black Atlantic: Modernity and Double Consciousness,* London, Verso（同書の第2章は、P. ギルロイ、毛利嘉孝訳「主人、女主人、奴隷、そして近代のアンチノミー」として、『現代思想』第24巻第3号、1996年、において発表されている。また、勁草書房より邦訳予定）．

Guibernau, M. and Goldblatt, D. (2000) 'Identity and nation' in Woodward, K. (ed.) *Questioning Identity: Gender, Class, Nation,* London, Routledge/The Open University.

Haggett, P. (1990) *The Geographer's Art,* Oxford, basil Blackwell.
Harvey, D. (1995) 'The environment of justice' in Merrifield, A. and Swyngedouw, E. (1996) *The Urbanisation of Injustice,* London, Lawrence and Wishart.
Held, D. (1995) *Democracy and the Global Order: From the Modern State to Cosmopolitan Governance,* Cambridge, Polity（デヴィッド・ヘルド、佐々木寛・遠藤誠ほか共訳『デモクラシーと世界秩序――地球市民の政治学』NTT出版、2002年）.
Hutton, W. (1997) *The State to Come,* London, Vintage.
Knox, P. and Agnew, J. (1998) *The Geography of the World Economy,* London, Arnold.
McGrew, A. (1995) 'World order and political space' in Anderson, J., Brook, C. and Cochrane, A. (eds) *A Global World? Re-ordering Political Space,* Oxford, Oxford University Press.
Massey, D. (1995) 'Imagining the world' in Allen, J. and Massey, D. (eds) *Geographical Worlds,* Oxford, Oxford University Press.
Mostafavi, M. (1999) in Bradley, F. (ed.) *Cities on the Move, Urban Chaos and Global Change, East Asian Art, Architecture and Film Now,* London, Hayward Gallery, pp.7-9.
Mulgan, G. (1998) *Connexity: Responsibility, Freedom, Business and Power in the New Century,* London, Vintage.
Ohmae, K. (1990) *The Borderless World: Power and Strategy in the Interlinked Economy,* London, Collins（大前研一、田口統吾訳『ボーダーレス・ワールド』新潮文庫、1994年）.
Wiseman, J. (1998) *Global Nation? Australia and the Politics of Globalisation,* Cambridge, Cambridge University Press.
Woodward, K. (2000) 'Questions of Identity' in Woodward, K. (ed.) *Questioning Identity: Gender, Class, Nation,* London, Routledge/The Open University.
Whitford, F. (1999) *Kandinsky: Watercolours and Other Works on Paper,* London, Royal Academy of Art.
Wright, D. (1993) 'Maps with a message', *Geographical,* LXV, 1, pp.37-41.
Zukin, S. (1995) *The Cultures of Cities,* Oxford, Blackwell.

さらに深く学ぶために

グローバル化に関する文献は非常に多いだけに、どのように選択しても隔靴痛痒の感を免れえない。ここでは、グローバル化をめぐる論争について、かなり方法を異にしている以下の3冊を挙げておく。

Hirst, P. and Thompson, G. (1999) *Globalization in Question: The International Economy and the Possibilities of Governance* (2nd edn.) Cambridge, Polity.
ハーストとトンプソンは、入手できる資料を慎重に評価したうえで、経済のグローバル化をより強力に主張する論調を批判している。彼らは、国民国家には、なお、自らの経済政策を展開しうるだけの余地があるとし、国際協調の規模に焦点をあてつつも、それによって一国の自律性が失われているわけではないと指摘している。この書は独創的で、本書で伝統主義的アプローチと呼んだものの基礎的文献にあたる。

Mulgan, G. (1998) *Connexity: Responsibility, Freedom, Business and Power in the New Century*, London, Vintage.
この書は強力にグローバル化を主張している。かなり論争の余地はあるとしても、楽しい読み物となっている。ムルガンは楽観的なグローバル論者で、私たちの生活スタイルやビジネス慣行とビジネスの優先事項とが一致しうる方法を見いだすべきであると述べている。

Wiseman, J. (1998) *Global Nation? Australia and the Politics of Globalisation*, Cambridge, Cambridge University Press.
ワイズマンはグローバル化にかなり懐疑的なアプローチをとっているが、グローバル化は世界の組織化に重大な変化をきたしていることを示すものであるとも論じている。彼の試論はオーストラリアを事例としているだけに、グローバル化についてヨーロッパ人が考えがちな方向に異論を発するものとなっている。本章で紹介したモデルからすると、彼は変容論者とみなしてよかろう。

第2章

文化のグローバル化

ヒュー・マッカイ

1 | はじめに
2 | グローバル論者
　　2.1　文化のグローバルな流れ
　　2.2　積極的グローバル論者
　　2.3　悲観的グローバル論者
3 | 伝統論者
　　3.1　ナショナルでグローバルなテレビ視聴者
　　3.2　新　聞
　　3.3　ニュース
　　3.4　規　制
　　3.5　何が新しいのか？——ビクトリア時代のインターネット
4 | 変容論者
　　4.1　文化の流れは単なる一方通行にはない
　　4.2　輸入テレビ番組の視聴者
　　4.3　文化の純度と文化の浸透
　　4.4　文化を読む
5 | 文化と技術
6 | むすび

キーワード解説
参考文献
さらに深く学ぶために

1　はじめに

　第1章でみたように、グローバル化とは社会相互間の連結が世界的規模で拡大していることを指している。この章では、文化に焦点を据えることにする。というのも、文化とは、さまざまな意味で、最も直接的で、わかりやすく目に見えるものであり、われわれはその連鎖の中で日常生活を過ごしているからである。文化がグローバル化の決定的構成要素となるのも、文化を媒介として共通の理解を期すことができるからであり、その意味で、文化は空間相互を、また国民相互を結びつける中心に位置している。日常活動にあって、広く、文化様式や慣習と商品が、つまり、意味を象徴的に構築するための総体が、グローバルに深まっていると示唆しうるだけの証拠は多く存在している。実際、グローバル化が起こったといっても、その現状に鑑みると、シンボル的なものの、すなわち文化的なものの意味が強まった結果であるとみなすことができる。

　いくつかの点で、グローバル化が日常生活に入り込んでいることは明らかであるようにみえるとはいえ、極めて直線的な出来事とはいえない。文化は複雑で広範な現象であり、多様な形態を帯びている。この章ではメディアに、とりわけテレビの大衆型文化の形態に焦点を据えることにする。文化がメディア化される傾向が強まっているのが現代である。というのも、テレビ視聴が西洋社会の主なレジャー活動と化しているからである。この章では、第1章で概観した議論に即して、グローバル化のさまざまな見解を検討することにする。まず、次節では、国民文化の衰退とグローバルな文化フローの顕現化を主張する人々の議論から始めたい。総じて、グローバル論者を2つのカテゴリーにくくることができる。ひとつは、この現象を積極的にとらえる人々であって、新しいコミュニケーション技術によって「地球村（グローバル・ヴィレッジ）」が形成されつつあり、コミュニケーションとコミュニティが物理的ないし地理的制約を免れることによって、もっと多様な意見を聞くことができるようになるとする。他方で、悲観的論者もいる。彼らは、構造に焦点を据えるなかで、不平等が深刻なまでに広がっているとし、この点は、情報とコミュニケーションの手段のみならず、インフラストラクチャとそのフローの所有パターンにも認められると指摘している。また、グローバルなコミュニケーション網や文化の流れが均質化しているとも指摘している。この考えからすると、文化が世界中で均質化しているとするもので、これが**文化帝国主義**[*1]論の鍵的要素を構成している。このテーゼは、おそらく

文化のグローバル化を説明するための、最も古くからの、しかも成熟したアプローチであろう。これはグローバルな支配の構造的パターン化に焦点を据えるものであるが、このパースペクティブについては、やや詳細に検討することになる。

次いで、第3節では、別の立場を、つまり伝統論者の議論を簡単に検討することになる。彼らは、グローバル化の諸過程について懐疑的である。後にみるように、メディアなどの文化制作の領域は、グローバル化の強力な諸力の影響下にあるとはいえ、組織と内容や聴衆の点ではなおローカルで、またナショナルな特徴を根強く残しているとする。いくつかの点で、メディアはグローバルな現象というより、ナショナルなものと、また、革命というより継続という点から理解するのが妥当とされるが、この点についても検討することになる。さらには、今日よりも劇的で、おそらく、もっと強烈に新しいコミュニケーション技術のインパクトを受けた時代があったと思われるが、この点についても論ずることになる。

第4節では、変容論者のパースペクティブを検討することになる。変容論者は、グローバルな流れに重要な変化が起こっているとするとともに、文化のグローバル化は多様で、その影響には予想できないところがあると指摘している。ここでは、とくに文化の流れの複雑さについて検討することになる。実際、そのフローは、西洋世界から発展途上世界へという単純な一方的流れにはなく、もっと断片的で、多様なものがある。そのようなフローにとどまらず、グローバルな文化のローカルな消費の多様性と意味について、いくつかの質的な例を挙げ、この点からも検討を深めることにする。すると、現に起こっているグローバルな流れのインパクトがどのようなものであるかを知ることができよう。その際に消費者に焦点を据えるのは、消費者とは構造的不平等を受動的に受け入れているわけではなくて、文化製品を消費するなかで、能動的に意味を創り出している創造的主体にほかならないからである。

2 グローバル論者

2.1 文化のグローバルな流れ

ここ数十年間に、広がりと量の点で、文化商品のグローバルな流通が大規模化していることは極めて明らかである。視聴しているテレビや映画を思い浮か

べるなら、驚くべきことでもあるまい。それは、第1章（3.1節）で述べたように、国境を越えたフローの激化を特徴とするグローバリゼーションの概念に例証される。そのようなフローがどの程度に及んでいるかを確認するために一般に導入される方法のひとつは、文化の貿易量ないし貿易額である。調査データによると、文化の輸出入額は、1970年から1980年に68億ドル（約8,840億円）から385億ドル（約5兆円）に、ほぼ6倍に増えている（UNESCO, 1986. p10）。文化商品のカテゴリーや生産国は多様であるが、印刷物、音楽、ビジュアル・アート、映画、写真、ラジオとテレビの番組に即してみると、すべての領域で実質的な成長がみられる。

　情報とコミュニュケーション技術の普及と発展がこの成長の重要な構成要素であり、その多くは、コミュニケーションのためのハードウェアの個人所有が著しく増えたことに依拠している。世界の住民1,000人あたりのテレビ受像器台数は、表2.1が示しているように、1965年から1996年に4倍以上も増加している。

　テレビ所有世帯数が同様に増加していることも驚くにはあたらない。図2.1はテレビ所有世帯数の経年度グラフであるが、この増加の劇的な性格をはっきりと示している。

　第1章でみたように、グローバル化全般と同様に、この増加も均等な過程をたどっているわけではない。世界の地域間ごとのテレビ台数と1人あたりの所有数には非常に大きな格差が起こっている（表2.2参照）。

　この表からわかるように、世界のテレビ台数はアジア、アメリカ、ヨーロッパに多く、アジアはアメリカやヨーロッパの約2倍であり、アフリカやオセアニアは相対的に少ない。だが、オセアニア、アメリカ、ヨーロッパの人口1,000人あたりのテレビ台数は約430台であるが、アジアはその半分以下であり、アフリカは約9分の1にとどまっている。

　地域的区分とは別に、国ごとにみると格差はさらに広がる。表2.3と表2.4は、いくつかの国のテレビとラジオの視聴者数を示している。この表はイギリスと

■表2.1　世界のテレビ台数（1965～1996年）

台数総計（単位100万台）				人口1000人あたりの保有台数			
1965	1975	1985	1996	1965	1975	1985	1996
192	414	748	1,361	57	102	154	236

出典：1995年と1975年は『ユネスコ世界コミュニケーションリポート』表5.7
　　　1985年と1996年は『ユネスコ年次統計1998』表6.5

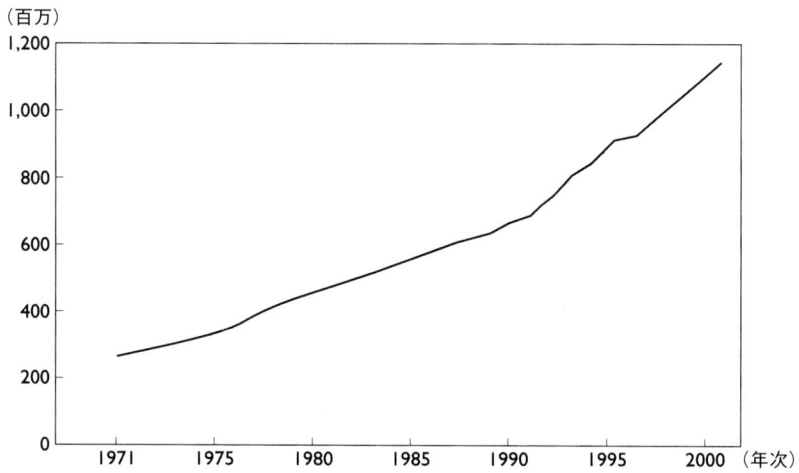

●図2.1　世界のテレビ保有世帯数（1971～2000年）
出典：*Screen Digest*, October 1996, p.225

■表2.2　地域ごとのテレビ台数（1996年）

	台数総計（単位100万台）	人口1000人あたりの台数
アフリカ	37	50
アメリカ	338	431
アジア	652	187
ヨーロッパ	322	442
オセアニア	12	421
世界合計	1,361	236

出典：1995年と1975年は『ユネスコ世界コミュニケーションリポート』表5.7
　　　1985年と1996年は『ユネスコ年次統計1998』表6.5

●図2.2　動く絵が町にやってきた
ナイジェリア、ベニンシティのテレビ販売店

■表2.3　抽出数カ国のテレビ保有台数および普及率（1995～1996年）

	台数総数（単位1000台）			人口1000人あたりの保有台数		
	1975	1985	1996	1975	1985	1996
ブルキナファソ	9	37	90	1.5	4.7	8.3
中国	1,185	69,650	393,628	1.3	65	319
イギリス	20,200	24,500	30,000	359	433	516
アメリカ	121,000	190,000	217,000	560	786	805

出典：1975年は『ユネスコ年次統計1994』表9.2、1985年と1996年は『ユネスコ年次統計1998』表9.2より

■表2.4　抽出数カ国のラジオ保有台数および普及率（1995～1996年）

	台数総数（単位1000台）			人口1000人あたりの保有台数		
	1975	1985	1996	1975	1985	1996
ブルキナファソ	100	150	350	16	19	32
中国	15,000	120,000	240,146	16	112	195
イギリス	39,000	57,000	84,000	694	1,007	1,445
アメリカ	401,000	500,000	570,000	1,857	2,067	2,115

出典：1975年は『ユネスコ年次統計1994』表9.1
　　　1985年と1996年は『ユネスコ年次統計1998』表9.2

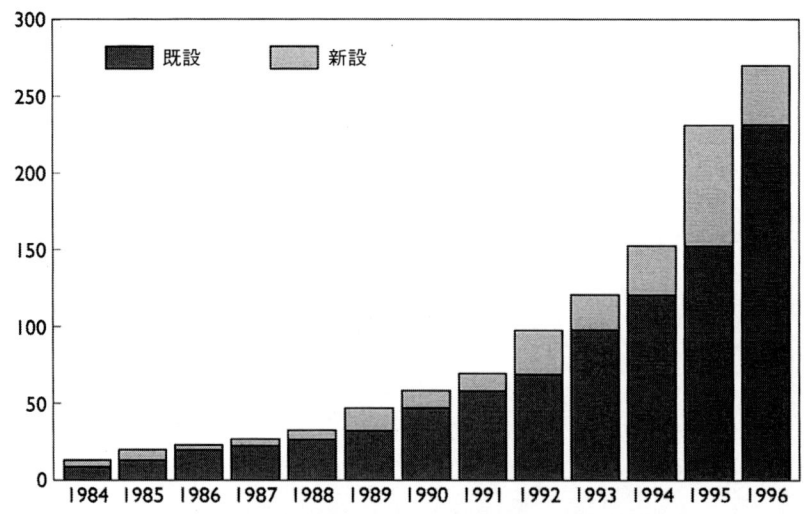

●図2.3　ヨーロッパのテレビチャンネルの増加数（1984～1996年）
出典：*Screen Digest*, March 1997, p.57

■表2.5　公共テレビの市場占有率（視聴時間の占有率、％による）

	1975	1990	1995
ドイツ	100	68	39
イタリア	91	51	48
フランス	100	34	41
オランダ	100	56	39
イギリス	52	48	44

出典：1975年は次による。C.Barker, 1997, Table 2.1, p.32.
　　　1990年と1995年は次による。*Screen Digest*, April 1996, p.81

　アメリカ（世界で最も富裕な国のひとつ）、ブルキナファソ（西アフリカのサハラ砂漠の南部に位置し、世界の最貧国のひとつ）、中国（巨大な人口を有し、テレビ所有率が著しい成長をみせている国）に関するデータであり、国民国家間に不均衡が存在していることがわかる。

　この表から、国家間には大きな格差が存在していることがわかるが、また、各技術の所有が着実に高まっていることにも気づいたであろう。さらには、伝達や報道のためのハードウェアが、多くの国でそれなりに増加しているだけでなく、近年、テレビのチャンネル数も劇的に増えていることがわかる。イギリスでは、4チャンネルと5チャンネルやケーブルテレビと衛星放送が開設されているが、ごく最近、多様なデジタル・テレビチャンネルも開設された。このようなチャンネル数の増加はヨーロッパと北米で顕著である（図2.3を参照のこと）。

　ケーブルテレビや衛星テレビの開設は、テレビ番組の需要が増大したことによるだけでなく、それをグローバルに広げることを求める声が強くなったことによる。1986年から2000年に、西ヨーロッパの放送時間は倍増したと推測されている（Dyson and Humphrey, 1990）。

　宣伝型商業放送の増加にともない、公共テレビの市場占有率は減少の一途をたどっている（表2.5参照）。**公共放送**[*2]はひとつの国の唯一の放送形態ではないが、その減少はナショナルな放送の縮小と解釈することができる。

　表からわかるように、イギリスのBBC視聴率はさほど減少しているわけではない。というのも、1955年以降、BBCはすでに商業放送を含んだ環境の中で運営されてきたからである。イギリスの商業放送は他の諸国よりも厳しく規制されており、そのため、（例えば）アメリカと比べても、より公共放送的な色合いが強い。しかし、この状況が続くかどうか（あるいは、どの程度続くか）と

なると、疑問の余地がある。また、BBCニュースのデザインや内容の大衆化にみられるように、公共放送が多彩化しているだけに、公共放送と商業放送とを区別することは難しくなっている。

　テレビを見ているときのことを思い起こしてみなさい。ITV〔Independent Television、1955年に開設されたイギリスの民間商業放送局〕とBBCとに違いがあると思いますか？　あるとすると、どこに違いがあると思いますか。最近、BBCの番組が変わったと思いますか？

　番組は、主として、視聴者の獲得を想定して編成されている（ITVテレビの場合には視聴者を広告主に販売するために、BBCの場合には受信料を正当化するために）。そのため、BBCは、消費者の需要を充たすためにポピュラーな番組を、つまり、メロドラマ、演劇、スポーツなどのジャンルを創り出そうとやっきになっている。いずれも一定の「質的」要件を維持しなければならないが、BBCの場合は、公共放送としての義務も考慮しなければならない。だから、BBCは、公共放送としての義務を守るとともに消費者の要求も満たさなければならないという点で、綱引きのなかで運営されていることになる。つまり、市場の論理を免れるわけにはいかないが、さりとて視聴者の好みを配慮しないわけにもいかないという事情にある。他方、ITVは、制作予算が少ないなかで、

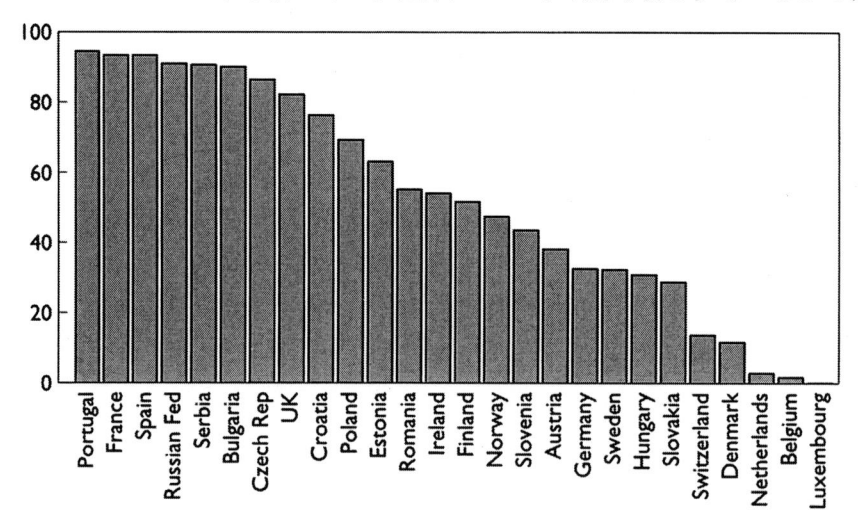

●図2.4　ケーブルテレビ、衛星放送テレビを持っていないヨーロッパ各国別の世帯数
出典：『スクリーン・ダイジェスト』1997年3月号, p59

コストと質の矛盾に直面している――質的水準は、国家の公認監督機関である「商業テレビ委員会（ITC）」により義務づけられている。このような相違があるとはいえ、共通点や類似点も多い。また、例えば、最近、BBCが国内のメジャースポーツ・イベントの放映権を失った際に表面化したように、両者間には軋轢も起こっている。

　市場競争は厳しさを増しており、その先行きには予断を許さないものがある。グローバルな規模でみると、1990年に8,300万世帯であったケーブルテレビの保有数は、1997年には2億4,800万世帯に増加している。この時期に、イギリスでもケーブルテレビは14万9,000世帯から237万4,000世帯に増加している（『スクリーン・ダイジェスト（*Screen Digest*）』1995年4月号、86-88頁、および、1998年5月号、111頁）。それだけに、この分野の増大には急速かつ広範なものがあると指摘することができる。ただし、さまざまなコミュニケーション技術の所有パターンの場合と同様に、この過程がどこでも等しく進んでいるわけではない（表2.4を参照のこと）。

　公共放送の規模に即してみると、グローバルにも、またヨーロッパだけをとってみても多様である。また、ケーブルテレビと衛星テレビの受信率は、今後、大幅に増えると予測される。フランスの12％、オランダの98％と比較して、20世紀末の時点のイギリスでは、約3分の1の家庭がケーブルテレビか衛星テレビを視聴していた。このようなばらつきが起こるには多くの複雑な理由があるが、ひとつにはそれぞれの国の番組制作能力の規模がある（これは、また、その国の人口規模、使用言語、その地域のメディアの生産と消費を支えてきた複雑な一連の歴史的・文化的要素と結びついていることが多い）。

要約
- 諸国間の文化の流れは急速で大規模化している。
- 地域や国ごとで著しい格差がみられるが、テレビとラジオの所有者は世界中で急激に増加している。
- 一国民的な放送システムの視聴率は減少傾向にある。
- ケーブルテレビと衛星テレビの所有率は増えており、なかには非常に高率の国もある。ただし所有率の国ごとの格差はたいへん大きい。

2.2 積極的グローバル論者

　しかし、量的データに即してみても、この情報をどのように理解するかについては、かなりのバリエーションがあることがわかる。データに語らせるよりも、多様な解釈を挙げておくことが妥当であろう。グローバル論者は、グローバルな文化の流れが強まっているが、これは、国民文化の消滅の前兆であると主張している。伝統論者については第3節で検討するが、彼らはもっと懐疑的で、国民文化の根強さと連続性に注目している。グローバル論者といっても、コミュニケーションと文化のグローバルな流れが増大することを「よいことである」と受け止める人々と、画一化の進行ないし帝国主義的なものととらえる人々とに分かれている。それぞれについて簡単に検討することにし、まず楽観主義者の分析からはじめよう。この点でも2つの全く異なったタイプの「積極的グローバル論者」に出会うことになる。つまり、「地球村(グローバル・ヴィレッジ)」に漸次的に移る可能性が認められるとする論者がいるし、自由主義的パースペクティブから、自由市場の民主政的な性格や視聴者の選択幅の広がりという利点を指摘する論者もいる。

　「地球村(グローバル・ヴィレッジ)」とは、1960年代にメディア理論家のマーシャル・マクルーハンが展開した考えである。これは、新しいコミュニケーション技術をもって物理的空間の制約を乗り越え、瞬時の、安価なコミュニケーションが成立することを意味している。一人の社会科学者が展開した概念であるとはいえ、地球村(グローバル・ヴィレッジ)という考えは、その後の数十年のあいだにメディアを理解するための有力な、人気の高いメタファーとなっただけに、おそらく、よく耳にした言葉であろうし、最近では、ちょっとしたリバイバルともなっている。この概念は、また、インターネットによる民主的で参加型の可能性を高く評価する人々によって声高に提唱されてもいる。

　ハワード・ラインゴールドは、サンフランシスコを本拠地とするエレクトロニック・コミュニティ＝「ザ・ウェル、ザ・ホールアース・レクトロニック・リンク（the Well, the Whole Earth 'Lectronic Link)」の中心人物であるが、1960年代にはカリフォルニアの対抗文化とかかわっていた。彼は、インターネットが徐々に広がる可能性を声高に指摘している（Rheingold, 1995)。この考えは、批判理論家のユルゲン・ハバーマスの公共圏に関する著作に依拠している。**公共圏**[*3]とは、国家のコントロールをうけない空間のことであり、市民が政治体制や政策の問題について討論することができる、民主政の中心的な過程や空間のことである。ハバーマスと同様に、ラインゴールドは、公告とPRや情報管

理によって、政府と企業がニュースや世論を操作する傾向が強まるなかで自由なコミュニケーションと討論が衰退しているとみなしている。彼は、テレビが利益のためのエンターテイメントと化してしまったのに対して、インターネットが電子フォーラムとなり、市民の合理的議論を呼ぶことによって世論を活性化することができるとしている。これは、諸構造に、つまり支配の構造に焦点をあてた議論である。ラインゴールドの関心は、新しい電子ネットワークをもって、どのように別の構造を創り上げ、既存の諸制度の迂回路をつけるかという点にある。

　ラインゴールドに従えば、コンピューターを媒介としたコミュニケーション（CMC）がどこでも利用できれば、バーチャルなコミュニティが登場することになるとしている。だが、これは、日常生活において公共圏が崩壊しているという脈絡に据えてみると、「コミュニティへの渇望」の反映にほかならない（1995, p.6）。彼のエレクトロニック・コミュニティである「ザ・ウェル」は、集団的諸価値とコミュニティの前進を期すための道筋を提供している。多数を対象とした一方的放送システムとは違って、インターネットは開かれた、双方向的アクセスを可能にする。ラインゴールドによれば、ここから、より多様で、多元的な意見を聞くことができるようになり、根底から民主化が進むことになるとされる。かくして、インターネットによって真にグローバルなエレクトロニック型のコミュニティが形成され、新しい参加形態やコミュニティと民主政治が生まれることになるとする。

　電子掲示板（BBS）とウェブサイトやEメールによって、実質的に自由で瞬時のマルチメディア型コミュニケーションによる民主政治の可能性を展望することができる。進歩的組織が、あらゆる方法でこれを活用しているだけに、民主的過程にとって有効であることを証明しているといえよう。また、こうした媒体によって、多様な「代替的（オールターナティブ）」ないしラディカルな意見にアクセスし、傾聴することもできる——メキシコのサパティスタ運動が成功したのも、メディアによって報じられることのない状況をインターネット上で世界に伝えることにより、「公的な」メディア組織を迂回する途が創り出されたからである。インターネットに接続できるなら、この種の「オールターナティブ」組織のサイトを探索することもできよう。

　次に、グローバル化の自由主義的支持者に目を転じてみよう。この論者は、市場自身が民主化の役割を果たし、公共放送のエリート主義に、イギリスの場合にはBBC（イギリス放送協会）に打ち勝つものと考えている。こうした意見

のなかには、メディア産業に発するものもあり、チャンネルやプログラムが増えるなかで大きな利益を得ている場合もある。しかし、自由主義的パースペクティブは政府報告にも顕著で、政府の重要な放送政策の基礎ともなっている。「ピーコック・リポート」は、イギリス・メディア界の**規制緩和***4に決定的な役割を果たした。というのも、消費者が自らの最も強い関心に即して行動すること、つまり、観たいものを自由に選択することができるようにすることが、最もうまく公益にかなう道であると指摘したからである（Home Office, 1986）。市場の主権こそが、BBCをコントロールしている文化的エリートたちによるテレビ番組の決定という問題を解決する万能薬とみなされたのである。

2.3　悲観的グローバル論者

　しかし、アカデミックな世界には、文化のグローバル化について、もっと批判的で悲観的な（あるいは現実主義的な？）解釈もある。次いで、この種の3つの分析を取り上げ、検討することにする。第1は、現に起こっていることは、文化の伝達と分配の媒体であるハードやソフトへのアクセスが不平等な状態にあり、その傾向は強まっているとするものである。第2は、メディア企業の所有は集中化をたどっており、レジャーとエンターテイメントや情報セクターにおよぶ企業グループがグローバルに形成されているとするものである。これは、グローバル化とは拡張であるという議論を、すなわち、諸過程が国境を越え、地球上の遠くに及ぶことであるという第1章（3.1節）の議論を裏づけるものである。最後に、——これがこの章の焦点であるが——、文化帝国主義の諸アプローチに目を転じ、グローバルな文化とは西洋文化にほかならず、西洋ないしアメリカの経済的利益をグローバルに強めるためにこの文化が広められているとする主張について検討することにする。

2.3.1　不平等の拡大

　ラインゴールドはコミュニケーションが広まればよりよい世界が生まれると主張しているが、現在の発展をそれほど肯定的に受けとめるわけにはいかない。コミュニケーション技術の所有と使用という点で、また、グローバル・コミュニケーションという点でも増加が認められるとはいえ、これはグローバルな不平等の劇的な拡大と同時に進行している。その実態をさまざまに指摘することができる。とりわけ、既述のように、一国内のコミュニケーション手段の所有形態や情報とコミュニケーション・サービスを受けることができる条件という

点で明らかである。

　国民内ないし国民間の不平等が拡大し、社会の断片化と細分化が深まっているだけに、ラインゴールドの主張はコミュニティという考えにはそぐわないものとなっている。グローバルなコミュニケーションや文化の流れが強まっているとしても、運動場をならすようにグローバルな不平等が軽減されるわけではない。それどころか、不平等の再生と激化が起こっているということ、これが現代の特徴である。さらには、電子技術とコミュニケーション技術や情報へのアクセスという点で、大量の情報手段や資源をもっている人々、つまり「情報の富者」とこれを欠いている「情報の貧者」との較差が拡がっている。

2.3.2　所有の集中

　第2に、文化のグローバル化を批判的に理解すべきとする一連の文献がある。これは、メディアの所有が集中を深め、画一化を強めるなかで、全体主義的な可能性が生まれているという点に焦点を据えるものである。メディアの組織とコントロールの構造を調べると、メディアの産出物が増加しているとはいえ、聞こえてくる声が少数化しつつあるのではないかという懸念を起こさせる。近年、グローバルなメディアと文化組織の所有に劇的な集中現象が認められるだけでなく、その製品の循環と浸透も強まっている。この点をもって、第1章（3.1節）ではグローバル化の主要な特徴とし、国民国家を迂回する超国民的なインフラストラクチャが増加しているとした。グローバルなメディア市場は10の多国籍企業によって支配されている。その多くはなじみ深いものであって、タイム・ワーナー、ディズニー、ベルテルスマン、ビアコム、テレコミュニケーションズ、ニューズ・コーポレーション、ソニー、シーグラム（前ユニバーサル）、ゼネラルエレクトリック（前NBC）、ダッチ・フィリップス（前ポリグラム）である。規模がもたらす利益には莫大なものがあるだけに、この分野では企業合併と企業吸収や共同事業が特徴となっている——この書を読者が手にする頃には、その傾向はさらに深まっていると予想できる。こうした組織は、非常に流動的で不安定な状況の中で、巨大化と強力化を強め、メディアの内容のみならず、その分配もコントロールしている。

　グローバル経済にどのような位置を占めているのであろうか。この点は、こうした諸企業が世界の最大企業リストである『ファイナンシャル・タイムズ』の500社順位表に登場することが多くなっていることから知ることができる。1998年度でみると、マイクロソフトは3位、ディズニーは40位、ソニーは75位、

タイム・ワーナーは96位、ロイターは183位、ニューズ・コーポレーションは408位であった（*Financial Times*, 22 January 1998, pp.5-6）。

ニューズ・コーポレーションは、イギリスでは、おそらく『ザ・サン』紙を所有していることでよく知られているが、他のトップ10企業の各社ともジョイント・ベンチャーを組んでいる。さらには、その活動は、ソフトウェアのみならずハードウェアにまで広がっているだけでなく、メディアからレジャーやエンターテイメント・ビジネスにまで及んでいる。

●図2.5 衛星テレビの背後の人物、エリザベス・マードック（BskyBの取締役社長）

マードックのニューズ・インターナショナル社が『ザ・サン』紙を所有していることは知っているであろうが（図2.5参照）、その帝国の別の企業名を挙げることはできますか？

マードックのグローバルなメディア帝国の簡単な説明からだけでも、その規模と特質がわかる。マードックの企業グループの広がりに驚かざるをえまい。

課題 2.1

ニューズ・コーポレーションに関する次の説明を読んで、なぜマードック帝国の規模と範囲が文化や民主政の問題にかかわるのかについて考え、論述しなさい。

● リーディング2.1　ニューズ・コーポレーションの企業グループ

　世界で最も大規模な５つのメディア企業、つまり、タイム・ワーナー、ディズニー、ベルテルスマン、ビアコム、ニューズ・コーポレーションは、また、最もうまく統合が進んだグローバル・メディアの巨人でもある。……

　ニューズ・コーポレーションの1996年度の売り上げ高は約100億ドルで第５位にランクされているが、多くの点で、21世紀のグローバル・メディア企業の原形にも位置している。……ニューズ・コーポレーションといえば、その会長のルパート・マードックのことだと考えられることが多い。彼の一族は同社の株式の約30％を保有している。……

マードックの出身地はオーストラリアであり、この地でニューズ・コーポレーションを設立したのち、1960年代にイギリス市場に進出し、1980年代までに、アメリカの市場においても支配的な勢力となった。……

　ニューズ・コーポレーションが保有する主要なメディアには、以下が含まれている。

- およそ、132の新聞があり（主に、オーストラリア、イギリス、アメリカ）、ニューズ・コーポレーションは世界の三大新聞グループのひとつになりつつある。
- 21世紀フォックス社がある。この社は主要な映画、テレビ、ビデオ制作の中心に位置し、2,000本以上の映画を利用できるライブラリーを持っている。
- USフォックス放送ネットワーク。
- 22のアメリカの放送局。これはアメリカ最大のグループであり、アメリカのテレビ保有世帯数の40％以上を占めている。
- 25の雑誌。最も有名なのは『TVガイド』である。
- 出版事業グループ。そのなかにはハーパー・コリンズも含まれる。
- fX、 fXM、フォックス・スポーツ・ネットを含めて、アメリカと世界のケーブル・ネットワークの50％の株式を保有（TCI〔Tele-Comunication, Inc.〕のリバティ・メディアとともに）。
- フォックス・ニュース・チャンネル。
- アジア・スター・テレビジョン、衛星放送と地上波のチャンネル。
- ブリティッシュ・スカイ放送（BSkyB）の支配株式の保有（40％）（1996年の売り上げ額は16億ポンド）。
- ブリティッシュ・スカイ放送（BSkyB）はイギリスのグラナダ・スカイテレビ衛星放送グループの株式の4％を保有。
- ドイツのフォックステレビの株式の49.9％を保有。
- スカイ・ラテンアメリカ・デジタル衛星放送の株式の30％を保有。
- エコスター・アンド・コンサートとデジタル衛星のジョイントベンチャーであるアメリカ・スカイ・テレビジョンの株式の40％を保有。
- デジタル放送衛星サービスの日本スカイ放送の株式の50％を保有。
- オーストラリア・フォックステル・ケーブルチャンネル。
- インド・ズイー TVの株式の49.9％を保有。
- ラテンアメリカのスペイン語のエル・カナル・フォックス。
- US スカイ・ラジオ。
- オーストラリア・セブン・ネットワークスの株式の15％を保有。
- インド・スカイ放送デジタル衛星放送サービス。
- アジアの音楽ビデオチャンネルであるチャンネルVの株式の50％を保有。

- 香港に拠点をおくフェニックス・サテライト・テレビジョン・カンパニーの株式の45%を保有……。

ニューズ・コーポレーションは6大陸で9つのさまざまなメディアを経営している。1995年に、その収益は、比較的均等に、映画関連会社（26%）、新聞（24%）、テレビ（21%）、雑誌（14%）、出版（12%）に配分された。……1995年にニューズ・コーポレーションは収益の70%をアメリカで、17%をイギリスで、残りの大部分をオーストラリアとアジアで稼いでいる。

ニューズ・コーポレーションのグローバルな拡張プランにおいては、コマーシャル・メディアの著しい成長が期待できる重要なエリアとして、ヨーロッパ大陸とアジアおよびラテンアメリカが挙げられている。……

ニューズ・コーポレーションの関心は配給チャンネルの所有にとどまらず、内容の制作にも向けられている。娯楽小説の映画化や音楽ビデオがうまくいくことは立証ずみであるが、ニュース、アニメーション、スポーツもグローバル・テレビでは「大ヒット確実」である。

[出典：Herman and MacChesney, 1997, pp.70-2, 75]

課題 2.1 のコメント

他のグローバルなメディア・コングロマリット〔巨大複合企業〕と同様に、ニューズ・コーポレーションも、今や、ビジネス界の主役であることは明らかである。だが、その重要性となると、規模や影響範囲にとどまらないものがある。というのも、作品の象徴的・文化的意味には決定的なものがあるからである。だからこそ、何世紀も国家はメディアを規制してきたのである。所有形態が非民主的性格を帯びていることは明らかである。例えば、マードックがその帝国のいずれの機関も中国を批判することによい顔をしなかったのは、中国のスター・テレビに対する思惑があったからである。ごく最近では、彼がマンチェスター・ユナイテッドFCの買収を試みたことが大きな関心を呼んだ。

メディア所有の集中はメディアの形態にも強く作用している。広告財源がふくらむなかで、視聴率を上げることが番組制作において重要となっている。その結果、番組の質が向上し、種類も増えたというより、逆の現象が起こった。

すなわち、起こったことといえば、「57チャンネル化」という根拠のない主張と「どのチャンネルをひねっても『ダラス』〔アメリカ製の人気メロドラマ〕」という現象にほかならなかった。同一ネットワークの多チャンネル化が同じ視聴者に言い寄るという事態が起こり、限られた人々に番組を売り込むというはめになったからである。これは、多様性と選択性を賞賛するリベラルなグローバル論者たちの主張とはかけ離れたものである。

2.3.3 文化帝国主義

　文化帝国主義は本章の主要テーマであるが、おそらく、文化のグローバル化を説明するための周知の理論であろう。ここでは、文化帝国主義にまつわるさまざまな問題とその論点について検討することにする。文化帝国主義は、一般に理解されているように、世界中で文化の差異が少なくなっているとする常識的な考えに根ざしている。例えば、30年前と比べてフランスが大きく変わったとはみえないのは、世界的企業が商品化された西洋文化を広めたからである。これは、アメリカや西洋諸国民に有利に働くプロセスでもある。

　このようなとらえ方は常識の域にとどまらず、フランクフルト学派の社会学的研究にも根ざしている。この点では、テオドール・アドルノやマックス・ホルクハイマーといった、1930年代にアメリカに亡命したユダヤ系ドイツ人研究者の研究が重要である。彼らは亡命先でも文化の均質化と権威主義的支配に関する研究を続け、これが資本主義の特徴であるとした。また、操作という概念を軸に議論を組み立て、文化の商品化を問題とした。すなわち、文化が市場システムの1要素として売買の対象とされる傾向が強まるとみなしたのである。国連教育科学文

●図2.6　ディズニーの総攻撃

化機関（ユネスコ）は、「新しい国際情報流通秩序」を呼びかけ、グローバルな文化を提示しているが、その背後には、文化帝国主義の認識があってのことと考えられる（McBride,1980）。文化の流れは非常に不均衡であるし、脆弱な文化は支配的文化の脅威にさらされているとみなされている。これこそがグローバルなものとローカルなものとの相互浸透の問題であり、この点については、第1章（3.1節）でグローバル化の1つの次元として言及し、ローカルなものがグローバルなものに統合されていくということに焦点を据えた。ユネスコのアプローチは、レーニンの帝国主義の分析にとどまらず、「アメリカ化」に関する広い関心も含めて多様な潮流に依拠している。アメリカ化とはアメリカ文化のヨーロッパ輸出が与えた有害な影響であり、起源をたどれば第二次大戦中のアメリカ軍のイギリス駐留にさかのぼりうる現象である（Hebdige,1988）。ユネスコの関心は北から南への、また、中心から周辺への不均等な文化の流れにある。例えば、ニュースは、発展の手段というよりも利益を生む商品として、西洋の企業によって集められ、選択され、コントロールされてきた。西洋の5大ニュース機関が世界のニュースの80%を占有している。また、発展途上諸国に関するニュースは4分の1にすぎない（Masmoudi, 1979）。文化帝国主義のテーゼは、ハーバート・シラーの著作とも強く結びついている（Schiller, 1991）。それは明白で議論の余地のないことを改めて確認することにすぎない。つまり、「グローバル文化」とは、均等に、あるいは一様に世界の極めて多様な文化を均衡ないし合成するものではなくて、アメリカないし西洋の文化をグローバルに広げることであり、多様性とは逆現象であるということにほかならない。

課題 2.2

あなたの国民文化や国民的アイデンティティの理解と経験をもとに（例えば、次を参照のこと。Guibernau and Goldblatt, 2000）、コカ・コーラやマクドナルドないしディズニーが、国民の文化とアイデンティティをどのように強化ないし切り崩していると考えられるかについて論述しなさい。次に、権力をめぐる議論について考え（例えば、Allen,2000）、こうした企業経営から誰が利益を得ているかを記しなさい。

課題 2.2 のコメント

以上の問題は、大論争をよぶ領域であり、明らかに、極めて現代的で複雑な問題である。本書を執筆中に、フランスの農民たちがマクドナルドに抗議したが、これは、

マクドナルドをアメリカの文化と輸入品の象徴とみなしたからである。このような巨大企業が組織されているのは、需要の高い飲み物や食べ物を消費者に供給するだけではなくて、(ほとんどはアメリカの) 株主に利益を与えるためであり、世界各国の国民経済にアメリカが参入している明示的な象徴とみなされている。

　文化帝国主義論に従えば、グローバル文化の流れは文明化や発展過程の一部ではないし、いわんや恵み深く調和のとれたものでもなくて、文化の支配と押しつけをともなうものである。だから、東欧ブロックが解体したり、世界銀行と世界貿易機構 (WTO) や国際通貨基金 (IMF) が台頭し、不平等を広げるなかで事態は悪化したとする意見もある。この見方は、より広く、構造に焦点を据えた分析であることは明らかである。

　文化帝国主義の主張を支持すべきデータもかなりある。「グローバル文化」とされるものの多く——例えば、コカ・コーラ、マクドナルド、リーバイス、ディズニー、ミュージック・テレビジョンやハリウッド——は、アメリカに発するものであるという点では大方の合意が得られよう。アメリカの文化商品が押しつけがましくのし歩いていることには、否定しがたいも

●図2.7　コカコーラのグローバルな拡がり
——プノンペンで喉の渇きをいやす

のがあると思われる。グローバルなレベルで見ると、輸入テレビ番組の多くはアメリカに発しており、西ヨーロッパや日本のものはそれほど多くはない。世界のいくつかの地域では、例えばラテンアメリカでは、輸入テレビ番組の4分の3はアメリカからのものである (Varis, 1985)。ルパート・マードックやビル・ゲイツは、世界中の人々を帝国主義の命令に従わせようとしているわけではなくて、コミュニケーションのソフトウェアとハードウェア、情報とレジャーやエンターテイメントといった分野の商品を買ってもらえるように説得しているにすぎない。こうみると、今日の植民地主義は、電子型の情報コミュニケ

ーション・メディアに焦点を据えた新しい一連の製品に基礎を置いているとみることができる。次いで、文化帝国主義のテーゼに根拠があるかどうかを検討してみよう。

　世界のテレビ番組の輸出状況を時間単位でみると、その40％以上がアメリカ産である。ヨーロッパに輸入されている番組の44％はアメリカからのものである。ラテンアメリカでは、輸入番組のうち77％が、カナダでは70％がアメリカからの輸入番組である。サハラ以南のアフリカ諸国では47％にあたる（Varis,1984,1985）。逆に、アメリカにおける輸入番組は、商業番組で1％、公共放送番組では2％にすぎない。これは明らかにドラスチックな状況にあると思われる。

　当然ながら、言語がこのパターンの中心に位置している。アメリカ帝国主義やヨーロッパと大英帝国の歴史的遺産によって、英語が「優位な言語」となっている（Collins,1990,p.211）。世界の科学的知識や公的にコード化された情報の大部分には英語が使われている。また、英語はグローバルな組織や機関において、その内部や相互間のコミュニケーションの主要言語となっている。翻訳される資料の圧倒的多数は英語文献であることも、これを裏づけている。英語を使う人々が多いというだけではなくて、相対的に豊かな人々の言語ともなっている。さらには、英語は英語圏以外の人々にとって第2言語であり、その規模は世界人口の約4分の1に及んでいる。1980年代中期で英語の翻訳出版物が全体の47％を占めている。ちなみに、スペイン語のそれは1.5％であり、中国語は0.3％にすぎない（Therborn,1995）。この英語支配は、文化の多様性とは逆の均質化の一例であることは確かである。

　このように、文化のグローバル

●図2.8　ドナルドダックの帝国主義的イデオロギー（ドーフマン、マテラート著『ドナルドダックの読み方』、1975年の表紙）

化とは、グローバル文化の出現と成長を意味するものではなくて、アメリカの英語や西洋の文化商品と慣習を広めるものであるとする見方を支持するに足る相当な証拠が存在している。このような認識から、イランでは、治安当局が衛星放送のアンテナを禁止するという事態が起こったのである。さらには、例えば、フランスでは映画や音楽ないしテレビ番組の輸入に関して関税と輸入割当てが課されている。

このような議論のなかで、「左翼」（利潤を動機とするグローバルな会社資本に反対する）と「右翼」（国民文化を擁護する）との興味深い収斂現象を見ることができる。「左翼」からすると、メディアに対する自由主義的な規制緩和とは、選択の自由という仮面をかぶってはいるが、実際には、資本主義的企業文化による植民地化の基盤を整えるにすぎないものであるとされる。「右翼」からすると、ディズニーはまやかしの文化であって、歴史に根ざした固有の文化的伝統や慣習を衰退させ、脅やかすにすぎないものとみなされる。

しかし、文化的支配という説明ではなくて、文化帝国主義という概念に訴えられるのは、アメリカおよび西洋諸国家の文化政策や習慣と経済的利害とを結びつけるためであることは明らかである。だから、その説明は構造的なものになる。文化的支配は、西洋の商品に対する需要を生み出し、生産者と受け手の文化のあいだに不平等と従属という関係を構築するための戦略の一部であるとみなされている。

この文脈からすると、マテラートのディズニーについての著作はとくに大きな影響を与えている。というのも、彼は、ドナルド・ダックが「第三世界」の文化をカリカチュア化し、けなし、「第三世界」の人々がどのような生活を望むべきかという点でメッセージを送り続けていると論じているからである。こうして、彼は、文化帝国主義と、グローバルな会社資本主義の利益と広がりとを結びつけている（Dorfman and Mattelart, 1975; Mattelart *et al.*, 1984）。

要約
グローバル論者は構造を重視する傾向にあり、グローバル文化の流れが広まることは国民文化の消滅を意味すると論じている。
積極的グローバル論者はこれを歓迎すべき傾向であるとみなし、次のように論じている。

- 「地球村派」は、インターネットによって、オープンなアクセスや多数と多数とのグローバルなコミュニケーションが成立するなか

で、公共圏が再び活性化し、コミュニティが復活する可能性が開かれていると主張している。
- 別の積極的グローバル論者は、自由主義のパースペクティブから、BBCを運営している文化エリートに権限を与えるのではなく、消費者の自由な選択にゆだねることで、公共の利益に最も添うことができると主張している。

悲観的グローバル論者は次のように論じている。
- グローバル化とは平準化でも斉一化でもなく、国民間の不平等の再生産と拡大である。
- グローバルなメディア企業と文化企業は広く構造化され、グローバル経済の重要な構成要素となる傾向にある。こうした企業は密接に連結していて、情報、コミュニケーション、エンターテイメント、レジャーの領域に及ぶ企業グループを形成している。
- 「文化帝国主義」は文化のグローバル化を理解する重要な概念である。これは構造的分析であり、2つの概念を軸としている。すなわち、西洋とアメリカの支配的文化が少数文化の多様性を圧倒し、均質化する過程である。これは、また、アメリカなどの西洋諸国の経済的利益にかなった戦略でもある。

3 伝統論者

　文化のグローバル化という状況のなかで、国民文化が変わらないままにあり、変わったものなどないと本気で主張しているものはいない。だが、現に論じられていることは、グローバル化を声高に主張するあまり、主要な文化の形態や制度が、なお、ナショナルなものであるということ、この重要な点が無視されているとするものである。このパースペクティブからすると、文化帝国主義論は、外的な構造的諸力を過大視するあまり、内的で、ローカルな力学や人々の行動を過小評価していると、つまり、変化を誇張するあまり、持続性が軽視されているとみなされる。

　伝統論者の主張の根底には地域や国民国家の根強さがある（Guibernau and Goldblatt 2000）。アンソニー・スミスはナショナリズムの指導的論者である。

彼の関心は国民文化の根深さと歴史性にある。両者は文化的に解釈されているとはいえ、幾世紀にも及ぶコミュニケーションと相互行為や集団的経験の所産であり、歴史のなかできたえられ、アイデンティティと深く結びついているだけに、あっさりと取り替えられたり、変更されたりできるものではない。ディズニーに類するものは、長く根深い国民文化と比較すると、利益を目的としたはかないものであり、国民文化のように、日常生活やアイデンティティと結びついているわけではないとする。

次いで、ナショナルなものの継続性を支えている4つの例を挙げ、簡単に検討しておこう。それは、公共放送、新聞、ニュース報道、規制システムである。また、この節では、電信（テレグラフ）を事例研究として結びとする。この研究からすると、すべてが劇的に変化したとか、現代は破滅的時代であるという主張には慎重であって然るべきである。ビクトリア時代（とりわけ、1850年から1860年）には、電信によって、世界は、今日のインターネットが引き起こしている以上の劇的な変容にみまわれたと考えられる。

3.1　ナショナルでグローバルなテレビ視聴者

イギリスの公共放送はBBCである。公共放送の視聴率は国ごとに著しい差がある。イギリスでは1950年代中頃にITVが新設されることによって、ある意味で、公共放送は視聴者のニーズにそれなりに応え、競争形態が導入されている。イギリスにおけるケーブルテレビ放送と衛星放送のインパクトは、公共放送がグローバルな挑戦のなかでも弾力的であっただけに、他国ほど強力ではなかった。この点ではイギリスだけが例外であったわけではない。例えば、オーストラリアのABCは視聴率を上げているし、イタリアのRAIは民間放送連合を圧倒している(Barker, 1997)。

1999年に、ケーブルテレビ放送ないし衛星放送を受信しているイギリスの世帯は3分の1にとどまっている。また、この世帯にあっても、ケーブルテレビと衛星放送の視聴時間は全体の3分の1強を占めているにすぎない。この事実からすると、本書の執筆時点では、デジタル放送、ケーブルテレビ、衛星放送については誇張されていることになり、一部の新しい放映技術に関する主張については警戒すべきことになる。表2.6は、イギリスにおける国内放送とグローバルな放送との視聴者の分布である。

この表からもわかるように、例えば、MTVやディズニー・チャンネルといったグローバル性の強いテレビの視聴者はごくわずかである。イギリスでは、

■表2.6 イギリスの国内テレビ放送とグローバルなテレビ放送の視聴率推計（1997年）

チャンネル	全世帯占有率[a]	衛星放送とケーブルテレビ受信世帯率[b]
BBC合計	44	31.1
地上民営放送合計	45.5	32.1
非地上放送合計	10.5	36.7
BSkyB合計	4.9	16.8
MTV	0.2	0.8
Nickelodeon	0.5	1.8
Country Music Television	0.1	0.1
Discovery Channel (Europe)	0.2	1.2
The Disney Channel	0.3	0.8
The Paramount Channel	0.1	0.3
Fox Kids	–	0.3

a:1996年12月31日までの年間推計値（ITC, 1997）
b:1997年6月29日までの週間推計値（Philips, 1997, p.30）
出典：Sparks, 1998, Table 6.1, p.116

　こうしたグローバル・テレビの全視聴者はそれぞれ0.2％と0.3％にすぎないのに対し、BBCは44％を占めている（そのうちBBC2が11.5％、BBC1が32.5％）。サンプリングされた週の調査では、イギリスの視聴者数の上位40位までの番組は国内向けに制作されたものであった。輸入番組の第1位は「ネイバーズ（Neighbours）」で41位であった。上位70位以内に入った輸入番組は8つにすぎず、そのすべてはオーストラリアからのものであった(データは次による。Phillips, 1997. また、次において引用・分析されている。Sparks, 1998)。

　インドについてみると、MTVヨーロッパとスター・テレビがグローバル化の限界を示す例とされる。いずれの場合にも、消費者はグローバルな放送を拒否し、そのため、国内向けの制作番組に変更しなければならなかった。確かに、BSkyBはイギリスの企業であると広く認識されている。マードックの帝国はグローバルなものであり、その傘下のBSkyBもルクセンブルグを拠点とする人工衛星によって送信され、その受信可能地域はイギリスを越える範囲に及んでいる。他方で、そのニュースはイギリスのものであり、イギリス以外の視聴者はわずかにすぎない。また、イギリス独立テレビ委員会（ITC）によって規制されてもいる。

　グローバルにみれば、国内向けに制作される放送番組は国境を越えるものの29倍も多い（O' Regan 1992. 次に引用。Sinclair et al., 1996）。だから、解説者

のなかには、「テレビは、なお、極めてハイブリットなメディアであり、本質的にローカルで翻訳できない性質の番組を大量に流さざるをえない状況にある」と結論するものもいる（Sinclair *et al.*, 1996, p.10）。

3.2 新聞

　イギリスでは、おそらく、グローバルな新聞の代表例として「ファイナンシャル・タイムズ」と「ウォールストリート・ジャーナル」が挙げられる。だが「ウォールストリート・ジャーナル」を除いて、イギリスの新聞は国内向けのものである。実際、スコットランドで販売されている日刊紙の90％以上は現地で発行されている。また、スコットランドでは、「グラスゴー・ヘラルド」と「スコッツマン」の販売部数はロンドンを本社とした部数をしのいでいる。「ファイナンシャル・タイムズ」のヨーロッパ以外の発行部数は13万部であり、平均して12万ドルの売り上げがある。「ウォールストリート・ジャーナル」は、ヨーロッパで6万4,000部発行され、平均して19万6,000ドルの売り上げがある。イギリスで「ウォールストリート・ジャーナル」は「ファイナンシャル・タイムズ」と競合しており、その発行部数は「ファイナンシャル・タイムズ」の13分の1である。このことからイギリスの読者は、総じて、ローカルなメディアを志向していることになる。両新聞のグローバルな発行部数はごくわずかで、その読者は相当の金持ちに限られている。この点で、メディア理論家のコリン・スパークスは次のような結論を導いている。

●図2.9　限定されたグローバルな新聞の読者層　「ファイナンシャルタイムズ」の読者の平均的年収は約12万ポンドである

　　大まかに解釈しても……マスメディアにおけるグローバル化の形跡は薄いといえよう。メディアのなかには、その方向に歩み出したものもあるが、その視聴者と読者は限られていて、一国を基盤としたメディアの視聴者や読者に比べると取るに足りない数である。
　　……こうした新しい「グローバルな」メディアの読者はエリート層に偏っていて、これから利益を得ようとすると、母語ないし第2言語のいずれとしてであれ、世界言語（とくに英語かスペイン語）を理解していることが求められる。「CNNを観たり、タイムを読むことができる国際的な知識階級」が登場しているとしても、少数で、先進諸国の

人口の大部分と比較しても極めて裕福な層に限られている。また、彼らは十分な教育を受け、英語に精通しているため、ネイティヴ・スピーカーでも容易に消化することが困難な題材さえも読むことができる。だから、グローバル・メディアが登場することによって、ナショナルなメディアが著しく衰退したという確かな証拠は存在しない。国民向けの新聞と放送の視聴者が変わっているといっても、グローバルなメディアをどのように利用しうる状況にあるかということとは明確な関係にはない。(Sparks, 1998, p.119)。

3.3 ニュース

多くの点でニュースの取材がグローバル化していることは明らかである。とりわけ、遠隔地のニュースの即時性をあげるために衛星中継も使われていることは注目すべきである。この点は湾岸戦争の場合に明らかである。また、ロイター通信にみられるように、グローバルな通信機関が劇的に増えている。しかし、イギリスのニュースのほとんどは国内で制作されている。CNNはグローバルな報道機関ではなくて、海外のニュースをアメリカに配信しているとみなしてよかろう。いずれにせよ、CNNインターナショナルの利用可能世帯は世界中でも11万3000世帯にすぎないし、国内の視聴者も少数にとどまっている。ITVとBBCのゴールデンアワーのニュースの一日の視聴者数は、全ヨーロッパのCNNの毎月の視聴者数をはるかに超えている（Sparks, 1998)。

3.4 規制

EU、関税と貿易に関する一般協定（GATT)、世界貿易機構（WTO）が存在しているとはいえ、規制のシステムや構造の大部分は国家的なものであり、文化の流通という点では、なお、強力かつ顕著な決定機関の位置にある。人工衛星のような新しい技術によって、国家的規制は時代遅れで不可能なものになったと論じられることもあるが、現実には、イギリスにとどまらず、他の諸国でも衛星放送は国家的規制に服している。1990年の放送法で、衛星放送を禁じ、罰金を科すことができることになった。イギリス政府は、放送基準がそれほど規制されていない諸国を基盤としたポルノ・チャンネルをうまく排除した。しかし、「公共の利益」において、政府はメディア規制を緩和すべきであるというリベラルな圧力が強まっているだけに、将来については予断を許さない状況にあることは明らかである。

3.5 何が新しいのか？――ビクトリア時代のインターネット

　技術評論家のトム・スタンデッジは、時間と空間が現実に縮小したのはインターネットの登場によるものではなくて、ビクトリア時代に電信（テレグラフ）が開発されたことによって起こったと主張している。ほぼ19世紀中期に、テレグラフによって人々が一体化することになろうと広く予測されたのも、馬や船によって届けるよりも、はるかに早くコミュニケーションをとることが初めて可能となったからである。探検から戻るまで何年も待たなくとも、新聞は数時間以内に地球の反対側で起こった出来事を報道することができるようになった。かくして、世界の見方は劇的に変わったのである。

　技術熱と投資には異常なものがあった。1852年にロンドンとパリがリンクされたのち、アメリカと結ぶために2,500マイルのケーブル敷設が試みられた。また、1857年に2隻のケーブル敷設船が南西アイルランドのヴァレンシア島を出発したが、ケーブルは350マイルを敷設して切れた。さらに多くの資金が調達され、約1年後に大西洋の中間地点に向けて2隻の船がケーブルを敷設するために逆方向から出航したが、再び、ケーブルは切れてしまい、船は出航地点に戻っている。また、鯨と出会ったり失敗も続くなかで、この冒険の放棄が迫られることもあったが、次の挑戦でようやく成功し、1858年に2大陸はケーブルで結ばれることになった。

　祝典はヒステリーに近いものであった。ボストンとニューヨークでは百発の礼砲が放たれた。公共の建物では旗が揚げられ、教会では鐘が打たれた。花火が打ち上げられ、パレードが続き、特別の礼

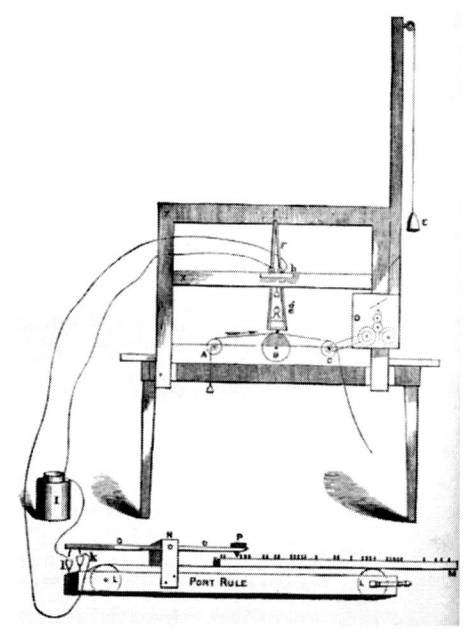

●図2.10　サミュエル・モースの電信
世界を変えた装置である。最初の型は、送信装置のハンドル（底部）を回し、歯状板を動かすことで電気回路を開閉する。受信機（上部）でこの回路の断続を利用し、電気磁石で筆記具が作動することによって、動いているテープ上にジグザグ線を記録するものであった

拝が行われた。ニューヨークでは群衆がたいまつをもって集まり、破壊こそ免れたが、興奮のあまり市役所に火をつけるに及んだ。

「大西洋間にテレグラフが敷設されるによって、我が全土は電化されることになった」と『サイエンティフィック・アメリカン (Scientific American)』〔1845年に創刊された米国の科学月刊誌〕は高らかに宣言している (Standage, 1998, pp.77, 79)。

ビクトリア女王とジェームズ・ブキャナン大統領はメッセージを送った。ニューヨークの宝石商のティファニーは残りのケーブルを購入し、みやげ用の記念品を作った。この偉業を称える書籍が出版され、詩が詠まれた。説教が聖書の物語に織りこまれた。「タイムズ」も呼応し、ケーブルがイギリスとアメリカの人々を再び結びつけることになったと称えた。「大西洋は干上がり、希望にとどまらず現実においても、私たちは1つの国となった。大西洋電信は1776年の独立宣言をなかば解消し、個別の存在であるとはいえ、私たちを再びひとつの国に結びつけた」(Standage, 1998, pp.80-1)。その技術のヒーローはモースであり、彼は勲章を受け、世界の称賛のまととなった。モースとその発明品は世界の人々を結びつけ、世界平和を促し、商業を革新しただけでなく、人々の思考範囲を拡げ、文学水準を上げたとされる。

テレグラフの意味がどのように受けとめられたかとなると、インターネットの場合とかなり似たものがあるとスタンデッジは判断している。

> インターネットによってビジネス慣行は革命的変化をきたしただけでなく、新しい犯罪をもよび、ユーザーにはあふれんばかりの情報が殺到した。ネットにのってロマンスの花が咲いた。シークレット・コードがユーザーによって開発され、他のユーザーによって解読された。ネットワークの利便性が執拗にあおられる一方で、懐疑論者はこれを否定した。政府や監督機関は新しいメディアをコントロールしようとしたが、失敗した。取材から外交に及ぶまで、考え方も全面的に再考を迫られた。一方で、ネット外では、固有の慣習とボキャブラリーをもった技術型のサブ・カルチャーが作られている (Standage, 1998, p.1)。

スタンデッジは、電信によって新しいコミュニケーション技術が生まれたが、同時に、当時の人々を混乱させたと主張している。「この種の革命は世界を縮め、ひどく当惑させるものであると主張しうる世代があるとすれば、それは私たちの世代ではなくて、19世紀の祖先である」と (Standage, 1998, pp.199-200)。

要約

伝統論者は何も変わっていないと主張しているのではなくて、ナショナルなメディアには強い持続性があると、また、ローカルとナショナルな文化の生産と消費には根強いものがあると指摘しているのである。

- 競争の圧力が強まるなかで視聴率が下り、不確かで急激な変化も起こっているとはいえ、公共放送とナショナルな放送は、なお、健在である。
- 1999年に、イギリスの約3分の1の世帯がケーブルテレビないし衛星放送の受信機をもっているが、その視聴時間のほぼ3分の2は地上波放送である。
- 「グローバル・テレビ」のようなものが存在しているとは言えない。その視聴者はわずかにすぎない。
- だが、表だけではすべてがわからないのは、コマーシャルの形式と手法がナショナルな放送番組に大きな影響を与えているからである。
- 新聞は、組織の点で、極めてナショナルである。
- ニュースはグローバルな情報源に依拠しているとはいえ、その多くは国内や地域向けに制作されている。
- 国民国家は、なお、メディアの中心的規制機関である。
- 電信の歴史に鑑みると、最近のコミュニケーション技術やグローバルなコミュニケーションに劇的な変化が起こったわけではないことがわかる。だから、「情報革命」について黙示録的な主張が繰り返されているが、これには慎重であるべきことを歴史は示している。

4 変容論者

これまで、ナショナルな文化には一定の継続性が認められるとしつつも、グローバルな文化の流れが強まるなかで、一定の変容も起こっていることを確認した。したがって、「昔も今も変わらない」とか、「すべてが変わってしまった」とは言えないことになる。この両論とは別に、一連の調査結果から、いくつかの重要な変化を読みとりつつも、その変化と影響の理解という点では、伝統論

者やグローバル論者とはニュアンスや意見を異にする理解も存在している。次にこの点に移ろう。

4.1　文化の流れは単なる一方通行にはない

　おそらく、変容論者のグローバル論者批判のなかで最も際だっているのは、文化帝国主義のテーゼはアメリカ中心主義のストーリーにほかならないとする点であろう。文化帝国主義論は、理念や思考様式が権力エリートによって広められることを指し、その一方的な流れに焦点を据えるものである。そのため、国際的な文化の流れの多くが、とりわけ、「ワールド・ミュージック」のような対抗文化の流れがほとんど無視されることになる。また、アメリカのテレビ番組を大量に輸入している国のなかには、強力な輸出圏を構成している諸国もあるという事実が無視されている。さらには、ラテンアメリカのメロドラマの「テレノベラス」はアメリカやヨーロッパにも輸出され、重要で有力な地域文化の流れを形成していることが無視されている。この議論を敷衍し、シンクレアたちは、世界はいくつかの「地理言語」圏に分かれていて、それぞれの地域圏がグローバルに結びつくとともに、固有の内的力学も備えているとみなしている。

　　グローバル、リージョナル、ナショナル、さらにはローカルなレベルでテレビ番組は交換と循環の過程にあり、相互に多面的に作用しあっている。……「西洋」が中心に位置し、文化製品を輸出することで周辺としての「第三世界」を支配しているというイメージではなくて、この「アプローチ」は……世界が多数のリージョンに分かれていて、各リージョンが固有の力学を持ちつつグローバルに結びついているとするものである。主として地理的な実体を基礎としているとはいえ、こうしたリージョンは物理的空間を超えて、共通の文化的・言語的・歴史的な関係によっても規定されている。このように、世界をダイナミックに、またリージョンとしてとらえると、テレビの地球横断型の入り組んだ多方向の流れは、もっと微細に分析しうることになる (Sinclair et al., 1996, p.5)。

　図2.11はテレビ番組の輸入の規模と傾向を示している。この図から、その流れは複合的なものであることがわかる。シンクレアたちが主張しているように、「グローバルな」流れと「ローカルな」流れだけでなく、「グローバルな」流れと「リージョナルな」流れを区別することが重要である。リージョナルな交流は共通の文化的・言語的・歴史的な交易関係に依拠し、ひとつの「想像の共同体」を形成していて、その範囲は、「テレノベラス」を例にすると、ラテンア

メリカにとどまらず、アメリカのケーブル・ネットワークやポルトガルとスペインに及んでいる（Guibernau and Goldblatt, 200, Section 2.2）。このような流れがテレビの番組編成の国際的取引の重要な要素となっているため、入り組んだ姿が浮かび上がることになる。

　グローバルなテレビの流れを理解しようとすると、自前で番組制作の設備を備えていて海外番組を輸入する必要のない国（例えば、イギリス、ブラジル、日本）、番組欄を埋めるために海外番組を輸入せざるをえない国（例えば、カナダやオーストラリア）、自国で番組を制作していない国（インドを除くアジア各国とアフリカ諸国）を区別する必要があるとされてきた（Cantor and Cantor, 1992）。また、例えば、アメリカが主としてフィクション番組を輸出していることにもうかがわれるように、番組の種類も区別する必要がある。さらには、流れの持続期間についても検討する必要がある。というのも、例えば、1960年代にアメリカのテレビ番組がラテンアメリカへ輸出されたときのように、高水準の文化的輸入品が国内産業の成長を促し、その後に自国製番組に替えられることも起こるからである。

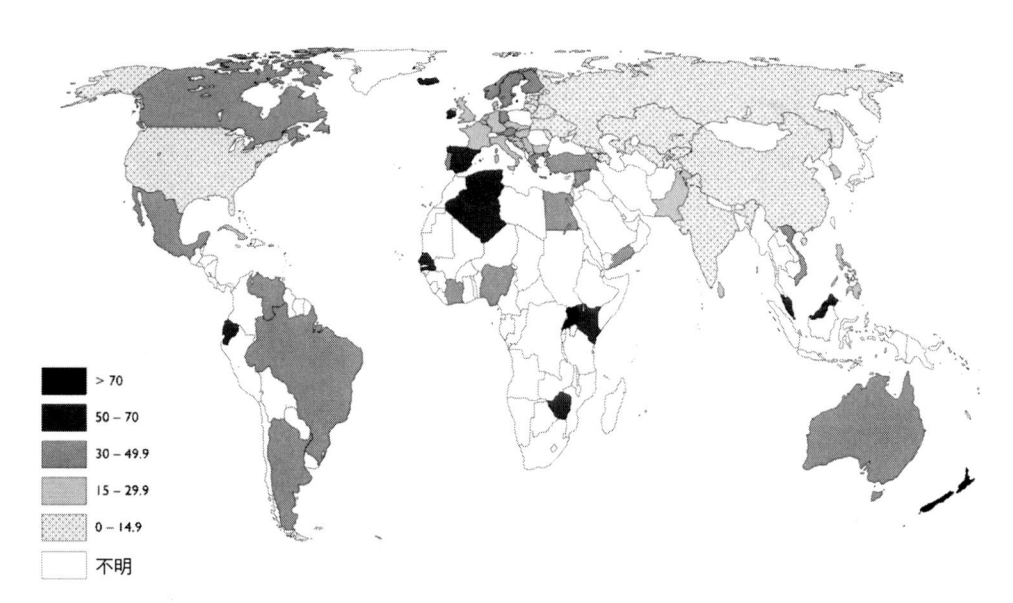

●図2.11　抽出数カ国のテレビ番組の輸入率（1983年）
注　その国で複数のテレビチャンネルがある場合には、それぞれの輸入割合の総計をチャンネル数で割った平均値
出典：Varis, 1985, Table 4, pp. 19-21

4.2 輸入テレビ番組の視聴者

最も重要なことであるが、どれくらいの人々が自国製番組と輸入番組を見ているかを知るためには視聴率を調査する必要がある。興味深いことに、視聴率調査から、世界のどこでも自国製番組が最も高い視聴率を示し、しかもゴールデンアワーに放送されていることがわかる。アメリカ製の輸入番組はそれほど視聴率の高くない時間帯に組まれているのが一般的である。これは驚くべきことでもない。ある番組がグローバルな視聴者を得るためには、特定の文化との強い関連を消すことが求められるからである。それゆえ、グローバルなテレビ番組の流れの多くは文化的支配のプロセスと、ましてや文化支配の戦略と結びついているわけではなくて、視聴率の低いつなぎの時間帯を埋めるための安あがりの作品が必要となったなかで起こっているにすぎない。すると、輸入番組の文化的影響について疑念が起こることは明らかである。つまり、量をもって文化的意義とするわけにはいかないことになる。

4.3 文化の純度と文化の浸透

文化帝国主義論に底流している議論は、受容諸国——多くは発展途上国——のまともな文化が、外来の、にせの文化を押しつけられることによって衰退するというものである。少なくとも暗黙的には、文化とは国民的な視点から定義されうるものであって、この限りでは統合的で同質的なものであるということである。すると興味深いことに、誰が国民の文化を規定し、代弁しているかという困難な問題が起こる。文化帝国主義の脅威から自国の文化的アイデンティティを守ろうとすると、ナショナル・アイデンティティとは個別的なものであることを強調せざるをえなくなる。例えば、「イギリスらしさ」や「フランスらしさ」を、あるいは「ウエールズらしさ」を守ろうとすると、文化的アイデンティティを国内で統一することによって国民のエスニックな文化的多様性を排除することになる（Tomlinson,1997）。これは、少なくとも暗黙的には、国民的文化の同質性という、時代にそぐわない考えに立っていることになる。というのも、国民は、むしろ文化の「雑種性」や「クレオール主義」を特徴とした時代のなかにいるからである。つまり、不均等であれ、長期的には2つの文化が相互に作用するなかで新しい文化形態が生まれ、この文化がいずれの文化に由来するとは単純にいえない状況にあるからである（Hannerz,1990）。

4.4 文化を読む

最後に、輸入文化の消費の意味という問題がある。マテラートやシラーのような文化帝国主義テーゼの論者は、その論拠をインパクトに、つまり、視聴者が文化の表現をどのように「読む」か（または、デコード*5するか）という仮説に求めがちである（文化の「表現」というのは、視聴者ないし消費者によって「読まれ」、理解され、解釈される対象のことである）。彼らは、西洋資本主義のテレビ番組を観ることで、西洋の価値を、とりわけ消費者の欲望に関わる価値を教え込まれると想定しがちである。すると、輸入テレビ番組が現にどのように利用され、どのように理解されているか、また、その消費過程は、どのように日常の生活や日課を形成しているか、これが問題となる。

課題 2.3

表2.7は、パプアニューギニアの新聞のテレビ欄から3つのチャンネルの番組案内を抜き出したものである。この番組のどれかを知っているなら、パプアニューギニアにおいて、その番組がどのような意味を帯びているかについて考え、次の質問に答えなさい。

- その番組には、どのような価値が含まれているか？
- その番組は、パプアニューギニアの状況とどのような関連にあると考えられるか？
- 長期にわたって非常に多くの視聴者がその番組を観ていたとすると、長いあいだにパプアニューギニアのアイデンティティとコミュニティに何らかの影響を与えることになったと考えられるか？

課題 2.3 のコメント

おそらく、「ネイバーズ」や「ホイール・オブ・フォーチュン（Wheel of Fortune）」、あるいは「ザ・ビル（The Bill）」にはどのような価値が含まれているかに気づいたであろう。この番組とパプアニューギニアの状況との関連を考えると、奇妙にも、どこか似通ったところがあるのではないかとの思いに至るであろう。この点で、先の第3の問題が最も興味深く、問題提起的なものとなろう。つまり、メディアの効果をどのように評価することができるかという問題である。大まかにいって、メディア研究では、その種の直接的効果はないとされているし、広く規定されているほどには、あるいは一般に考えられているほどには大きなインパクトはないとされている。むしろ、研究者たちはテレビが日常生活に与える意味について研究している。この

点で、放送番組にメッセージが**エンコード**[*6]されていても、これを受動的ないし無批判的に受け入れているわけではないとされる。視聴者は文化の表現を能動的に読んでいることになる。複雑な過程のなかで、人々は固有の文化的素地と土台に依拠しつつ、テレビ番組を解読し、理解している。したがって、直線的ないし予見可能なものではなくて、翻訳された文化商品が放映される場合でも、視聴行動や番組解釈のいずれにおいても、かなりの相違を含んだ複雑で多様な構図になっている。

　これが、文化帝国主義テーゼの中心に位置していることは明らかである。輸入番組は、現にどのように理解されているのであろうか。この質問に答えるためには、それがどのように消費され、どのような支配と交渉ないし抵抗が起こっているかを見とどける必要がある。次いで、量的検討から質的検討へ、つまり、既定のカテゴリーによる測定ではなくて、意味と解釈に焦点を据えることにする。

　文化人類学者のダニエル・ミラーは、トリニダードの「ザ・ヤング・アンド・ザ・レストレス（The Young and the Restless）」の視聴を調査している（Miller,1992, また、次においても検討されている。Miller,1997）。彼は、このアメリカ産のメロドラマがアメリカの文化輸出と消費文化の媒体となっているわけではなく、むしろ、その番組が「ローカル化」されているとする。というのも、トリニダードの人々は、自らの慣行と理解の枠組みをもって、この番組を解釈しているからであるとする。また、ゴシップや性的スキャンダルが関心を呼んだのも、独特の考え方と理解や状況に共鳴する点があったからにすぎないとする。

　　典型的な意見は次のようなものであろう。「……その番組の中味はここでも起こりうることであって、夫をおどす妻や、妻をおどす夫はここにもいるよ。義理の妹のことを画面のライアで思い出すけれど、どこか奔放なところがあるね」と。また、「結婚は30対70ではなくて50対50であるべきだと思う。女性は強くなければいけない。どんなことがあっても誓ったことは信じるべきだ。……そういえば『ザ・ヤング・アンド・ザ・レストレス』を思い出すよ。ニッキィは結婚を待ち望んでいるのに、ビクターは他の誰かと恋に陥っている。でも彼女は待ち続けることになると思うよ」と（Miller,1997,p.29）。

　こうみると、均質化の過程のなかでローカルな文化が消え去るというより、再生産されていることになる。これは、第1章の3.1節で触れたように、グローバルなものとローカルなものとの複雑な相互浸透の1例である。つまり、ロー

■表2.7　パプア・ニューギニアのテレビ番組表

	EMTV		CENTRAL		ABC
5.30	JOYCE MEYER MINISTRY: "Life in the Word". (G)	6.00	THE BIG BREAKFAST	6.00	LIFE LONG LEARNING: "Growing Awareness". (G)
6.00	EARLY NEWS: (G)	8.30	THE BOOK PLACE: (G)	6.00	PRESERVE THE LEGACY
7.00	TODAY SHOW: (G)	9.00	A COUNTRY PRACTICE: (PG)	7.30	TELETUBBIES: (G)
9.00	BENNY HINN MINISTRY: "This is Your Day".(G)	10.00	DENISE: (G)	8.00	JOHNSON: (G)
9.30	***TEST PATTERN***	11.00	HOME AND AWAY	8.30	SESAME STREET
12.00	3RD TEST CRICKET: "Australia vs Pakistan"	12.00	MOVIE: "Blind Fear". A blind woman tries to outwit three gangsters holing up at an isolated lodge. (M)	9.25	BANANAS IN PYJAMAS: (G)
2.30	KIDS KONA: "Sesame Street".(G)			9.30	PLAY SCHOOL: (G)
3.30	SUPERMAN *Final* (G)			10.00	RAT-A-TAT-TAT
4.00	WONDER WORLD: (G)	2.00	RICKI LAKE: (PG)	10.30	NATURALLY AUSTRALIA
4.30	TOTALLY WILD: (G)	3.00	I DREAM OF JEANNIE	10.45	THE TEXT FILES
4.57	EMTV TOKSAVE WITH DORRIS: (G)	3.30	DISNEY ADVENTURES	11.00	HAZARDS, DISASTERS & SURVIVAL
5.00	HOME AND AWAY: (G)	4.00	CHUCK FINN	11.30	BEHIND THE NEWS
5.29	EMTV NEWS BREAK: (G)	4.30	MARY TYLER MOORE SHOW	12.00	WORLD AT NOON
5.30	NEIGHBOURS: (G)	5.00	HUEY'S COOKING: (G)	12.30	BEST OF AUSTRALIA
6.00	NATIONAL EMTV NEWS: (G)	5.30	SONS & DAUGHTERS	1.00	THE TOP FLOOR
6.30	CURRENT AFFAIRS: (G)	6.00	HOME AND AWAY	2.00	PARLIAMENT QUESTION TIME
6.59	NEWS UPDATE	6.30	WHEEL OF FORTUNE	3.00	SESAME STREET (G)
7.00	LOTTO DRAW	7.00	SEVEN NIGHTLY NEWS	3.20	PLAY SCHOOL: (G)
7.01	KIDS SAY THE DARNDEST THINGS: Join comedian Bill Cosby as he chats openly with everyday young people. You'll be amazed at some of the things kids say ...(G)	7.30	THE GREAT SOUTH EAST	4.00	BLINKY BILL: (G)
		8.00	CREEK TO COAST	4.30	ARTHUR: (G)
		8.30	PROVIDENCE: "Pilot". A Beverly Hills plastic surgeon gives up her career to move back home and practice medicine. (PG)	5.00	CATDOG: (G)
				5.30	ALEX MACK
				6.00	HEARTBREAK HIGH
				6.30	MOTHER & SON: "Baby".
				7.00	ABC NEWS
				7.30	SEVEN-THIRTY REPORT
7.30	EMTV TOKSAVE	10.30	MILLENNIUM: "Thirteen Years Later".	8.00	DIVING SCHOOL: "Under Pressure". (G)
7.33	3RD TEST CRICKET	11.30	SEVEN NIGHTLY NEWS	8.30	THE BILL: "Shoot The Messenger/Too Little, Too Late". Boulton is missing after a surveillance operation goes wrong. An assault investigation is hampered by the reluctance of a witness to come forward.
11.30	BENNY HINN MINISTRY: "This is Your Day".(Rpt)	12.00	INFORMERCIAL		
		1.00	NBC TODAY		
12.00	EMTV NEWS REPLAY	3.00	TELEMALL		
12.30	***TEST PATTERN***	4.00	LAPD – LIFE ON THE BEAT		
		4.45	ZOO LIFE WITH JACK HANNA		
		5.10	VIDEO POWER	9.30	THE AUSTRALIAN SPORTS AWARDS 1999
		5.35	SAVED BY THE BELL	10.25	ABC NEWS - LATE EDITION
				10.30	MADSON (Rpt)

出典：*Post Counier*, Papua New Guinea, 29 November 1999, p.22

カルなものがグローバルなものに組み込まれていくにしても、この過程でもローカルなものの特性が失われるわけではないということである。

　他の研究者は、あるテレビシリーズが多様な社会的・民族的集団によってさまざまに受け止められていることを明らかにしている（Liebes and Katz, 1993）。「ダラス」は、1980年代に100以上の国々で放送されたアメリカ製のメロドラマである。それがとくに興味を呼んだのは、アメリカ文化で有害なものの中心にある物質主義の縮図であるとみなした人々もいたからである。「ダラス」は「アメリカのテレビシリーズによる世界征服のメタファーである」とともに、「世界で最も人気の高い番組」となった（Liebes and Katz, 1993, p 5）。リーブスとカッツは、このシリーズが3大陸の異文化間でどのように読み取られているかについて調査し、文化的背景を異にすると、読み取り方も違っていることを明らかにしている。彼らは、そのシリーズの支配的潮流とみなされて然るべきもの——とくに金持ちになるという魅力——を視聴者がどのように受け止めているかとなると、そのままに受け止めているわけではなくて、極めて多様に解釈されていると指摘している。例えば、ロシア人は「ダラス」の駆け引きに批判的であり、アラブ人グループは西洋文化や西洋の道徳的腐敗の危険を読み取り、これに敏感に反応しているとする。

　こうみると、テレビの影響は単純な効果概念や受動的視聴者という考え方におさまるものではなくて、もっと複雑で、多様であることがわかる。さらには、視聴者の柔軟性と抵抗力や非西洋文化の認識が求められることになる。受動的過程にあるというより、テレビ放映はさまざまに、思いがけない方法で受け止められ、利用されていることになる。視聴者はグローバルな文化の受動的受容者にすぎないのではなくて、能動的で判断力のある行為主体なのである。

要約　変容論者は、グローバルな文化の流れのなかで重要な変化が起こっていると認識しているが、その成り行きは、伝統論者やグローバル論者が考えているよりも、もっと複雑で、一次元的なものではないとみなしている。また、総じて、文化帝国主義のテーゼには批判的である。

- 文化帝国主義は西洋ないしアメリカ中心の筋書きである。国際的なテレビ番組の流れは、単なる支配の表現ではない。流れはグローバルであるとともにリージョナルでもあり、多くの場合、その流れは

支配の尺度とはならない。テレビ番組の流れの意味をどのように理解すべきかとなると、それは複合的なものである。

- 視聴率から、自国製番組が最も多くの視聴者を集めていることがわかる。輸入番組はゴールデンタイム以外の時間帯を埋める「つなぎ」に使われている場合が多い。量は、輸入番組がその国のテレビに与える意味を計る基準とはなりえない。
- ナショナルな文化的アイデンティティという概念は問題を含んでいる。それは非民主的な意味で使われることが多く、文化は均質であると仮定するものであるが、この考えは多文化主義と混成の時代にそぐわないものである。
- 文化の表現の読解は複雑である。どのように意味づけられているかを決めてかかることはできない。視聴者は自らの文化的背景に依拠してテレビ番組を理解しており、また、文化の読み方は多様である。

5 文化と技術

　この章の冒頭から文化と技術について検討してきた。グローバルな文化は、流通技術の複雑なネットワークが強化されるなかで広まり、国内技術が飛躍的に増加するなかで受容されている。すると、文化がグローバルな広がりをみせていることについて議論する場合には、技術が共通の問題とならざるをえない。グローバル化の議論において、技術は、重要な位置にあるというだけでなく、多くの人々にあって現代の特徴を規定するものと理解されている。労働、家族、レジャー、教育にとどまらず、アイデンティティの組成すらも含めて、社会の空間と制度に広く及んでいるだけに、技術の発展は変容過程に重要な意味をもっていると考えられている。「情報社会」というテーゼに従うなら、情報技術が現代の社会秩序の中心に、また、情報の流れとネットワークがその組織の核心に位置している。

「石器時代」、「蒸気の時代」、また「コンピューター時代」という言葉を聞いたことがあるだろう。これは特定の歴史的時代を特徴づける言葉であるが、その共通点を挙げなさい。

こうした表現は広く使われているが、そこには、技術（石器、蒸気ないしコンピューター）が各時代に支配的な社会的特徴を与えているという考えが含まれている。支配的な技術が狩猟と採取の社会や産業革命ないし「情報化社会」のような社会組織の形態を規定するとみなされている。技術は歴史の推進力と考えられている。これが、**技術決定論**[*7]の立場である。技術決定論の例として、コンピューターやテレコミュニケーション技術によって情報社会が生まれるという主張を挙げることができよう。

技術決定論の難点のひとつは、技術が「影響」をもつとはいえ、多くの場合はその影響が技術に内在しているのでなくて、その導入方法の結果であるという点にある。例えば、一般的にみられることではあるが、新技術が作業場に導入されたからといって、余剰人員を生まざるをえないということにはならない。そうした事態が起こるのは、技術が導入される状況を規定している社会制度——特定の市場経済——によるのである。

さらには、技術決定論においては、技術とは、まず社会によって形成されるものであるという事実が無視されることである。コンピューターと今日のコミュニケーション技術はどこからともなく出現したわけではないし、その発明者の抽象的な天凛の所産にすぎないものでもなくて、冷戦の直接的な結果であり、とりわけ、アメリカ国防省の研究と開発予算から生み出されたものであるとみなすことができる。冷戦下の社会がこの技術を作り上げたのであって、その逆ではない。戦後の豊かな社会のなかで別の選択肢が重視されていたなら、もっと優れた健康と教育の技術が生み出されていたともいえよう。つまり、戦争を目的とした技術の応用の多くは健康と教育の技術に向けることができたということである。したがって、技術決定論者は技術の社会的影響を重視しているが、技術とは、その起源と影響の点では社会的なものとみなすことができる。つまり、社会的に作り上げられるものなのである。

新技術が近代後期を理解するうえで重要であるという主張には、それなりに論理的なものがあるようにみえるが、技術決定論には慎重であって然るべきである。スタンテッジは電信の登場について説明し、今日に限らず、新技術の登場に際しては、その革命的意義が声高に主張され、新しい社会の到来の先触れであるとされたと指摘している。電信、電話、ラジオ、テレビの出現の歴史は、かなり割り引いて読むべき（また、興味深い）読み物である。この種の歴史は、ビル・ゲイツたちの予言的な主張とは異なって、技術による変化が緩やかで段階的に進むことを明らかにしている。コミュニケーション技術の影響は、それ

が出現してから数十年を経て明らかになったものである。したがって、インターネットなどの新しい情報とコミュニケーション技術は、「情報革命」というより、一定の長期的傾向の継続とみなすほうが妥当であって、まったく新しい社会秩序の先触れであるとはいえまい。

要約
- 新しい技術は、文化のグローバル化の鍵的構成要素である。それは、また、「情報社会」をめぐる議論の中心にも位置している。
- 歴史が示しているように、これまで新しい技術が登場すると、革命的なものとして迎えられたとはいえ、そのインパクトは、総じて、漸次的である。
- 新しいコミュニケーション技術にかかわる言説やレトリックは、かなりの決定力を技術に求めがちである。その1例が技術決定論であり、技術が社会の主要な特徴を根本的に規定するとみなされる。
- 社会学者は、技術の規制性を認めつつも、技術とはそれを生み出す社会によって作り上げられるものであると、つまり、「社会的に形成される」ものであると指摘している。

6 むすび

　これまで、世界はテレビとテレビ番組の流れのなかに浸る傾向を強くしていることをみた。程度はさまざまであれ、グローバルなメディア企業は、デジタル衛星放送やケーブルテレビを通して一国の放送体制を侵害しつつある。だが、相互の連関化は起こっているとはいえ、その量的な事実については多様に解釈されている。

　積極的グローバル論者は、「地球村(グローバル・ヴィレッジ)」では瞬時に世界規模のコミュニケーションが成立し、多様な意見を聞くこともできるという点で、その長所を高く評価する。視聴者は、もはや一国の放送網のパターナリズムやエリート主義に支配されずにすむ状況のなかで、放送網も新しい番組編成をもってグローバルな挑戦に応じなければならなくなっているとされる。この点では、悲観的なグローバル論者もその構造を検討するなかで、格差が深まるとともに、グローバルなメディア企業の無責任な権力が強まっていることに注目している。その重要な一理論がシラーの文化帝国主義のテーゼであり、地球規模で文化の均質化

が起こっていることを指摘するとともに、この現象にアメリカと西洋の利害が蠢いているとしている。

　伝統論者は、ローカルとナショナルな文化の継続性に焦点を据えている。彼らはグローバルな放送には大きな限界があるとし、公益放送やナショナルなテレビの根強さを挙げている。また、新聞と規制機関はこの主張を裏づけている。電信の例からすると、デジタル技術やインターネットも社会的な意味では、おそらく新しいものとはいえないことになる。

　この構図は、変容論者の場合には、もっと複合的なものとなる。というのも、意味の質的問題に、つまり、輸入番組がどのように理解されるかということや地域固有の文化との関係に焦点が据えられるからである。文化の流れは、グローバル論者が指摘するよりも複雑なものであることがわかる。しかし、極めて重要なことに、グローバルな流れのなかにあっても、ローカルな文化と特色が存続している。ナショナルな文化は、MTV、CNN、ハリウッドというグローバルな文化の流れのなかでも、特色を根強く維持しているとされる。

　第5節では、こうした変化の推進力とされる「情報技術革命」について概説した。だが、技術は文化から生まれるとしても、技術の出現による影響を免れうるということではない。

　文化のグローバル化のプロセス、流れ、パターンを理解するために、さまざまなパースペクティブを検討した。その多くはグローバルな企業と文化の流れや文化支配の構造に焦点を据えている。このパースペクティブは共通に量的事実に依拠している。別のパースペクティブは質的アプローチに訴える傾向にあり、行為主体に、つまり、個別の国民とコミュニティや個人に焦点を据えている。そのため、このパースペクティブでは、文化表現が消費される際の意味理解と、視聴者の能動的性格が探求されることになる。これまでになく文化の空間とシステムが競争的になっているし、文化作品と技術が多様化を強め、流通も不断に増え続けている。それだけに、その構図を描くことは非常に困難になっている。市場シェアの競争のなかで、グローバル企業は不断の再編過程をたどっているし、国民国家は、新自由主義の経済理念にあおられ、また、この猛攻撃を受けるなかで退却を余儀なくされている。未来は不確定で、こうしたメディア企業、国民国家、技術発展がどのように結びつくかに、また消費者がどのような日常生活を過ごしたいと思うかによるところが大きい。

第2章 キーワード解説

*1 文化帝国主義　Cultural imperialism
文化商品が周縁国の人々に流入し、アメリカないし西洋の価値が受け入れ諸国民に広がることを指す。このプロセスのなかで他の西洋商品を輸入する基盤が準備されることになる。

*2 公共放送　Public service broadcasting
すべての人々が利用でき、政府や企業の既得利益から自立した一国の放送システム。

*3 公共圏　Public sphere
政体や政策について公的に議論するための空間であり、政府や制度のコントロールから自立している。

*4 規制緩和　Deregulation
（公的ないし国民的利益を目的として）国家によって自由市場が規制されることを緩和するための政策。

*5 デコード　Decode
ユーザーや消費者が文化の表現を理解するプロセス。

*6 エンコーディング　Encording
制作者の意味が表象されたり、あるいは、それが文化表現に具現化されるプロセス。

*7 技術決定論　Technical determinism
社会は、自らの支配的な技術によって規定されるとする一般的仮説。

参考文献

Allen, J. (2000) 'Power: its institutional guises (and disguises)' in Hughes, G. and Fergusson, R. (eds) *Ordering Lives: Family, Work and Welfare*, London, Routledge/The Open University.

Barker, C. (1997) *Global Television: An Introduction,* Blackwell, Oxford.

Cantor, M. and Cantor, J. (1992) *Prime Time Television : Content and Control*, London, Sage.

Collins, R. (1990) *Culture, Communication and National Identity: The Case of Canadian Television*, Toronto, University of Toronto Press.

Dorfman, A. and Mattelart, A. (1975) *How to Read Donald Duck: Imperialist Ideology in the Disney Comic*, International General, New York.

Dyson, K. and Humphreys, J. (eds) (1990) *Political Economy of Communications,* London, Routledge.

Guibernau, M. and Goldblatt, D.(2000) 'Identity and nation' in Woodward, K. (ed.) *Questioning Identity: Gender, Class, Nation*, London, Routledge/The Open University.

Hannerz, U. (1990) 'Cosmopolitans and locals in world culture', *Theory, Culture and Society*, vol.7, nos2-3, pp.237-51.

Hebdige, D. (1988) *Hiding in the Light*, London, Routledge.

Herman, E. and McChesney, R. (1997) *The Global Media: The New Missionaries of Corporate Capitalism*, London, Cassell.

Home Office (1986) *Financing the BBC*, Report of the Committee on Financing the BBC (Chair: Professor A. Peacock), London, HMSO.

ITC (Independent Television Commission) (1997) 'Estimated audience share figures for selected television channels received in British Islands in the 12 months ended 31 December 1996', press release, February.

Liebes, T. and Katz, E. (1993) *The Export of Meaning: Cross-Cultural Readings of Dallas* (2nd edn), Cambridge, Polity.

Masmoudi, M. (1979) 'The new world information order', *Journal of Communication*, vol.29, no.2, pp.172-85.

Mattelart, A., Delacourt, X. and Mattelart, M. (1984) *International Image Markets*, London, Comedia.

McBride, S. (1980) *Many Voices, One World,* Paris, UNESCO.

Miller, D. (1992) 'The young and the restless in Trinidad: a case of the local and the global in mass consumption' in Silverstone, R. and Hirsch, E. (eds) *Consuming Technology,* London, Routledge,

Miller, D. (1997) 'Consumption and its consequences' in Mackay, H. (ed.) *Consumption and Everyday Life*, London, Sage/The Open University.

O'Regan (1992) 'New and declining audiences: contemporary transformations on Hollywood's international market' in Jacka, E. (ed.) *Continental Shift*, Sydney, Local Consumption Publications.

Phillips, W. (1997) 'Broadcast/Barb Top 70: week ending 29 June 1997', *Broadcast*, 18 July, pp.30-1.

Rheingold, H. (1995) *The Virtual Community*, London, Mandarin Paperbacks.

Schiller, H. (1991) 'Not yet the post-imperialist era', *Critical Studies in Mass Communication*, vol.8, pp.13-28.

Screen Digest, London, Screen Digest Ltd (monthly).

Sinclair, J., Jacka, E. and Cunningham, S. (1996) 'Peripheral vision' in Sinclair, J., Jacka, E. and Cunningham S. (eds) *New Patterns in Global Television: Peripheral Vision*, Oxford, Oxford University Press.

Smith, A.D. (1995) *Nations and Nationalism in a Global Era*, Oxford, Polity.

Sparks, C. (1998) 'Is there a global public sphere?' in Thussu, D.K. (ed.) *Electronic Empires: Global Media and Local Resistance,* London, Arnold.

Standage, T. (1998) *The Victorian Internet*, London, Wiedenfeld & Nicolson.

Therborn, G. (1995) *European Modernity and Beyond: The Trajectory of European Societies 1945-2000*, London, Sage.

Thussu, D.K. (1998) 'Introduction' in Thussu, D.K. (ed.) *Electronic Empires. Global Media and Local Resistance*, London, Arnold.

Tomlinson, J. (1997) 'Internationalism, globalization and cultural imperialism' in Thompson, K.

(ed.) *Media and Cultural Regulation*, London, Sage.
UNESCO (1986) *International Flows of Selected Cultural Goods*, Statistical Reports and Studies, NO. 28, Paris Division of Statistics on Culture and Communication, Office of Statistics, UNESCO.
UNESCO (1989) *World Communication Report*, Paris, United Nations Educational, Scientific and Cultural Organization.
UNESCO (1994) *Statistical Yearbook, 1994*, Paris, United Nations Educational, Scientific and Cultural Organization.
UNESCO (1998) *Statistical Yearbook, 1998,* United Nations Educational, Scientific and Cultural Organization, Paris, and Bernan Press, Lanham, MD, USA.
Varis, T. (1984) 'The international flow of television programmes', *Journal of Communication*, vol.34, no.1, pp.143-52.
Varis, T. (1985) *International Flow of Television Programmes*, Reports and Papers on Mass Communication, No.100, Paris, UNESCO.

さらに深く学ぶために

グローバルなテレビに関する一連の議論と事象について説明し、産業と文化について論じた手頃なテキストとしては次がある。Chris Barker(1997) *Global Television: An Introduction*, Oxford, Blackcwell.

メディアの所有形態については次を参照のこと。Edward Herman and Robert McChesney(1997) *The Global Media : The New Missionaries of Corporate Capitalism,* London Cassell. この書はグローバルなメディア企業の利益と活動や戦略を詳細に辿っている。

文化支配の手引きの位置にあり、これをめぐる議論を評価したものとしては次がある。John Tomlinson(1991) *Cultural Imperialism,* London, Pinter（ジョン・トリンソン著、片岡信訳『文化帝国主義』青土社、1993年）。この書は、グローバルな文化商品の広がりに関する多くの立場のよりどころとなっている諸仮説について検討している。

視聴者をめぐる議論を検討したものとしては次がある。Shaun Moores (1993) *Interpreting Audiences: The Ethnography of Media Consumption,* London, Sage. この書は、視聴者がテレビの内容をどのように受け止めているかについて紹介するとともに、諸アプローチの領域についても検討している。

技術が社会的につくられるという点で、その理解を期した諸アプローチについては次を参照のこと。Donald MacKenzie and Judy Wajcman(eds) (1999), *The Social Shaping of Technology* (2 nd edn), Buckingham, Open University Press. この論文集には一連の興味深い事例研究も含まれている。

第3章

経済のグローバル化

グラハム・トンプソン

1　はじめに
2　経済のグローバル化の本質と限界
　2.1　グローバル論者
　2.2　伝統論者
　2.3　変容論者
　2.4　本章のアプローチ
3　経済のグローバル化の操作的定義
4　グローバル化度の測定──貿易
　4.1　貿易と国内総生産
5　グローバル化度の測定──資本投資
　5.1　多国籍企業と超国籍企業
　5.2　海外直接投資と総資本移動
6　グローバル化というより3極リージョン化か？
　6.1　3極リージョン化の本質
　6.2　全3極の相互依存と統合の測定
7　発展途上国はどうなっているか？
　7.1　南北貿易の今後の見通し
8　むすび

キーワード解説
参考文献
さらに深く学ぶために

1 はじめに

　1998年10月、「サンデータイムズ」は次のように報じた。金融危機が1997年7月に東アジアに起こってから株価が下がり、2兆1000億ポンドもの価値が消えた、と（1998年10月4日付）。その1ヶ月後、イギリス大蔵相のゴードン・ブラウンは、予算検討案において、「この素案はアジアに発してすべての大陸に及んだ世界的景気下降を背景としている」ことを理解してほしいと国民に訴えた（「ブラウンのサバイバル計画」、「ザ・ガーディアン」1998年11月4日付）。数日後、ドイツの電機会社ジーメンスは、突如、首相の選挙区である北東イングランドのセッジフィールドで操業中の半導体工場を閉鎖すると発表した（工場は後に中国企業に買収される）。さらには、1999年1月になると、この金融騒動はラテンアメリカにまで広がり、投機によってブラジル通貨のレアルは他の通貨に対する変動相場制を余儀なくされた。同年の後半になると、投機圧力がルーブルにも襲いかかるなかで、ロシア経済もこれに屈し、通貨の減価を強いられた。

　こうした出来事はすべて先進諸国全体に衝撃を与えただけに、経済のグローバル化は止めようがないのではないかと思われた。ある国の経済事象がたちまち、また直接的に他の諸国に波及する。各国経済の網状化が進み、内外の出来事はこれまでになく世界的規模で分かちがたく結びついている。

　この章では、こうした事象や新聞報道から少し距離をおいて、現在の国際経

●図3.1
三星ライオンズ所属の野球選手
韓国ソウルの本社で貴金属を寄付。これは経済危機からの脱出をめざす国家を援助するキャンペーンの一環である（1998年1月）

済の構造的特徴について検討する。ここでの課題は、私たちが真の「グローバル経済」に現に向かっているのかどうか、そうだとすると、どの程度に及んでいるのか、これを検証することにある。目前の短期的事象にとらわれてしまうと、国際経済に底流している長期的で、もっと本質的な問題があいまいになりかねない。経験的分析に多くを割くことになるとしても、この章では、序章と第1章で設定し、その後の諸章で展開された視点に即して、まず、「グローバル化」にどのようにアプローチすべきかを明らかにしておく。

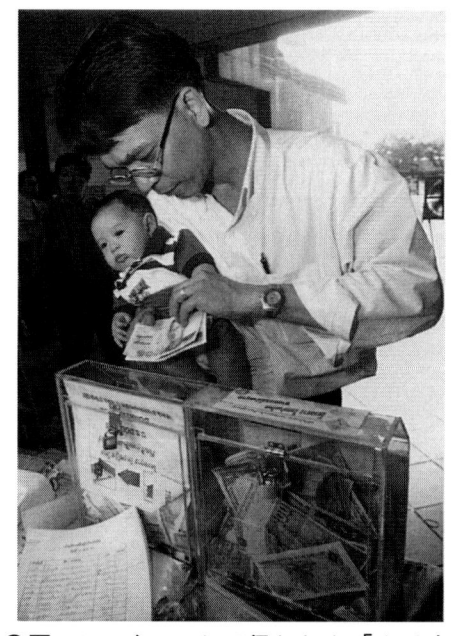

●図3.2 バンコクで行われた「タイ人によるタイ援助」キャンペーンの寄付活動
国内経済の救済をめざし、タイ政府と商業銀行によって始められた（1998年1月）

2 経済のグローバル化の本質と限界

　すでに気づいていると思うが、グローバル化をめぐる議論に顕著なことは、この概念の定義の明確な合意がないままに、グローバル化という言葉が多義的に使われていることである。したがって、明確な概念を欠いたまま使われている場合が多いことになる。グローバル化にかかわる別の特徴としては、この言葉が一人歩きを始め、現代生活の広範な領域と結びつくに至ったことが挙げられる。だから、グローバル化には社会生活の特徴そのものの完全な変容が含まれていると考えられることが多くなる。これは、国際的・国内的経済諸関係の本質にとどまらず、文化と政治の本質にも劇的な変化が起きていることを意味している。さらには、グローバル化には技術開発、環境問題、犯罪行為、外交関係、軍事行動、近代化と開発戦略の過程も含まれている。また、グローバル化は時間と空間との関わり方の本質を変えるものであるだけに、個々人の感覚の急激な変化をよんでもいる。これは、これまでの空間的距離が崩壊するなか

で、事態の変化が加速していることにほかならない。

本章では、こうした事態のすべての描写には及びえず、その一部にとどまらざるをえない。主として、経済問題、および、これと深く結びついた政治の作用について扱うことになる。上述のようなグローバル化の概念は誇張にすぎないと批判することができる。というのも、政治的・軍事的・文化的・経済的・社会的・個人的過程は極めて個別の場合が多い諸作用であるにもかかわらず、これを十把ひとからげにグローバル化という言葉でくくり、そうした過程がもっと広い現象のなかの個別の領域にすぎないとみなされるからである。個別領域が存在しているのであって、ひとつの現象だけが存在しているわけではないといえよう。だが、こうした連関に一貫性をつけ、その原因を辿るとともに、これを実証し、一般的な概念にまとめる手段を厳密に特定しえるかとなると、これは困難である。そうすると、グローバル化とは文学的逸話の域を出ないものであって、推論であり、脈絡から切り離された諸事実の蓄積に依拠していることになる。確かに、文化産業において、あるいは情報処理やコミュニケーションにおいて、さらには個人的諸関係において、何らかの急速な変化が起きつつある。だからといって、これらをグローバル化という包括的な概念にくくりうるかとなると議論の余地がある。

第1章で、グローバル化をめぐる議論を3つの対立的立場に、つまり、「グローバル論者」、「伝統論者」、「変容論者」のアプローチに分けたが、この点を踏まえて、個別に検討をしてみよう。

2.1 グローバル論者

経済の領域で、グローバル化をめぐる公的議論を最も活性化させているのは、強力なグローバル論者たちの意見である。その主張に従えば、総じて、国際貿易や国際投資が、近年、急速に拡大するなかで、各国の国民経済はグローバル経済に融合し、世界市場の力によって決定されるようになったとされる。この主張は、主として、**経済自由主義者**[*1]によって支持されている。彼らはこの議論をうまく使って、貿易や投資を、あるいは資本移動の規制緩和を強化し続けるような公共政策をとるべきであると主張している（Dawson, 2000）。

このパースペクティブからすると、グローバル化とは、財と資本の両面で市場の規模や資源配分の効率性を増大させ、そのことによって消費者の利益に連なる積極的傾向であると理解されることになる。したがって、一国による規制は無益であるし、低い国際基準を上回るような福祉や労働者の権利は国民経済

の競争力を損ない、国際投資の低下につながるとされる。

　強力なグローバル論者といっても、実際には、かなり違った2つの立場がある。ここでは、主として、新自由主義のパースペクティブについて考察する。これは、完全なグローバル経済の到来を祝福し、この局面こそが最終段階であり、その駆動力は個人主義的自己利益の計算に求められる。他方で、強力なグローバル化が進みつつあるという見解を受け入れつつも、これを徹底的に非難する立場もある。こうした人々は、グローバル化とは、グローバルなレベルで権力と搾取を広げ、これを確実なものにしようとする国際資本の別の運動にすぎないとみなしている。こうした見解はグローバル主義的立場に立った**ネオ・マルクス主義者**[*2]のものである（マルクス主義の論述としては次もあるので参照のこと。**Fergusson and Hughes, 2000**）。

2.2　伝統論者

　経済自由主義的見解が大きな広がりをみせているが、異論がないわけではない。この点では、上述のネオ・マルクス主義の立場に対しても同様である。というのも、いずれも一連の事実誤認に依拠しているとみなされるからである。国際経済は、グローバル論者が主張するほどグローバル化しているわけではない。さらには、新自由主義の政策とは、結局、既定の国民利益を犠牲にして市場を基盤とした成長を目指すものであるが、これは幻想でしかない。これが、いわゆる伝統論者の反論である。彼らは、強力なグローバル論者の粗野な主張に疑問を覚え、ひとつの有効な経済カテゴリーとして存在する国民経済が掘り崩されるほど国際経済が大きく変化したわけではないと論じている。確かに、伝統論者たちは、国際貿易や多国籍企業の企業活動が拡大するなかで、国際経済の相互依存性の、また、経済主体間の統合の規模と程度が強まっていることは認めている（**Himmelweit and Simonetti, 2000**）。だからといって、こうした活動によって国民経済の管理という特徴が消え去ったわけではないし、国民を基盤とした政府機関が相互に協力し市場諸力の挑戦に対応しうる能力が完全に掘り崩されたわけでもないと彼らは考えている。伝統論者は、国際経済とそのガヴァナンスについて別の見解をもち、貿易と投資の拡大や深化と国民間連結型貿易の開かれた世界経済とは両立しうるとする立場にたっている。

2.3　変容論者

　以上の2つの基本的立場以外にも変容論者のアプローチがある。極端なグロ

ーバル主義とグローバル化否定論を論争の両極とすると、このアプローチはその中間に位置している。このアプローチからすると、統一的な国民経済を国内目的に即して管理することができるとする伝統論者の見解はもはや妥当性をもちえないことになるが、たとえ市場諸力が浸透しうるとしても、多大の困難と新しい形態においてのことにすぎず、挑戦と抵抗を免れえないものであって、この限りでは国際経済関係は大きく変化したことになる。このアプローチは伝統的な面をとどめている。というのも、これまでは国外の規定要因よりも国内の経済的・文化的あるいは政治的要因が主として国境内の社会的方向を規定していたが、今や、グローバル化のなかでローカルな反応もよんでいるとはいえ、これはローカルな、また、ナショナルな「社会」が解体に向かっている長期過程の一部であるとみなしているからである。したがって、これまでになく経済的主体の国際的**網状化***3と**周辺化***4がすすみ、そのパターンの変容をみるなかで、領域とビジネス活動の超国民的形態との極めて不均等で複雑な関係が生まれているとする。究極的には、グローバル化という言葉で表わされている変容過程とは偶発的で歴史的に特殊な過程であり、その帰結は未確定であって、不断の展開過程であるとされる。

　以下の欄は、上記の3つの立場の要約である。

グローバル論者	●従来の国際経済の諸形態に代わって完全に展開をみたグローバル経済が存在している。 ●このグローバル経済は制御できない市場諸力を動因とし、類例をみない国民横断的な相互依存と統合のネットワークが生まれている。 ●国境が消滅し、国民経済というカテゴリーは、今や、不要なものとなっている。 ●あらゆる経済主体には、国際的競争力を備えているという規準が求められている。 ●この立場は経済的新自由主義者によって主張されているが、ネオ・マルクス主義者によって批判されている。
伝統論者	●国際経済は、グローバル論者が主張するほどにはグローバルな経済段階には達していない。

	●個別の国民経済は、なお、重要な概念である。 ●市場諸力に対抗するとともに、国民経済を管理し、国際経済を統治するために、各国政府は、なお、協調体制をとることができる。 ●例えば、福祉の受給権は、なお、国民的レベルで保障されうるものである。
変容論者	●新しい形態の強力な相互依存と統合がすすみ、国際経済システムを席巻しつつある。 ●これが新たに国民経済の政策決定を制約する別の要因となっている。 ●さらには、システムを制御し、運営しようとする国際的公共政策の形成を困難にしている。 ●この立場からすると、現代は長期の展開過程の新しい局面を迎えているのであって、閉鎖的なローカルとナショナルな経済が解体し、混合と相互依存がすすんだ統合的な「コスモポリタン」型社会へと向かっている。

2.4 本章のアプローチ

　全体として、以下の分析では、グローバル論者のテーゼを、伝統論者の懐疑主義に、またグローバル論者に同調的な、穏健な変容論者の見解に照らしながら問い直すことを課題とする。本章のアプローチが3つのいずれに属するかとなると、伝統論者の陣営に近いといえよう。
　また、本章では、統計による証明という手続きを重視することになる。これは、強力なグローバル化テーゼの賛否のいずれであれ、統計資料の厳密な精査が求められるということである。したがって、本章では他の章よりも統計指標の意味と意義に焦点があてられることになる。とはいえ、統計資料は中立的なものではありえないことに注意すべきである。というのも、事象の本質の説明には理論的前提がつきまとっているからである。ここで提示される統計資料はグローバル化をどのように定義すべきかという点から示されることになる。次節では、この点についても検討する。さらには、利用可能な、あるいは作製しうる統計資料が当面の行論や理論展開の十分な例証となりうるわけではない

し、網羅的なものともなりえない。統計といえどもひとつの妥協であって、これをもって議論に決着をつけるわけにはいかない。むしろ、「蓋然性のバランス」を問題としているのが現実であり、だから、つねに別の回答もありうることになる。

要約
- グローバル化とは論争的なカテゴリーであって、さまざまな意味をおびている。
- このカテゴリーに訴えて、社会と個人生活の事象と局面を包括的に説明しようとする傾向がある。
- 本書ではグローバル化に関する3つの主要なアプローチが展開されているが、これを踏まえつつ、本章では、主として「伝統主義的」アプローチと結びつけてグローバル化の経済的側面を検討する。
- したがって、統計資料の慎重な検討が求められることになるが、それは経済のグローバル化の性格を明らかにするためである。

3 経済のグローバル化の操作的定義

求められていることは、経済のグローバル化を確認するための操作的定義を設定し、それを基礎としながら現在の国際経済に起きている変化の性格を解き明かすことである。ここで採用される定義は単純なものであって、経済と経済活動との相互依存と統合の深化という観点から経済活動の国際化がすすんでいることを明らかにするものである。例えば、EU委員会の定義はこの典型にあたる。

> グローバル化とは、財とサービスの貿易や資本移動の、また技術移転のダイナミックな動きによって、違った国々の市場と生産が相互依存性を深める過程であると定義することができる。これは、新しい現象ではなくて、かなりの期間にわたる発展が続くなかで起こったことである。(European Commission, 1997, p.45)

この定義の特徴は、第1に、経済のグローバル化を市場と生産に結びつけ、貿易額と資本移動や技術移転が増大するなかで相互依存性が強まっていると理解していることである。第2に、グローバル化とは一定期間の持続的過程であ

って、必ずしも新しい事態とはみなしていないことである。以下、この2つの側面に焦点をあててみよう。

EU委員会の定義においては、グローバル化を特徴づけるために「相互依存的」という言葉が使われていることに注目しておこう。だが、経済のグローバル化の2側面である「相互依存」と「統合」については、もっと明確に区別する必要がある。「相互依存」とは、どこかで起きていることが別の場所に影響を与えることである。例えば、2000年3月の破産に先立って、ローバー自動車は、イギリスのバーミンガムで、ヨーロッパ諸国に輸出することを決定したが、これは輸出先であるスペインなどの大陸ヨーロッパに影響を与えたと考えられる。イギリス車の輸出によって、スペイン車の現地生産と販売がスペイン市場で影響をうけることになる。したがって、事象間は依存関係にあり、相互に規定されていることになるが、だからといって、直接的に関連するわけではない。他方で、「統合」とは、もっと強い連結を意味し、事象間の距離が直接的に結びついていることを含意している。ここでは事象が緊密な関係にあり、諸要素を単一の目的ないし成果に統一しうるよう調整されている。先の例を引けば、ローバーという自動車会社は、BMW（当時のオーナー）からすると、ヨーロッパ中の支社や製造工場に全生産過程の一部を割り当てているデザインや製造工程の一要素にすぎない。

本章の目的に即して、以下では、貿易額の増加を「相互依存」の例として、また、**資本移動**[*5]を「統合」の例として検討する。次に見るように、資本移動によって企業は他国で生産ネットワークを作る機会をえ、これを国境を越えて統合することが可能となる。こうした海外投資からグローバル化の他の側面である技術の国際移転も起き、EU委員会が定義したような事態が起こることになる。

委員会のグローバル化の定義は、また、十分な展開をみた国際的な経済的相互作用が強化・拡大しているだけでなく、その深化も起こっていることを意味している。この定義の視点からすると、グローバル化とは、現実には、国際化の拡大にほかならないことになる。これは、強力なグローバル論者ないし変容論者の主張に即してみると、極めて不十分な定義といえるかもしれない。というのも、彼らは、今や、国際経済関係はまったく新たな局面にあり、構造的変化の時代を迎えているとみなしているからである。しかし、これを留意しつつも、この定義には研究の起点に据えるだけの十分な広さがある。

こうした定義に即して、つまり、国際的な相互依存と統合という点から経済のグローバル化について考察しようとすると、その過程を研究するために必要とされる具体例として、どのようなものがすぐに浮かびますか？

　主に、次の2つの要素が想起される。第1は国際貿易の増大である。上述のように、これはグローバル化の相互依存性に焦点をあてるものである。第2に、ある企業が外国で製造能力の倍増を計るため、あるいは、その国からの輸出を目的として海外投資を行うなら、これも相互依存の例にあたる。この定義の統合主義的な側面からみると、第2の要素はもっと直接的で、明瞭である。海外で製造能力をもつ企業が、最終製品のための部品だけを特定の地域で製造するという考えから海外投資を行うなら、こうした海外投資の増大は重要で、統合と深く結びついている。その重要性を高めることになるということである。これらの部品は最終製品を作るために、それぞれの国から船積みされ、集積されるが、これは同一企業内の国際的取引として行われているのである。したがって、完成品が1国だけで製造されているわけではないことになる。

　なぜ、海外貿易と対外資本移動に焦点を据えなければならないのだろうか。それは、貿易フローと資本投資が、基本的には経済システムの生産と蓄積能力を強めるための鍵となるからである。これは真に国際経済にとって主要な構成要素であり、本章の定義が示しているように、グローバル化の程度を測る中心指標だからである。第4節と第5節の第1項では、グローバル化の程度をどのように測定すべきかについて考察する。第1に貿易フローの点から、第2に資本移動の点から行われる。

要約
- 経済のグローバル化の定義から、グローバル化がもつ2つの主な特徴が明らかになった。それは相互依存と統合の深化である。
- 相互依存と密接な関連にあるのは貿易であり、統合と深く関連しているのは資本移動および投資である。
- この定義は、経済のグローバル化が必ずしも新しい現象ではなくて、一定期間を通して続いてきた進行現象であることを示している。

4 グローバル化度の測定——貿易

　上記で論じたように、グローバル化の程度と傾向をめぐる議論の中心的争点は、経済単位間の国際的な経済関係の規模と強度から、経済的網状化の深化の可能性をどのように考えるかという問題にある。この場合、貿易の相互依存がこうした網状化の一面をなしている。この相互依存性を測るための1つの方法は、「開かれた」経済が国際貿易にどのようなインパクトを与えたのかを確認することである。第2次世界大戦後、国際貿易は急速に伸び続けている。図3.3は、1950年から1994年の貿易と国際産出高とを比較したものである（縦軸の目盛りがどのように算出されたかについてはひとまずおいておこう。縦軸は1950年を100とした対数の指標で測定されている。実際のデータが1950年を起点として共通の尺度で表され、対数化されているので、変化率から傾向を読み取ることができる）。

　図3.3から、1950年以降の世界の産出高の成長率と比較して、世界貿易の伸び率が劇的で、ほぼ持続的に拡大してきたことがわかる。これを根拠に、経済

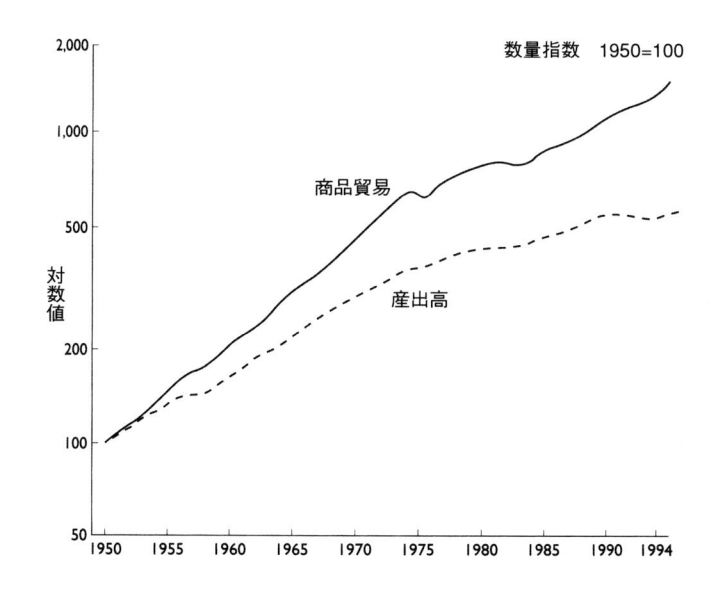

●図3.3　世界の商品貿易と産出高の長期的傾向（1950〜1994年）
出典：WTO, 1995, Chart II.1

活動のグローバル化は新たな局面に入ったという考え方が浮上したのである。とはいえ、産出高と比較して貿易が伸びた点については、やや別の角度から見ることもできる。つまり、相互依存度を表すひとつの方法として、産出高の分数において貿易を見ることである。ただ貿易の拡大だけを取り上げるなら、それは各国が（あるいは、その国の市民が）より豊かになり、輸入品をより多く消費したから拡大したにすぎないのかもしれない。他方で、所得との比率において貿易を表せば（ボックス3.1を参照）、人々の消費に占める貿易全体の重要性をもっと正確に示すことができ、また、国際経済に占める貿易の重要性もいっそう十分に測ることができることになる。

ボックス3.1　所得と産出高

国民所得勘定において、国民所得の計算は国民の生産と消費ないしは産出高を尺度としている。したがって、所得、生産、支出、あるいは産出高といった用語は互換可能なものとして扱うことができる。本章で用いられている主要単位は国内総生産(GDP)である。これは、（だれが生産設備を所有しているかは問わず）一国の領土内で生産された総産出高を示すものである。

4.1　貿易と国内総生産

たとえば、ユートピアと呼ばれる国があり、ユートピアの国内総生産（GDP、これは一国内の生産量あるいは産出高の単位である）が10億ポンドであると仮定してみよう。また貿易（輸入と輸出の総計）が2億5,000万ポンドだと仮定してみよう。すると、この国の「GDPに対する貿易比率」は250／1,000×100（%で表す）で、25%となる。これを、国際貿易に対する「開放」度を示す尺度として、またユートピア国の経済のグローバル化度を示す指標として使うことができる。

課題 3.1

1997年のイギリスのGDPは8,019億7,200万ポンドで、商品輸入・輸出の総計（商品貿易は農産物、鉱物、工業製品の貿易からなり、サービス貿易は除外）は3,583億8,800万ポンドであった。では、その年の商品貿易の対GDP比率はどれだけですか？

課題 3.1 のコメント

44.7%である。これはGDPで貿易量を割り、100を掛けて計算された数値である。すなわち、

$$358{,}388 / 801{,}872 \times 100 = 44.7\%$$

しかし、ある国の単年度における貿易の対GDP比率は、グローバル化度の内容について多くを語るものではない。グローバル化とはシステムとみるべき現象であって、システム内の多数の諸国がこの過程にどのように従い、また、どのように相互に結びつき「網状化」しているかを示すものである。この点を正しく判断するためには以下の数値が必要となる。

1　一連の諸国における貿易の対GDP比率、および、
2　相互依存度が強まっているかどうかを見定めるための経年的な貿易の対GDP比率。

表3.1は先進諸国を取り上げ、こうした数値を示したものである。

■表3.1 商品貿易の対GDP比率（輸出と輸入の合計、1913、1950、1995年は時価で表示）

	1913	1950	1973	1995
フランス	35.4	21.2	29.0	36.6
ドイツ	35.1	20.1	35.2	38.7
日本	31.4	16.9	18.3	14.1
オランダ	103.6	70.2	80.1	83.4
イギリス	44.7	36.0	39.3	42.6 [a]
アメリカ	11.2	7.0	10.5	19.0

a　1994
出典：1913〜73年は次から。Maddison,1987,Table A-23,p.695. 1995年は次から。OECD, *National Accounts*,1997, country tables

課題 3.2

表3.1の数値を見て、各国間の違いや、それが示している長期的傾向から、どんな結論を引き出すことができますか？

課題 3.2 のコメント

1　諸国間には貿易の国際化度に大きな違いがある。
2　こうした違いは、なお、続く傾向にある。

3　この測定値だけからすると、1995年と1913年の貿易の相互依存度は、ほぼ同じである。
4　1913年以降、比率は減少したが、1950年からは持続的に上昇している（図3.3も参照のこと）。減少したのは1913年の金本位制*6の崩壊後と戦間期である。

　表3.1の数値は、1913年と1995年の貿易開放度がほぼ同じであると思われるだけに、議論をよぶことになった。強力なグローバル化テーゼを支持する人たちにとって、これは信じがたいことでる。かれらは、現代が新しい、独自な時代だと考えているだけに、こうした「貿易の開放」を表す手法に、したがって、経済のグローバル化を「相互依存」という形態で表すことについては、次の2点から異議を発している。

4.1.1　第1の異議

　第1の異議は、表3.1の数値が時価で、つまり、各年度の現行価格で表示されていることについてである。というのも、ある年の価格は、インフレーションのために、翌年の価格とは異なることもありうるからである。

　この点を明らかにするために、先に扱ったユートピア国の経済例に戻ってみよう。例とした数値は1997年のものであった（GDP＝10億ポンド、貿易＝2億5,000万ポンド）。次年度にGDPが12億ポンド、貿易が3億3,000万ポンドに伸びたとしよう。

　すると、1998年の貿易の対GDP比率は次になる。
　　　　　　　330／1,200×100　すなわち27.5％

　さらに、その年度のインフレ率が10％であったと仮定してみよう。すると、「実質」レベルで1997年と1998年とを比較するためには、1997年の価格に合わせて1998年の価格をデフレートする（引き下げる）ことが求められる。これは、1997年の価格との比較において1998年の実質GDPを求めるためには、その年度のインフレ率10％を除く必要があることを意味する。したがって、10％のインフレ分を除いて1998年のGDPを求めると、10億8,000万ポンドとなる。これは、1998年度のGDP（12億ポンド）の10％にあたる1億2,000万ポンドを12億ポンドから差し引いた数値である。すなわち、
　　　　　　　1,200－120＝1,080

貿易数値に即してみると、事態はやや違ったものとなる。理解を容易にするために、国際貿易は競争価格であり、また、為替相場はこれを十分に反映するものと仮定しておこう。さらには、国際貿易のインフレ率はゼロだと仮定しておこう。これは便利な仮定であって、1998年の現実貿易額の数値をそのまま使えることを意味している。実際には、為替相場が自動的に調整されることはないだろうし、国際貿易の価格もインフレーションにさらされることはありうることである。しかし、これは国内総生産の数値からみれば小さいものである。こうした条件のもとでも、「国内」インフレ率と「国際」インフレ率との違いや、個別に調整された2組の数値を考慮する必要がある。

以上を所与とし、インフレ率を調整したうえで、1998年の貿易の対GDP比率を求めると次のようになる。

$$330 / 1{,}080 \times 100 = 30.6\%$$

このように、長期的には、時価の数値を使うと、貿易の対GDP比率の実質的成長がかなり「過小評価」されることになる（27.5%と30.6%を比較してみよ）。

こうして、不変価格（すなわち、インフレ調整価格）で表示されるように調整した実質的数値では、より強い開放化の傾向が明瞭となる。例えば、西欧全体を例にとると、開放率は1913年の16.3%から1992年の29.7%へと増加している（1990年の不変価格で計算された数値。次を参照のこと。Maddison, 1995）。表3.1の数値と不変価格で調整した数値との違いを同一国で示したものが表3.2である。これは輸出だけを対象としている。したがって、表3.1と表3.2とのあ

■表3.2 不変価格（M）と時価（表3.1）での輸出の対GDP比率（1913,1950,1973,1992年）

	1913		1950		1973		1992	
	M	表3.1	M	表3.1	M	表3.1	M	表3.1
フランス	8.2	17.7	7.7	10.6	15.4	14.5	22.9	17.8
ドイツ	15.6	17.6	6.2	10.0	23.8	17.6	32.6	28.5
日本	2.4	15.7	2.3	8.5	7.9	9.1	12.4	9.1
オランダ	17.8	51.8	12.5	35.1	41.7	40.0	55.3	42.6
イギリス	17.8	22.3	11.4	18.0	14.0	19.7	21.4	18.0
アメリカ	3.7	5.6	3.0	3.5	5.0	5.2	8.2	7.6

出典：不変価格のデータは次による。Maddison, 1995, Table 2.4, p. 38
　　　時価のデータは、表3.1を2で割ったものであり、次による。OECD, *National Accounts*, 1992

いだで貿易の開放に関する尺度を同等にするために、表3.2の中の表3.1の数値はマディソンの数値を2で割って再計算されている。というのも、表3.1では輸出と輸入が合計され、マディソンの数値（表3.2ではMの部分）は輸出だけを計算しているからである。さらには、1995年ではなくて1992年を対象としているので、同様に計算し直してある。

課題 3.3

表3.2の不変価格（M）と時価（表3.1）を比較したデータからすると、1913年から1992年までに「開放」が進み、したがって、より強く「グローバル化」したといえるのはどの国であろうか？

課題 3.3 のコメント

不変価格のデータからすると、すべての国が該当する。時価のデータで見ると、フランス（ほとんど同じ）、ドイツ、アメリカがこれにあたる。したがって、表3.1の時価のデータを使うと、真の開放度が、つまり、グローバル化が「過小評価」されてしまうことになる。

しかし、こうした調整自身に問題がないわけではない。というのも、貿易で取り引きされる財の価格は一国経済の一般価格（「一般物価水準」）よりも緩やかに上昇する傾向にあるからである。こうした傾向がみられるのは、通常、取り引きされる財の産業部門の効率が最も高く、より早く生産性を上昇させるためである。換言すれば、より早い生産性の上昇が相対的に財の低価格化につながり、平均的な財よりも価格の上昇が抑えられることになるからである。したがって、全体として、不変価格に合わせると、総産出高に対する貿易の伸びが相対的に誇張されることになり、貿易の対GDP比率の変化やグローバル化に向かう傾向も誇張されてしまうことになる。こうみると、最善の方法は「時価」で表示することであり、したがって、表3.1の結果が有効となる。

4.1.2　第2の異議

第2の異議はより重要である。これは計算上の分母にあたるGDPにかかわっている。GDPは変化率の異なる多くの要素から構成されている。とくに、留意すべきことは、GDPの部門構成を時価でみると、商品財生産からサービス生産への、なかでも公共サービス生産へのシフトが進んだことである。貿易データ

にサービスが含まれていないとなると、まったく違ったものが比較されていることになる。したがって、貿易財生産だけを取り出し、それとの関連で商品貿易を表した方がより適切なものとなろう。

この点を理解するために、再び、ユートピア国の例に戻ってみよう。前回と同様に、1997年の商品貿易は2億5,000万ポンドとするが、GDPに占める商品生産はGDP総額＝10億ポンドではなくて9億ポンドであったと仮定しよう。また、前回と同様に、次年度（1998年）の商品貿易は3億3,000万ポンドであったが、GDPのうちサービス部門が2億5,000万ポンドであったため、商品財生産部門は9億5,000万ポンドに留まったとしよう。

すると、貿易のGDP比率は次のようになる。

250／900×100＝27.8%　（1997年、前例では25%）
330／950×100＝34.7%　（1998年、前例では27.5%）

比率の絶対値は高くなっている（これは開放が進んだことを示している）。また、年度間の相対的変化は調整前より大きくなっている（これは開放化の傾向が早まったことを示している）。さらには、貿易と比較すると、GDPの性格に変化が認められるわけであるから、長期的には違った結果になりうることにも注目すべきであろう。

この考えに沿うなら、経済の商品部門における**付加価値**[*7]を取り上げ、国民所得（GDP）を測定する方法がある。付加価値で商品貿易を割れば、新たに商品貿易の対商品付加価値比率を得ることができる。表3.3は、本章で取り上げた一部の諸国の数値であり、年度も必ずしも同じではない。だが、表3.1の商品貿易の対総GDP比率と新たに得られた数値との比較という点で支障が起こる

■表3.3　方式A（商品貿易〔輸出入の合計／2〕の対商品付加価値比率）と方式B（商品貿易の対総GDP比率）の比較（1913,1960,1970,1990年）

	1913		1960		1970		1990	
	方式A	方式B[a]	方式A	方式B[a]	方式A	方式B[a]	方式A	方式B[a]
フランス	23.3	15.5	16.8	9.9	25.7	11.9	53.5	17.1
ドイツ	29.2	19.9	24.6	14.5	31.3	16.5	57.8	24.0
日本	23.9	23.5	15.3	8.8	15.7	8.3	18.9	8.4
イギリス	76.3	29.8	33.8	15.3	40.7	16.5	62.8	20.6
アメリカ	23.2	6.1	9.6	3.4	13.7	4.1	35.8	8.0

注）a 全年度、表3.1と同じ（ただし、1913年の数値はわずかに違うことに留意）
出典：Feenstra,1998, Table 1 and 2

わけではない。したがって、表3.3では、商品貿易の対総GDP比率を時価で表した数値（方式B）と、GDPの商品付加価値部分だけを商品貿易と比較するために調整した数値（方式A）とを挙げ、両者を比較したものである。

課題 3.4

付加価値商品に対する商品貿易のデータ（表3.3の方式A）だけからすると、1913年から1990年の間により「開放」的になった国はどこですか？

課題 3.4 のコメント

フランス、ドイツ、アメリカである。この数値からしても日本とイギリスは、なお、1913年よりも1990年の方が開放的であるはいえない状況にある。

　もちろん、以上のような考え方に沿って、数字を調整し始めると、あらゆる種類の多様な選択肢が浮上することになる。例えば、既述のように、商品貿易は個別の要素として取り扱うことができる農産物、鉱物、工業製品の貿易から構成されているわけであるから、商品付加価値についても同様に、農業、鉱業、工業、建設業、あるいは公的資本形成といったほとんどの国の国民統計上の項目についてもいえることになる。また、国際貿易におけるサービスの割合が大きくなっているが、ここでも、例えば、運輸、卸売りと小売り、金融、保険、不動産あるいは他のサービスといった、多かれ少なかれ国際貿易に開かれている多様なサービス行為を区別し、個別に取り上げることができることになる。

　したがって、可能な限り細分化し、調整する必要があるとしても、どこで止めるべきかの判断には困難がつきまとっている。あらゆる選択肢が与えられているとするなら、単一で、単純な尺度を選ぶ方が良いと考えられる。表3.1がこれにあたる。というのも、時価の商品貿易のGDP比率（表3.1）には継続性という利点があり、経済全体が国際システムに統合されつつあるか、そうでないかを端的に示しているからである。しかし、第2節末で指摘しておいた忠告が想起されるべきである。なぜなら、あらゆる異議や注文を満足させるだけの統計指標など存在しないからである。研究者が異なれば、別の指標を使って、別の結論が導かれることになろう。とはいえ、これまでのところ、蓋然性のバランスからすると、表3.1によって得られた結論は変わらないと思う。すると、貿易の相互依存性と開放性という点では、1913年よりも1990年中期の方が経済システムの開放が進んだとは言い難いことになる。この測定からすると、グロ

ーバル化は、金本位制期末以降、大きく進んだようにはみえないのである。

要約
- 国際活動の程度の測定には未確定な問題があり、どのような資料が使われ、どのように計算されたかについては周到な注意が必要である。
- 貿易フローを使うことによって、世界経済の相互依存性を計る尺度とすることができる。
- 貿易を対GDP比率で表すことで、貿易の重要性をより精確に測定することができる。
- 時価でみた商品貿易の対GDP比率に即してみると、貿易の開放性は、第1次世界大戦以降、一定していることがわかる。
- この測定に対する異議は、時価と不変価格のいずれを使うのか、また、総GDP内の商品財の割合をどう扱うかという点に求められる。

5 グローバル化度の測定——資本投資

　貿易フローの分析を経済活動の国際化の尺度に、つまり、資本移動の尺度とすることもできる。資本移動は経済間の国際貸借度を示すものであり、国際貸借度が大きくなれば、それだけグローバル化が進んでいるとの結論を導くことができる。

　国際経済の中で繰り返される主な貸借のひとつが、海外直接投資（FDI）と呼ばれるものである。この種の貸借が発生するのは、ある企業が、自らの直接管理下で、ある種の経済活動を海外で始めることを決めた場合である。海外直接投資は、投資企業の伝統的立地国——親会社があり、ベースとしている国——からすれば投資している国への「貸し付け」となり、相手国からすれば「借り受け」となる。海外直接投資を行っている企業は多国籍企業と総称される場合もある。多国籍会社は、その生産能力を海外で数カ所少なくとも有している企業である。これは製造業でもサービス業でも同様である。また、海外直接投資には2つのタイプがある。それは、新しい生産設備をはじめから準備する「グリーンフィールド」型の投資と、すでに営業している海外企業の株を購入する「合併買収」型の投資である。

5.1 多国籍企業と超国籍企業

　ここでは、一般的に多国籍企業（MNC）と理解されている企業と超国籍企業（TNC）と呼べるような企業とを明確に区別しておこう。多国籍企業は、明らかに一国をベースとしており、その国で培われた経営スタイルと要員を備えてる。こうした企業は、なお、特定の国と結びついているだけに、イギリスの会社とか、ドイツの会社と呼ばれているが、いくつかの生産工場を海外にもおいている。こうした会社は、本拠地をもち、主としてそこから指令を出しているが、その「本国」政府によって、なお、事実上、監視され、規制され、管理されている。そのイメージは、明確に、ナショナル性と国籍を帯びた本国志向型の企業ということになろう。イギリスのピルキングトン・ガラスやアメリカのコルゲート・パルモリブといった会社はこの条件に合っているように思われる。この種の企業は、海外で生産活動をしているとはいえ、かなり明瞭にイギリスの会社であり、アメリカの会社であるといえる。

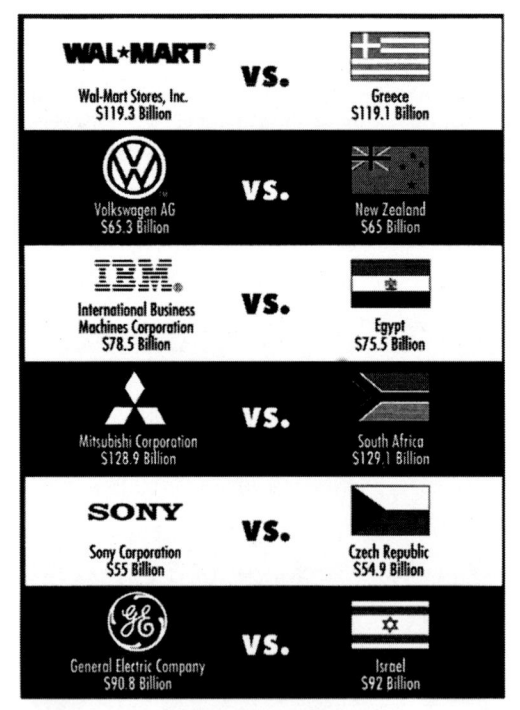

WAL★MART Wal-Mart Stores, Inc. $119.3 Billion	vs.	Greece $119.1 Billion	ウォルマート　対　ギリシャ 1,193億ドル　1,191億ドル
Volkswagen AG $65.3 Billion	vs.	New Zealand $65 Billion	フォルクスワーゲンAG　対　ニュージーランド 653億ドル　650億ドル
IBM International Business Machines Corporation $78.5 Billion	vs.	Egypt $75.5 Billion	IBM　対　エジプト 785億ドル　755億ドル
Mitsubishi Corporation $128.9 Billion	vs.	South Africa $129.1 Billion	三菱　対　南アフリカ 1,289億ドル　1,291億ドル
SONY Sony Corporation $55 Billion	vs.	Czech Republic $54.9 Billion	ソニー　対　チェコ共和国 550億ドル　549億ドル
General Electric Company $90.8 Billion	vs.	Israel $92 Billion	ジェネラル・エレクトリック　対　イスラエル 908億ドル　920億ドル

●図3.4　諸国のGDPに近似の総収入をもつ多国籍企業（多国籍企業の総収入は会計年度にあたる1998年3月前後のもの）
出典：Stopford,1998/99, p.16

これと対照されるのが超国籍企業である。超国籍企業とは、いずれの国もベースとせず、国から「離脱した」組織である。したがって、明確な本拠地をもたずに活動する傾向がある。こうした企業は、資源、生産、市場の点でまぎれもなく国際的であり、競争の利点と、安全や最大利潤を求め、安価で効率的な生産立地をめざして地球上を徘徊することになる。また、経営スタイルや人事の点でも国際化している。したがって、超国籍企業のイメージは、競争の利点を求めて世界中を気ままに飛び回る資本であるということになる。スイス・スウェーデンの電機製造会社であるABB（アセア・ブラウン・ボベリ）やルパート・マードックス・ニューズ・コーポレーションのような企業がこの条件を備えている。こうした企業は、明確には、どの国も拠点としない企業であり、より国際化し、自由なスタイルのビジネスの例である。

課題 3.5

　以下の国際企業は、もともとどこの国で生まれ、法人化したか、答えることができますか。また、特定の生産物ないしブランドと結びつけられがちですが、その主なビジネスは何ですか？

　　　トンプソン・コーポレーション　　　ミシェラン
　　　ネスレ　　　　　　　　　　　　　　ゼロックス
　　　シャープ　　　　　　　　　　　　　BASF

課題 3.5 のコメント

トンプソン・コーポレーション： カナダ、出版（および旅行業）
ネスレ： スイス、チョコレート菓子（および、多様な食料品と飲料水製造）
シャープ： 日本、家電
ミシェラン： フランス、タイヤ
ゼロックス： アメリカ、オフィス用品
BASF： ドイツ、化学（および製薬業）

　この課題の答えがどうであれ、企業と国とを結びつけたり、主要なビジネスを確定することはかなり困難となっている。というのも、この種の企業は海外で操業し、現地で、半自律的で法人化されたビジネスを営む傾向を強めているからである。また、ビジネスも広範化しているだけに、主要なビジネスを確定することが困難になっているからである。例えば、トンプソン・コーポレーシ

ョンは、もともと出版と新聞発行を本業としていたが、いまでは旅行業社でもある。ネスレはチョコレート菓子で有名だが、いまでは多様な食料品や飲料水も製造している。要は、だれもが、これらの企業が国内市場で販売するものに慣れ親しむようになり、「外国企業」であることを忘れてしまっているのかもしれないということである。これはグローバル化の効果のひとつであろう。

これまで、2つのタイプの国際企業を、つまり、多国籍企業と超国籍企業のイメージを対照したが、それは、新しいグローバル化型の経済活動と旧来型の国際的経済関係とを区別したいためである。経済のグローバル化にまつわるひとつの争点は、それがいつ始まったかを確定するにあたって、どこまで過去に遡る必要があるかという問題である。この点で、第3節でみたEU委員会の定義を思い出してみよう。近代のビジネス企業の国際化は、1850年代に遡る。その先駆をなす企業のひとつがアメリカのミシン会社のシンガーであり、この会社がイギリスのグラスゴーで小さな組立工場を設立したのは1868年のことであった。また、ニュージャージーのスタンダード石油会社がカナダで石油精製を始めたのは1898年のことである。さらには、アメリカのサービス部門の会社で、広告代理店として有名なJ.オルター・トンプソン（上記でふれたトンプソン・コーポレーションとは別である）がイギリスで最初の提携会社を設立したのは、1899年のことである。

このように、ビジネス活動の国際化が少なくとも1850年以降続いてきたとするなら、現在、何が新しく、またどこに特徴があるといえるであろうか。ここで、多国籍企業と超国籍企業との区別の有効性が発揮される。上述の諸例は多国籍企業の初期の形態と位置づけることができよう。問題は、1990年代後半以降の国際企業とは、多国籍企業というより、超国籍企業であるとしたほうが適切であり、したがって、超国籍企業とは新しくグローバル化経済に適合的な多国籍企業の形態変化であるといえるかどうかである。

だが、超国籍企業の諸例を現実に見つけることは困難である。一応の対象としては、上述のABBとかニューズ・コーポレーションといった企業が挙げられるにしても、やはり一般的ではないといえよう。

現代の国際化企業の代表例は日本のホンダである。図3.5でみられるように、ホンダはヨーロッパを含めて国際的なオートバイの生産ネットワークを形成している。矢印は、第1に、違ったタイプのオートバイ生産チェーンのなかで、ある工場から別の工場にどのように部品が供給されているかを示している。第2に、市場へ供給するために、それぞれのモデルが最終的にはどこで組み立て

第3章　経済のグローバル化　117

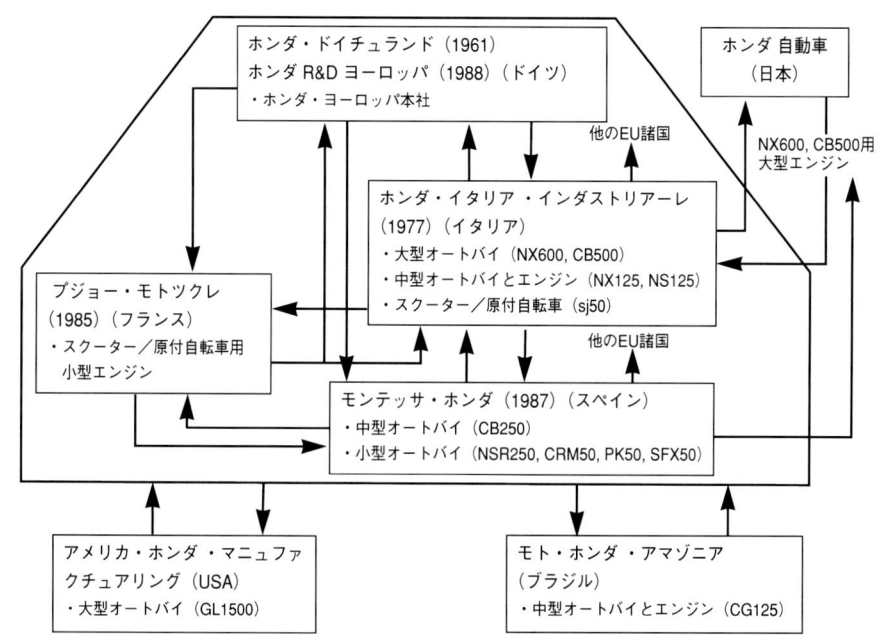

```
┌─────────────────────────────────────┐  ┌──────────────┐
│  ホンダ・ドイチュラ                  │  │ ホンダ 自動車 │
│  ンド (1961)                        │  │ (日本)       │
│  ホンダ R&D ヨーロッパ (1988)(ドイツ)│  └──────────────┘
│  ・ホンダ・ヨーロッパ本社            │     │ NX600, CB500用
│                        他のEU諸国    │     │ 大型エンジン
│                                     │     │
│         ┌──────────────────────┐    │     │
│         │ホンダ・イタリア・インダストリアーレ│
│         │ (1977)(イタリア)      │    │
│         │・大型オートバイ(NX600, CB500)│
│         │・中型オートバイとエンジン(NX125, NS125)│
│         │・スクーター／原付自転車(sj50)│
│         └──────────────────────┘    │
│  ┌──────────┐          他のEU諸国    │
│  │プジョー・モトツクレ│              │
│  │ (1985)(フランス) │              │
│  │・スクーター／原付自転車用│        │
│  │ 小型エンジン    │              │
│  └──────────┘                      │
│         ┌──────────────────────┐    │
│         │モンテッサ・ホンダ(1987)(スペイン)│
│         │・中型オートバイ(CB250)│     │
│         │・小型オートバイ(NSR250, CRM50, PK50, SFX50)│
│         └──────────────────────┘    │
└─────────────────────────────────────┘
  ┌──────────────────┐    ┌──────────────────┐
  │アメリカ・ホンダ・マニュファ│    │モト・ホンダ・アマゾニア│
  │クチュアリング (USA)│    │ (ブラジル)        │
  │・大型オートバイ(GL1500)│ │・中型オートバイとエンジン(CG125)│
  └──────────────────┘    └──────────────────┘
```

●図3.5　ホンダのヨーロッパのオートバイ生産ネットワークと日本、アメリカ、ブラジルとの供給リンク（1996年）
出典：UN,1996,Box Ⅳ.3,p.102

られ、消費されているかを示している。ホンダはヨーロッパの多くの国々（太線内に記す）に違った部品やモデルを供給する子会社をもっている。そして、これらの企業は日本、アメリカ、あるいはブラジル（太線外に記す）の製造基地とリンクされている。このように、ホンダは国境を越えて、さらには大陸をも越えて、統合された複雑な生産過程をもっている。エンジンのような部品が、ある工場から別の工場へ移されていることに認められるように、ここに形成されている国際供給チェーンは、第3節で確認したように、グローバル化の定義の統合的性格を示す1例である。国際企業資産に関する国連データによれば、ホンダは、1998年度は世界第36位の国際企業であった（UN、1998、Table Ⅱ.1,p.36）。しかし、図3.5が示しているような「国際化」度にもかかわらず、ホンダの資産と売上高の3分の2は、なお、日本国内で占められている。ホンダが生産設備の広範な国際ネットワークをもっていることは明らかであるとはいえ、明確な本拠地ないし母国をもたない超国籍企業だとは言い難い。ホンダが日本の会社であることは明らかである。それは、超国籍企業というより多国籍企業の域にあるといえる。これが1990年代後半でさえ、最も国際企業だといわ

れているものの実態である（これについて広く渉猟したものとして次を参照のこと。Doremus et al., 1998；Thompson, 2000）。

課題 3.6

図3.5は、主としてヨーロッパにおける工場と操業から、ホンダの生産と販売のネットワークの統合的性格を示したものである。また、小さな囲みは、それぞれ、特定の国での操業内容を表し、かっこ内には子会社の名前と設立年が記されている。さらには、こうした諸国でどのようなタイプのオートバイが生産されているかを示すとともに、大文字と数字で多様な車種が分かるようにしてある。以上の情報にとどまらず、図は部品のエンジンがどこで製造され、どこから輸入されるのかを明らかにしており、この流れが主要な統合形態を形成していることがわかる。例えば、NX600モデルとCB500モデルのエンジンを取り上げてみると、日本からイタリアに輸出され、イタリアで完成車として組み立てられ、その後、販売のために他のヨーロッパ諸国に輸送されていることになる。なお、矢印は事業活動の方向を示している。

では、ヨーロッパのどこでホンダのオートバイや原付自転車用小型エンジンが製造され、最終組立のためにどこに輸送されているのだろうか？

課題 3.6 のコメント────────────────────

それらはフランスで製造され、最終組立のためにイタリアに輸送されている。

5.2　海外直接投資と総資本移動

次いで、国際システムに占める海外生産の規模について検討し、その重要性がどの程度かを確定することにしたい。そのために、もっと全体的に海外直接投資の実態を表す統計に対象を絞り、強力なグローバル化テーゼについて検討することにする。表3.6は、先進諸国と開発途上国への資本移動を区別したうえで、1970年から1995年に至る海外直接投資の増加の推移（アメリカ・ドルで換算）を示している。この表から、海外直接投資は1980年代半ばに急激に上昇したが、1990年代初めには低下し、その後、再び上昇に転じたことがわかる。こうして、1980年以降の海外直接投資の増加をもってグローバル化の中心指標であると受けとめられてきた。というのも、これは、企業が地球上のあらゆる場所にビジネスを広げ、統合的生産活動が始まったことを示すものであると考えられてきたからである。

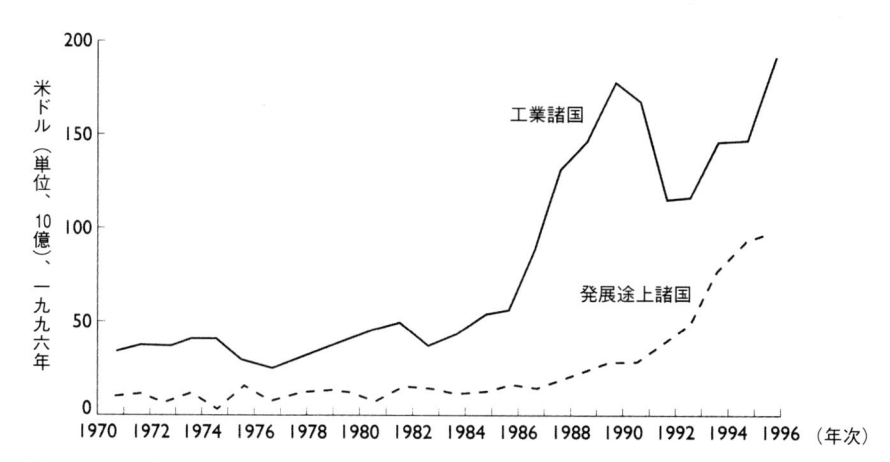

●図3.6 工業国と発展途上国への海外直接投資フロー（1970〜95年）
出典：International Finance Corporation,1997,p.16

課題 3.7

1　1990年代初期に先進国の海外直接投資フローが低下したのはなぜですか？
2　1998年の国際金融危機の結果、発展途上国への海外直接投資フローが変化したと思いますか？

課題 3.7 のコメント

1　これは、1990年代初めに多くの工業諸国で起こった経済停滞のためである。
2　そのとおりである。しかし、どの方向に向かっているのかは定かではない。アジア諸国が海外投資家に対する経済開放を強いられるなら、吸収・合併のラッシュが起こることになろう。これは、1998年に**国際通貨基金（IMF）**[*8]が最も激しい金融危機に見舞われた国々に対してとった救済策の目的のひとつでもあった。他方で、こうした諸国が短期資本の突然の流失によって起きた経済停滞に固有の方法で対応し、国内経済を独自に再建しようとするなら、**対内海外直接投資**[*9]は増加しないであろう。事実、1998年には東アジアへの海外直接投資フローは低下している（UN, 1999）。

海外生産や海外直接投資の増加の意味をもっと正確に把握するために、これをGDP比率で示したのが図3.6である。この図は先の貿易統計と同じ方法で作成されている。簡潔を期し、また変化をみるために、図の数値は表3.1とは、

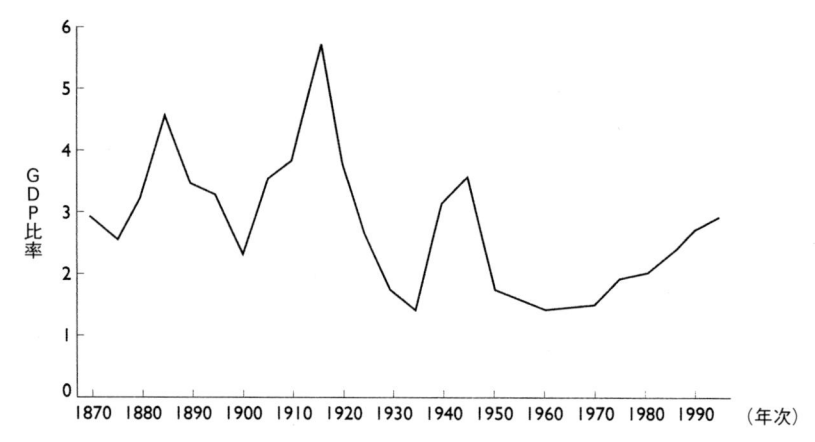

●図3.7　GDP比率でみたG7諸国の総資本移動（1870〜1994年）
出典：Institute of Development Studies, 1998

多少、違った方法で示されている。表3.7は、1870年から1994年までに、G7[*10]諸国の総資本移動（海外直接投資だけではない）に何が起こったかを（総合計された）GDP比率で示したものである。

課題 3.8

図3.7のデータから、どのような傾向を読み取ることができますか。

課題 3.8 のコメント

1　先進諸国間の投資関係の規模は、1960年代以降、拡大し続けたとはいえ、金本位制期（1870〜1913年）の方がずっと大きかった。
2　そのピークは第1次世界大戦の直前の1914年で、そのときの比率は1994年の約2倍であった。

1980年以降、海外直接投資は増加したにもかかわらず、1995年でみると、世界の資本形成（投資）の約5.2％でしかない。また、対内海外直接投資ストックは世界のGDPの10.1％にとどまっている（Hirst and Thompson, 1999）。したがって、投資に必要な膨大な資金源は貯蓄のような国内資金源に求められなければならないことになる。こうみると、経済の発展過程は、なお、国内貯蓄に依存していて、繁栄手段を他から借りるわけにはいかないという現状にある。国

際金融システムは、完全に統合されているという状態にはほど遠く、国内経済の有効な発展戦略のために海外から資本を過不足なく借り出すことができるほどには統合されていない。

要約
- 資本移動をもって世界経済の統合度を測ることができる。
- 海外直接投資は多国籍企業と超国籍企業によって進められている。多国籍企業は明らかに一国を拠点としており、超国籍企業は国際化し、どの国からも「離脱」している。しかし、まぎれもなく超国籍企業といえる活動は、なお、限定されている。
- 1980年以降に海外直接投資が増加しているだけに、これをもってグローバル化の指標とされてきた。しかし、総資本移動の対GDP比率でみると、国際投資関係は金本位制期の方が高かったことがわかる。
- 大幅な調整を経ても、統計からすると、1990年代半ばの国際経済が第1次世界大戦前夜の1913年と比較して、グローバル化しているとは思われない。

6 グローバル化というより3極リージョン化か？

　グローバル化だけで国際経済システムの現状の説明がつくわけではない。反論もある。それは「リージョン化」という言葉に要約できる。国際経済の特徴はリージョナルな貿易圏と投資圏の展開に求められる。大陸規模やリージョナルな規模で、あるいは準リージョナルな規模で動いている多くの経済圏が存在している。ここでは、現在、リージョナルな形状の最も重要な形態に、つまり、国際経済関係における3極の中心的役割に焦点をあてることにする。その3極（Triad）とは、アメリカ経済（北米自由貿易協定＝NAFTAと呼ばれる北アメリカ貿易圏に参加し、アメリカとパートナーとなっているカナダ、メキシコも含まれる場合がある）、EU諸国、および日本である。

　アメリカ、EU、日本のGDPは、1990年代でみると世界のGDPの約4分の3を占めている。また、1990年代半ばで、この3極の国際経済取引は膨大な量に及び、1996年には3極で世界貿易量の66％を占めている。さらに、世界の**海外直接投資ストック**[*11]の65％が、また、1991年から1996年の世界の**海外直接投資フ**

ローの60％が3極によるものであった。最も好調で、急成長を遂げた先進10カ国を加えると、この時期の世界の海外直接投資フローの84％にも及ぶことになる（Hirst and Thompson, 1999. 次も参照のこと。Kozul-Wright and Rowthorn, 1998）。1990年代初めに最も多く海外直接投資の流入があり、急成長を遂げたのは、3極以外の国々である。それは、アルゼンチン、ブラジル、中国、ハンガリー、インドネシア、マレーシア、メキシコ、ポーランド、シンガポール、タイである。こうみると、国際経済システムは極めて不均等で、3極が全経済活動の3分の2から4分の3を占めているにもかかわらず、人口の点では世界人口のわずか15％にすぎない。したがって、世界人口の85％がグローバル化の過程とはほとんど無縁であることになる。好むと好まざるとにかかわらず、開発途上世界の圧倒的多数は、グローバル化に関する限り、一様には語りえない状態にある。この状態は国連の『人間開発報告書（1999年度版）』で厳しく批判され、以下のように新聞記事で取り上げられている。

新聞記事
「国連が貧富の差の拡大を批判」

シャロット・デニーとビクトリア・ブリテン

本日公表された国連の『人間開発報告書』によれば、世界の最も富裕な上位3家族の財産を合計すると、低位先進諸国6億人の年所得よりも大きく、金持ちと貧しい人々とのあいだには「グロテスクな」溝が拡がりつつあるという。経済のグローバル化は、マイクロソフトのビル・ゲイツ、ウォルマート帝国を所有するウォルトン家族、それにブルネイの君主――彼らは総額1,350億ドルを所有する――といった億万長者と残りの何百万人もの人々とのあいだに危険な分極化状況を生み出している。

『報告書』で、CNNの所有者テッド・ターナーは、「グローバル化が急速に進んでいるが、この事態に関する世界の理解と反応が遅れている」と述べている。

国連は、貧しい諸国と豊かな個人との不平等を避けるために、グローバル経済のルールを作り変えるよう求めている。また、「にわか景気と破綻」を繰り返す経済の影響を緩やかにするために、グローバル・ガヴァナンスのより有効な代表システムが必要であると指摘している。

国連の統計からすると、この4年間で世界の金持ち上位200人の財産が倍加し、1兆ドルに達したことになる。1日1ドル以下で生活している人の数は13億人で、変わっていない。「所得と生活水準のグローバルな不平等は異様に膨らんだ」と『報告書』は述べている。

30年前、世界で最も裕福な人々の上位20%が住んでいる国と、世界で最も貧しい人々の下位20%が住んでいる国の1人あたり所得（GNP）の格差は、30対1であった。1990年までに、それは60対1に広がり、現在では74対1になっている。
　消費からみると、最も裕福な人々の上位20%が住んでいる国が86%を占め、下位20%の人々が住んでいる国はわずか1%にすぎない。世界の電話はインターネットのような新技術にとって不可欠であるが、その約75%が世界人口の17%を占めるにすぎない西側に集中している。
　国連の人間開発指標によれば、生活の質の点で、カナダが再び世界一を獲得した。ワラベージ・シエラレオネは最下位である。イギリスは、フランスの11位を抜いたが、4位から10位へと下がった。
　グローバル化は資金と貿易の流れにとどまるものではないと『報告書』は指摘している。世界の人々は、利用できる時間と空間の総和が減るなかで、相互依存性を強めつつある。
　1997年のタイ・バーツの平価切り下げのように、みたところかけ離れた出来事のように思われることでさえ、グローバルな金融危機のきっかけとなる。国連は、現在のグローバル経済の難局のなかで、1998年から2000年の年間世界産出高が2兆ドル消えることになると見積もっている。
　『報告書』の主要な著者であるリチャード・ジョリーは、「世界は、総じて、市場の収益性と経済的効率の哲学に動かされて、統合化へと突入している」と、また、「私たちは、人間開発と社会保護を同時に追求しなければならない」と述べている。
　インターネットのような発明によって急成長を期待できるとしても、現在、その恩恵を受けているのは金持ちや教育を受けた人々に限られている。インターネット利用者の88%が西側に住み、『報告書』が指摘しているように、「うまく接続できる者だけが、そうではない人々にくらべて圧倒的優位に立ち、接続できない人々の声や関心事がグローバルな会話から取り残されている」。
　グローバル化の最大の受益者には、麻薬や兵器あるいは売春の世界市場を作り上げた犯罪者も入る。
　闇の世界のボスたちは、多国籍企業と同様に、グローバルな組織に命令し、6大国際犯罪シンジケート全体で、年に1兆5,000億ドルを犯罪から稼いでいるとみなされている。
　「彼らは、グローバル化の利益を刈り取りながら、グローバルなネットワークと結びついた戦略的提携を展開しつつある」と『報告書』は警告している。
　国連は、グローバル化のマイナス面と対決するために多くの提案を発している。そのなかには、グローバルな意思決定に占めるG7の支配に替わるビジネス・労組・環境と開発団体からなる国際フォーラムの設置、多国籍企業に対する行動規約の制定、貧しい国々をグローバルな貿易交渉に導くための国際法律センターの設立などが含まれている。

課題 3.9

シャロット・デニーとビクトリア・ブリテンの新聞記事からすると、彼らは、国連の『人間開発報告書』が述べるようなグローバル化の予測から、主として、どんな結論を引き出していますか？

課題 3.9 のコメント

1　富者と貧者の格差が「異常に」拡大している。
2　不平等が、所得、財産、消費、技術発展、「生活の質」など、あらゆる面で拡大している。
3　世界の人々は、利用できる時間と空間の点で、「相互依存」状況を強めている。
4　グローバル化の最大の受益層のひとつが犯罪者である。
5　公的対応を強め、貧者が自らの事情を訴え、有効な交渉に入れるようにすべきである。

6.1　3極リージョン化の本質

　再び、3極（トライアド）に戻り、3極を構成している諸国間の、また、3極と中国、香港、台湾、韓国、マレーシア、タイ、シンガポールのような最も重要な東アジア貿易国との基本的な貿易関係をみることにする。この点で、表3.4は、以下で展開する重点を明らかにしている。3極諸国間の貿易額をGDPの割合でみると、1990年代中期には、まだ小規模にとどまっている。

■表3.4　3極圏諸国のGNP比でみた商品貿易フロー（1996年）

	北アメリカへ	西ヨーロッパへ	日本へ	東アジア貿易諸国へ[a]	日本＋東アジア貿易諸国へ
北アメリカから	3.5	1.9	0.9	1.4	2.3
西ヨーロッパから	1.9	16.9	0.6	1.2	1.8
日本から	2.4	0.6		3.0	3.0
東アジア貿易諸国から[a]	1.4	1.3	2.0	n.a.	
日本＋東アジア貿易諸国から	3.8	1.9	2.0		

注：a) 東アジア貿易諸国＝中国、香港、台湾、韓国、マレーシア、タイ、シンガポール
　　n.a.＝不明
出典：WTO, 1997, Table 11.4, 11.6, 11.8

課題 3.10

　表3.4を読み解くには、縦と横の欄の「～から」と「～へ」に注意する必要がある。日本から西ヨーロッパへの商品貿易の規模を知りたいなら、縦の「～から」の列を日本の項までたどり、そのまま横の「～へ」に移動し、西ヨーロッパの項を見つけ、その数値を読みなさい。すると0.6％であることがわかる。これは、1996年に、日本がその産出高（GDP）の0.6％相当額しか西ヨーロッパに輸出していないことを示している。
　「西ヨーロッパから西ヨーロッパへの欄」の数値を説明できますか？

課題 3.10 のコメント

　ヨーロッパ内の貿易（つまり、西欧経済間貿易）が大きいのは、西欧経済間の、とくにEU経済内の経済的地域統合が広がったためである。このように、1990年代後半の西ヨーロッパの経済システムを正確に表現すれば、相互依存型経済システム、あるいは、統合型経済システムであるということになる。

高い比率（1996年で西欧のGDPの約17%）を示したのはヨーロッパ内の貿易だけである。表3.4からわかるように、他のすべての比率は、ほぼ、GDPの3%以内におさまっている。これからすると、1990年代中期の3極でさえ、国際経済的には、自立的状況にとどまり、相互依存的状況にはなかったことになる。

6.2　全3極の相互依存と統合の測定

表3.5は、3極の相互依存性と統合度を示している（尺度のなかには、EU最大の経済であるドイツの数値だけで計算できるものもある）。この尺度は貿易と投資および経済状態の長期的・構造的指標に焦点をあてている。

表3.5では、潜在的グローバル化度を確実に測定するために多くの尺度が使われている。グローバル化は、経済的側面に即しても多面的なだけに、真の相互依存度と統合度を評価しようとすると、1つや2つの尺度だけでは不十分である。次いで、この表の各欄ごとにみていくことにしよう。

最初の欄では、輸出と輸入の規模をみるために、1995年の総貿易量（商品貿易だけではない）を2で割り、それとGDPとの比率が計算されている。これは相互依存の尺度となる（第4節）。この比率がアメリカ、EU、日本についてそれぞれ約10%であるとすると、産出高の約10%だけが輸出されたことを意味し、したがって、約90%は国内で消費されたことになる。これは、企業についてみると、まったく逆のことになる。企業は、企業の「国境」を越えて産出物のほとんどすべてを「輸出する」からである（企業は、自らの労働者に売るのでは

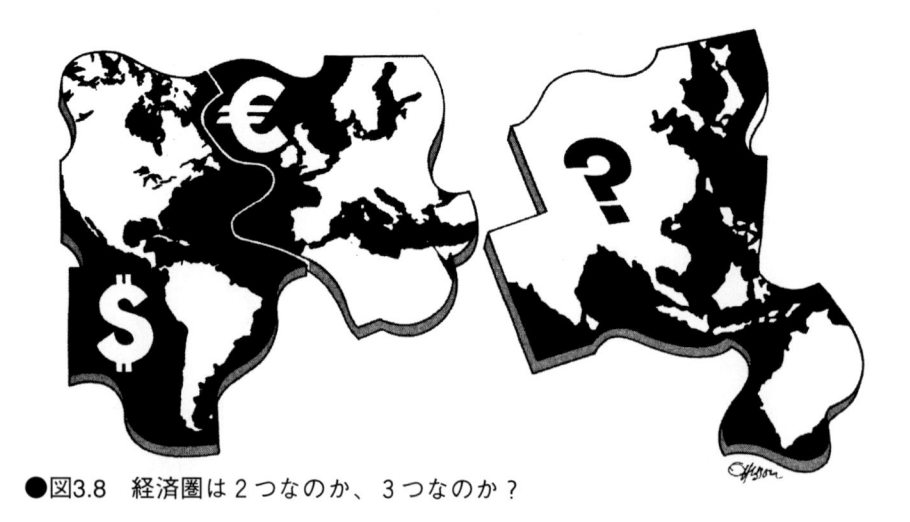

●図3.8　経済圏は2つなのか、3つなのか？

■表3.5　3極の経済活動国際化の尺度

	アメリカ	EU(12カ国)	日本
1 貿易のGDP比率（輸入＋輸出）／2（1995年）	12.2	8.6	8.7
2 対内海外直接投資ストックのGDP比率（1995年）％	7.7	13.4	0.3
3 海外子会社の総生産高のGDP比率（1994年）％	5.2[a]	7.7	n.a.
4 対内海外直接投資の国内総固定資本形成に対する割合（1995年）％	5.9	6.8	0.0

	アメリカ	ドイツ	日本
5 海外所有資産の商業銀行総資産比率（1996年）％	2.6	16.0	13.8
6 年金基金による海外資産（証券、株式）の保有率（1993年）％	7.0	3.0	14.0
7 海外投資家の社外株式所有の割合（1996年末）％	5.0	9.0	11.0
8 国内所有の海外金融資産比率（1995年末）％	11.0	7.5	4.5

注）　a＝アメリカとカナダ
　　　n.a.＝不明
出典：（1）European Commission, 1997;（2, 3, 4）UN., 1997;（5）IMF, 1997;（6, 8）Hirst and Thompson, 1999;（7）OECD, 1998, Table 1

なく、国の内外のいずれを問わず、主として、外部の消費者に販売している）。この点で、国と企業とはまったく違うことになる。

　第2欄は、各グループ内で蓄積された対内海外直接投資の規模を、したがって、国際的統合度（第5節）を示している。同様の測定値は第3欄でも示されている。これは、海外投資ではなくて、アメリカ、EU、日本の多国籍企業や超国籍企業が所有している子会社の産出高の総額であり、海外所有者の投資が生みだした産出高の国内総産出高に対する比率（％）であって、統合の別の指標となる。

　第4欄は、1995年のアメリカ、EU、日本における総資本投資額（ある年のある経済で、新規総投資の尺度となるのは国内総固定資本形成である）に占める海外投資の割合で、これも統合の第3の尺度となる。

　第1欄から第4欄の数値は経済の非金融部門に関するものであるが、グローバル化が最も進んでいると考えられる場合が多いのは、経済の金融面にかかわってのことである（第1節で指摘したように、1997～1998年の金融危機を想起のこと）。したがって、この表の残りの項目では金融の相互依存の数値が示されている。

　第5欄では1996年の商業銀行の資産が示され、海外所有の規模が測定されている。これは国際的な金融依存度の指標となる。第6欄では、とくに年金基金を取り上げ、その資産に占める外債や外国株式の割合を明らかにしている。

株式取引のデータから海外所有の株式がどれほど重要であるかを知りたいなら、第7欄が参考になる。また、最後の第8欄では、家計がどのように金融資産を保有しているかに目を転じ、1995年末の、家計保有に占める海外に発する金融資産の割合が示されている。

では、こうした資料からどのような評価を得ることができるのだろうか。
- 1995年でみると、3極のいずれにおいても、その産出高の10％程度が輸出されているにすぎない。したがって、驚くべきことに、貿易関係に即してみると、各ブロックの経済は、なお、個別的である（第1欄）。
- これは、アメリカ、EU、日本の実質投資の点についても妥当する。海外直接投資の、また、多国籍企業や超国籍企業の子会社の経済活動は、一般に、3極構成国のGDPの10％をかなり下回っている（第2欄〜第4欄）。
- 主な3極構成国の金融システムに占める海外参入も、1990年代中期でみると、それほど高くはない（第5欄〜第8欄）。
- 3極経済が最も開放的で自由な金融システムをもっていた1990年代ですら、事態は同様であった。
- 最後の欄から、1990年代中期において、金融活動は、なお国内中心型であることがわかる。

要約
- リージョン化とは、国際経済システムをどう描くかという点で、ひとつの論争的概念である。
- アメリカ、EU、日本は3極を構成し、これが全経済活動の3分の2から4分の3を占めている。したがって、世界人口の85％は、経済のグローバル化から取り残されているに等しい状態にある。
- アメリカ、EU、日本は、国際的な経済活動の点で最も自由で開放的姿勢にあるとはいえ、その経済は、1990年代中期の貿易の相互依存や投資の統合からみると、驚くほど「閉鎖的」であった。

7　開発途上国はどうなっているか？

　以上の議論は、3極という先進諸国に傾斜するあまり、「南」の、つまり開発途上国の位置が考慮されていないかにみえるので、図3.9と図3.10をもって両者の貿易関係を示すことにした。驚くべきことに、1990年代初期の「北」と「南」との間で貿易されるGDPが低水準だということである。この分析を進めるにあたって、北として経済協力開発機構（OECD）のメンバーである繁栄諸国を、また南として資料が利用できる全開発途上国を対象とした。

　図3.9では、まず3極の個別の構図が、次いで全体像が示されている（合計は図の右側）。1962年と1992年の3極と南との貿易関係の割合に即してみると、ほぼ同様の数値が並んでいる。また、この数値から南北貿易と比べて、北・北貿易（1992年で11%）の方がずっと重要だということがわかる。

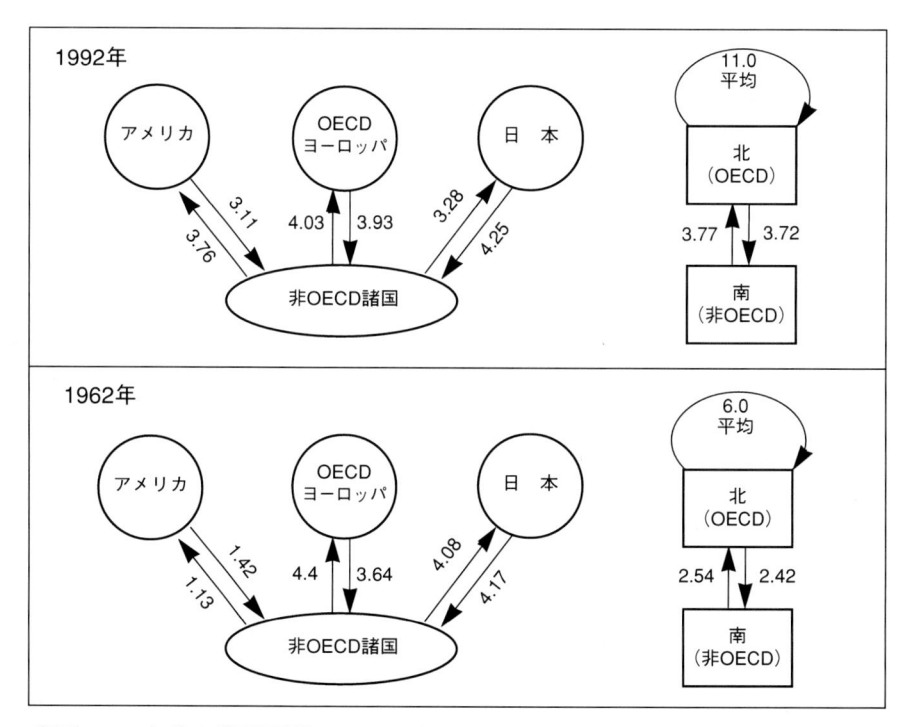

●図3.9　南北の貿易関係　3極と非OECD諸国との貿易（輸出入のGDPに対する割合、1962年と1992年との比較）
出典：次より引用。OECD, 1994, Table 3.1

課題 3.11

図3.9を注意深くみながら1962年と1992年とを比較しなさい。3極のいずれが、南との貿易の割合において劇的な変化をみていますか？

課題 3.11 のコメント

GDP比からすると、南北貿易が拡大するなかで、最も大きな影響を受けたのはアメリカである。日本とヨーロッパのOECD諸国の割合には、ほとんど変化はみられない。また、1962年から1992年の30年間をとると、貿易の相互依存度全体には大きな変化はみられなかった。

図3.10は南北の相互依存度を明らかにするものである。これは工業製品の貿易（総商品貿易ではない）だけで測定されている。30年間で、対OECDのGDP比率からみると、やや顕著な拡大が認められるとはいえ、その割合は、1992年にはかなり低い水準にある。OECDによる南からの工業製品の輸入は、対OECDのGDP比率でみると2.3%にすぎない（繊維、衣類、靴を全体額から差し引き、これを高付加価値生産の尺度とすると、高付加価値材の輸入は1.8%にすぎない）。

こうみると、開発途上国がグローバル経済から取り残されているのは、貿易

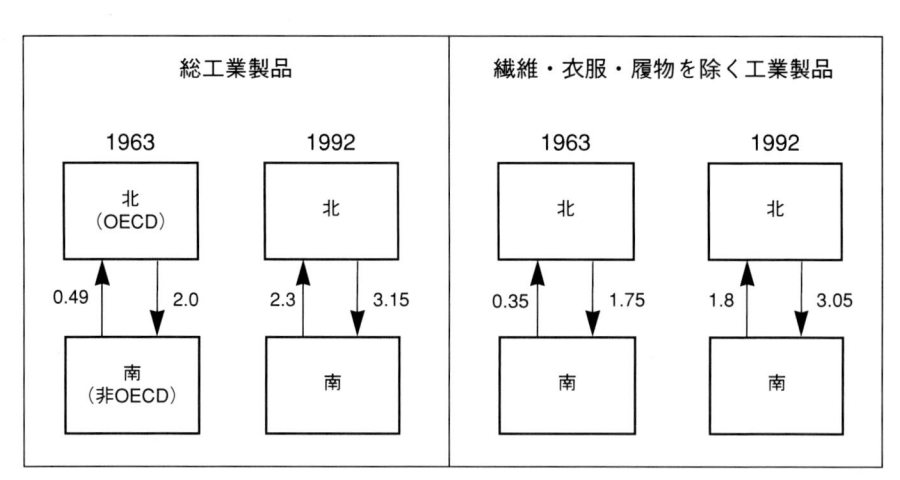

	総工業製品		繊維・衣服・履物を除く工業製品	
	1963	1992	1963	1992
	北(OECD) ↓0.49 ↑2.0 南(非OECD)	北 ↑2.3 ↓3.15 南	北 ↓0.35 ↑1.75 南	北 ↑1.8 ↓3.05 南

●図3.10　工業製品でみた南北貿易の対OECD・GDP比率
（1963年と1992年との比較）
出典：次より引用。OECD, 1994, Table 3.1

量からみて、南北の相互作用が、なお、極めて低水準にとどまっていることによるものであることになる。また、北の経済からみると、アメリカだけが南との関係を急速に強めていることになる。

7.1 南北貿易の今後の見通し

　南北関係にこうした傾向ないし水準を引き起こしたと思われる問題がある。それは、工業製品の生産において、北の経済が常に持っている「国際競争力」に関することである。では、世界貿易の拡大と相互依存が深化し、経済活動が南の**新興工業経済群（NIEs）***12へと移転するなかで、北の経済の製造能力は掘り崩されることになったかということである。

　NIEsの発展は北の雇用の見通しにどのようなインパクトを与えたのだろうか。北の失業と不熟練労働者の実質所得の低下は、製造業が南へ移ったことの直接的な結果だろうか。北の労働者の生活水準の低下は、製造業部門において北の経済競争力が低くなったことによると、あるいは生産が南のNIEsへと移転した結果であるとも考えられる。そうであるとすると、1980年代に沸き起こったアメリカの保護主義者たちの感情的意見は、あるいは、それほどではなかったとしてもヨーロッパで起こった同様の意見は理解できることである。しかし、本当にそうなのだろうか。

　こうした傾向を説明するために、従来の経済学は2つの議論を提示する。主要な議論は、北の雇用や賃金に与える影響として、技術の発展というよりも、貿易の影響を重視する。別の議論は、労働市場に与えるアメリカへの移民の影響を重視する（不熟練労働者のアメリカへの流入は、地元の不熟練労働者の雇用機会を減らし、賃金を下げることになるからである）。両議論を踏まえ、バランスある経験主義的議論も存在している。この議論によれば、北の不熟練労働者の雇用や賃金の低下の10％から20％は、南北貿易や移民（相互依存性の例）の影響によるとされる（これはグローバル化による説明である）。この議論は、他の2つとは異なり、残りの80％から90％が北の不熟練労働者の視点からみて、彼らに不利な技術発展のせいであるとしている。というのも、技術発展は極めて複雑な機械を操作するだけの高熟練労働者を必要とするだけに、不熟練労働者に替えて熟練労働者を求める傾向を強くするからである（これは「内的発展」による説明と呼ばれている）。したがって、北の不熟練労働者の雇用に与えるグローバル化の影響は、雇用条件の低下の20％止まりである（最も大きめにとっても10％ぐらいであろう）。この結果からすると、貿易のグローバル化によ

■表3.6 3極諸国の貿易シェアーの概略（総輸出のパーセンテージ、1996年）

	EU（15カ国）		アメリカ		日本	
貿易相手	EU（15カ国）[a]	60	カナダ	23	中国、韓国、台湾、香港、シンガポール	29
	ヨーロッパ[b]自由貿易圏	12	ラテンアメリカ	18	他のアジア諸国	14
	中央・東ヨーロッパ諸国（ロシア含む）[b]	12	EU（15カ国）	22	EU（15カ国）	16
	アメリカとカナダ[b]	21	日本	9	アメリカとカナダ	29

注）a EU（15カ国）全体の総輸出のパーセンテージ
　　b EU（15カ国）以外の国のみの輸出のパーセンテージ
出典：次より作成。European Commission, Comtrade database/Eurostat；WTO, 1997

って北の労働者階級の生活水準が影響を受けていると主張されることが多いが、それは説得力に欠けることになる。

　また、このデータが示しているように、経済の相互依存と統合の点からグローバル化を測ると、その程度が過度に誇張されることが多かったことになる。とはいえ、相互依存や統合が進んでいないというわけではない。上述のパターンに留意しながら、再び3極に焦点を据えてみると、3つの主要メンバーが個別に一連の国家群を強化し、相互の関係を深めていることがわかる。表3.6は、3極間の貿易関係の規模や主要なパートナーに関するデータである。この表からも相互依存型貿易関係と投資の統合パターンとは傾向を同じくしていることがわかる。こうした諸国は、地理的にはばらばらであるが、3極のどれかと「隣接」しているという傾向にある。例えば、EU諸国は、まず、他のEU諸国と最も強力で緊密な貿易（と投資）関係をもち（表3.4も参照のこと）、東欧諸国とアメリカとの関係がこれに続いている。また、アメリカは、他のNAFTA諸国やそこに参加していない他のラテンアメリカ諸国と（次いでEUと）最も強力で緊密な関係をもっている。日本についてみると、アメリカやカナダと親密な相互関係をもっているけれども、最も強い絆は他の東アジア諸国とのあいだに築かれている。とくに投資においてそうである。以上のようなパターンが定着しており、これを解体するとなると長期に及ぶことになろう。

　以上の数値から現実の貿易上の相互依存度や生産の統合度を読み取ることができるとしても、過度の強調は慎むべきである。既述のように、国際経済における生産の現実的統合度は、海外直接投資フローの増加が論拠とされることが

●図3.11 すると次には？　「世界産業労働者」のポスターは、1911年以降、資本主義をピラミッド化し、グローバル経済の最底辺に労働者がいることを表している

多いとはいえ（第5節）、まだ驚くほど低い。表3.5と表3.6を中心に議論したように、3極に即してみると、相互依存度と統合度はそれほど大きくはない。また、より広く国際レベルに即してみると、生産資本は最低の賃金とより低いリスクを、あるいは最大利潤を求めて地球上を彷徨し、その立地先を探し回っているという根無し草のようなイメージをもたれているが、こうした生産資本のイメージは誇張であるように思われる。国際化された生産の規模は、なお、極めて限定されている。1995年の海外ベースの産出高は1970年の4.5％より増加したとはいえ、世界生産の7.5％にすぎないのである（Hirst and Thompson, 1999）。

要約
- 「南」（開発途上国）を考慮し、「北」（経済的に繁栄したOECD諸国）との貿易をみても、1962年から1992年までに相互依存関係が劇的に強まったという証拠はまず存在しない。
- 北の不熟練労働者の雇用の悪化は、国際貿易や移民のせいであるというより、北の先進的技術発展が原因である。
- 貿易の相互依存性の増大は個別国家群に認められる。
- この分析の結果から、総じて、1990年代の国際経済活動の水準はそれほど高い水準にはなく、世界経済は、なお、十分にグローバル化したとはいえない状況にある。

8 むすび

　グローバル化という言葉で描くことが妥当な世界に住んでいるという考えが支配的になっている。こうした考えに立った研究者、ジャーナリスト、評論家、政治家たちが多くいる。また、こうした考えを原動力として、さらには、自由市場の力や国際競争の一般性が強調されるなかで国際経済が組織されるとともに、（実現の可能性は少ないとはいえ）こうした動きに対して政策的対応も進められている。本章で論じたことは、こうした傾向に対しては、少なくとも懐疑的であって然るべきであるし、もっと深刻にいえば、その種の傾向についてはすべからく疑念をもって然るべきであるということである。この視点からすると、第2節での区分に従えば、伝統論者の結論が導かれることになる。グローバル論者（その支持者と批判者のいずれであれ）が指摘しているように、グ

ローバル化が起こっているとしても、せいぜい不均衡な過程にすぎないのである。グローバル化が社会科学の新しい壮大な理論となっていることに鑑みると、その概念はあまりにもふくらみすぎているといえよう。

　本章では長期の構造的な指標に焦点を据えたが、想定されることが多いほどには、また、変容論者によって想定されているほどには完全なグローバル経済に向かう劇的な動きが起こったとは思われない。貿易の相互依存性と投資の統合にかかわる綿密な分析からすると、両者は第2次世界大戦後に強まっているとしても、1990年代の絶対的水準に即してみると、想定されているよりも小幅にとどまっていることは明らかである。さらには、国際企業の活動に即しても、多くは超国籍企業というより、多国籍企業に括ることが最も妥当な状況にある。実際、1990年代中期においても、国際経済は、多くの点で、1913年の金本位制の末期ほどにはグローバル化してはいなかった。強力な経済のグローバル化テーゼを信奉すると、政策形成者の無力感をよび、国際経済を管理するために、また、同様に重要なことに、国民経済を管理し市民の生活水準を守るためにまだ何かできることが残されているという期待を失わせてしまう結果になりかねない。グローバル化のテーゼには、国民経済というカテゴリーがもはや有効ではないという極論が潜んでいる。本章では、そんな状況にはないと論じた。この点で、全面的な自由市場システムに言いくるめられていない人々に対して、「強力なグローバル化テーゼにはご用心を」、というのが本章のメッセージである。

　伝統論者の議論は、国民経済が国際経済システムの行為主体であることに焦点を据え、国際経済システムの構造のなかに国民経済が存在しているとするものである。この構造は国際市場システムから成り立ち、これが行為主体にできることや、できないことを指示していると考えられている。本章の提起からすると、こうした主体には、国際システムにおいても、理解されている以上に操作しうる余地が残されていることになる。グローバル化が全面化しているわけではなく、したがって、国民経済が経済決定の主要な場であるかぎり、こうした行為主体は、想定されるほどには市場の見えない諸力にからめとられているわけではない。さらには、このシステムの行為主体に国際企業を挙げるべきであるとしても、この分析から、国民経済や政府のような別の主体は、グローバル論者が想定している以上に、こうした企業を監視し、あるいは管理・統制しうる立場にあることになる。また、既述のように、ほとんどの国際企業は超国籍企業というより多国籍企業に類するものであるとすると、国民型政府はこう

した行為主体をもっと有効に管理することができることになる（なぜなら、本拠地がある国の領土内に「埋め込まれている」からである）。伝統論者のアプローチからすると、構造はグローバル論者のアプローチが想定しているほどには、また、変容論者のアプローチが認識しているほどには、行為主体を支配しているわけではないことになる。

第3章 キーワード解説

*1　経済自由主義者　Economic Liberals
経済問題を競争的市場によって解決しようとする人々である。伝統的経済自由主義者は、市場と結びついた個人の自由を、生活基盤の公的供与や公共サービスと法整備をもって、さらには、市場の自由な活動の法的規制すらをもって抑制する必要があると主張する。他方で、現代の経済的新自由主義者は、市場システムの維持をもっと声高に主張し、市場活動を多くの伝統的な公共サービスや生活基盤の供給にまで広めることを求めている。

*2　ネオ・マルクス主義者　Meo-Marxists
資本主義とは、なお、搾取システムであり、これが資本家と労働者との現代的階級矛盾であるという考えを公然と主張している人々である。

*3　網状化　Enmeshment
網状化とは、経済間の相補的相互依存と統合の複合的パターンをあらわすための用語である。

*4　周辺化　Marginalization
経済発展の不均等性のなかでも、いくつかの経済アクターが経済発展の中心から放逐され、補完的で従属的な周辺的位置に押しやられている事態を示すものである。

*5　資本移動（あるいは資本フロー）Capital flows
例えば、1年といった一定期間に、ある国から別の国に移動した資本の総計のことである。この種の資本移動は国際投資と表現される場合もある。

*6　金本位制　Gold Standard
金本位体制は、ほぼ、1870年から第1次世界大戦が始まる1913年まで続いた（ただし、戦後すぐに、これを復活させる試みもあった）。これは、主要な国際通貨がすべて金で表される価値と結びついていた期間にあたる。金本位制は固定相場制だったので、通貨の価値を変動させることは許されてはいなかった。

＊7　付加価値　Value-added
　　生産の各段階で付加された価値の総計であり、合算すると、工業、産業部門、あるいは経済全体の生産価値の純増を示す尺度となる。
＊8　国際通貨基金　International Monetary Fund (IMF)
　　ワシントンD.Cに本部があり、世界経済を統治している主要な国際組織のひとつである。その主要な任務は、支払い収支で困難に陥った国に短期資金を供給することにある。近年、長期資金も貸し付けている。
＊9　対内海外直接投資　Inward FDI
　　1年間に国内に入る海外直接投資フローのことである。
＊10　G7
　　主要工業国にあたる7経済グループのことで、大きさの順に、アメリカ、日本、ドイツ、フランス、イギリス、イタリア、カナダである。
＊11　海外直接投資ストックと投資フロー　Stocks and flows of FDI
　　海外直接投資ストックとは、過去の海外直接投資によって、ある国に蓄積された投資総額のことであり、海外直接投資フローとは、1年間に国境を越えて移動した総額のことである。
＊12　新興工業経済群　Newly industrializing economies (NIEs)
　　1980年代から1990年代に工業活動の水準を持続的に増大させた経済グループのことで、メキシコ、シンガポール、台湾、タイ、マレーシアなどがこれにあたる。

参考文献

Dawson, G. (2000) 'Work: from certainty to flexibility?' in Hughes, G. and Fergusson, R. (eds).

Doremus,P., Keller,W., Pauly, L. and Reich,S. (1998) *The Myth of the Global Corporation*, Princeton, Princeton University Press.（P. ドアマスほか藤田隆一訳『グローバル経営の神話──米・日・独の多国籍企業に見る比較政治経済分析──』トッパン、1999年）.

European Commission (1997) 'Annual Economic Report for1997', *European Economy No.63*, Luxembourg, Official Publication of the European Communities.

Feenstra,R.C. (1998) 'Integration of trade and disintegration of production in the global economy', *Journal of Economic Perspectives*, vol.12, no.4, pp.31-50.

Fergusson, R.and Hughes,G. (2000) 'Welfare: from security to responsibility?' in **Hughes, G. and Fergusson, R. (eds).**

Himmelweit, S. and Simonetti, R. (2000) 'Nature for sale' in Hinchliffe, S. and Woodward, K. (eds) ***The Natural and the Social: Uncertainty, Risk, Change*, London, Routledge / The Open University.**

Hirst,P.Q.and Thomson,G.F. (1999) *Globalization in Question: The International Economy and the Possibilities of Governance* (2nd edn), Cambridge, Polity.

Hughes,G.and Fergusson,R.(eds) (2000) *Ordering Lives: Family, Work and Welfare*, **London, Routledge/The Open University.**

IMF (1997) *International Financial Statistics Yearbook*, Washington, International Monetary Fund.

Institute of Development Studies (1998) 'Asia's Victorian financial crisis', paper presented at the Conference on the East Asian Economic Crisis, University of Sussex, Brighton, 13-14 July.

International Finance Corporation (1997) *Foreign Direct Investment*, Washington,IFC and FIAS.

Kozul-Wright, R. and Rowthorn, R. (1998) 'Spoilt for choice? Multinational corporations and the geography of international production', *Oxford Review of Economic Policy*, vol.14, no.2, pp.74-92.

Maddison, A. (1987) 'Growth and slowdown in advanced capitalist economies: techniques of quantitative assessments', *Journal of Economic Literature*, vol.25, pp.649-98.

Maddison, A. (1995) *Monitoring the World Economy 1860-1990*, Paris, OECD.

OECD (1994) *The OECD Jobs Study: Evidence and Explanations. Part Ⅰ—Labour Market Trends and Underlying Forces of Change*, Paris, Organization for Economic Co-operation and Development.

OECD (1998) *Financial Market Trends No.69*, Paris, Organization for Economic Co-operation and Development.

OECD, *National Accounts*, Paris, Organization for Economic Co-operation and Development (quarterly).

Stopford, J. (1998/99) 'Multinational corporations', *Foreign Policy*, no.113, pp.12-24.

Thompson,G.F.(2000) 'Where do MNCs conduct their business activity and what are the consequences for national systems?' in Quack,S., Morgan,G. and Whitely,R.(eds) *National Capitalisms, Global Competition and Economic Performance*, Amsterdam, John Benjamin's.

UN (1996) *World Investment Report 1996: Investment, Trade and International Policy Arrangements*, Geneva, UNCTAD.

UN (1997) *World Investment Report 1997: Transnational Corporations, Market Structure and Competition Policy*, Geneva, UNCTAD.

UN (1998) *World Investment Report 1998: Trends and Determinants,* Geneva, UNCTAD.

UN (1999) *World Investment Report 1999: Foreign Direct Investment and the Challenge of Development*, Geneva, UNCTAD.

WTO (1995) *International Trade and Statistics*, Geneva, World Trade Organization.

WTO (1997) *Annual Report Vol. Ⅱ*, Geneva, World Trade Organization.

さらに深く学ぶために

グローバル化に関する3つの対立的主張は次の著書において提示されている。Held *et al.*, (1999)。この書は変容論者の立場にたっている。また、ハーストとトンプソンの著書（Hirst and Thompson,1999）は、経済のグローバル化については強力な伝統論者の立場で

論じている。さらには、ライニック（Reinicke,1998）は、グローバル主義テーゼを受け入れつつも、新しいグローバル・ガヴァナンスのメカニズムをつくる必要があるとしている。

バーガーとドアーの著書（Berger and Dore,1994）は論文集であり、いくつかのパースペクティブからグローバル化だけでなく、それが諸国の多様性にどのように作用しているかについても論じている。また、ドアマス達の著書（Doremus *et al.*,1998）は、多国籍企業が国籍を失ったわけではなく、したがって、グローバル企業といえる企業はまず存在しないとしている。

Berger, S. and Dore, R. (eds) (1994) *National Diversity and Global Capitalism*, Ithaca, Cornell University Press.

Doremus, P., Keller, W., Pauly, L. and Reich, S. (1998) *The Myth of the Global Corporation*, Princeton, Princeton University Press.

Held, D., McGrew, A., Goldblatt, D. and Perraton, J. (1999) *Global Transformations: Politics, Economics and Culture*, Cambridge, Polity.

Hirst, P.Q. and Thompson, G.F. (1999) *Globalization in Question: The International Economy and the Possibilities of Governance* (2nd edn), Cambridge, Polity.

Reinicke, W.H. (1998) *Global Public Policy: Governing Without Government?*, Washington, Brookings Institution Press.

第4章

権力移動
―― 国民型政府からグローバル・ガヴァナンスへの移行

アンソニー・マッグルー

1 はじめに
2 国境を越える政治――国際政治からグローバル政治へ？
　2.1 領土、政治、世界秩序――ウェストファリアの理念
　2.2 政治のグローバル化――グローバル政治の登場
　2.3 グローバル・ガヴァナンスのインフラストラクチャ
　2.4 グローバル政治――変容論者の場合
3 グローバルな隣人たちを統治する
　3.1 ヘゲモニー的ガヴァナンス――伝統論者の議論
　3.2 グローバル資本の支配はＯＫ！――グローバル論者の議論
　3.3 民衆のパワー――変容論者の議論
4 権力移動――国民型政府の位置設定
5 むすび――「ウェストファリア」体制から多層型グローバル・ガヴァナンスへ

キーワード解説
参考文献
さらに深く学ぶために
略語表

1 はじめに

> 「彼はいつものアランだったよ」と祖母のマーガレットは言う。「あの晩のアランは変身していたの。いつもと違うトレーニング・ウエアで、ブルーから白いのに替えてね」。
> (Gillan, *The Guardian*, 6 February 1999)

アラン・ハーパーはグラスゴーに住む13歳の世間ずれした男子生徒であったが、発見の翌日の早朝に、その死亡が確認された。グラスゴー市のクランヒル地域にある団地内のスタートポイント・ストリートのアパートで、お気に入りの白の「トレーニング・ウエア」で発見された。アランは、不幸なことに、イギリスにおけるヘロイン中毒死の最年少の少年として有名となってしまった。アランの死を悲しむ母ジャクリーンにとって、G8[*1]のバーミンガム・サミット（1998年）でトニー・ブレアが行なった声明は、美辞麗句にすぎないように聞こえた。というのも、ブレアは、違法麻薬取引が世界的に広がるなかで、全世界をあげて反対キャンペーンを盛り上げようと呼びかけていたからである。クランヒルのような地域はグローバルなヘロイン取引の巣窟と化し、この種の取引は日常茶飯事となっていた。

その後、数年間、麻薬取引を阻止しようという国際連合の支援があったにも

●図4.1　アラン・ハーパーが死亡していたアパートのバルコニー（グラスゴー、クランヒル）

かかわらず、違法な麻薬取引の増加を阻止するというG8の当初の提案を、世界最強の諸政府が、つまりG8諸国が協調行動をもってしても実現困難であると認めざるをえなくなったように思われる。麻薬取引は国境を越えて周到に組織されており、その総額は、概算でも、世界の全多国籍企業のグローバルな投資フローを超えているだけに（図4.2を参照）、アメリカ合衆国のような強力な政府を含めて、富める国と貧しい国とを問わず、個々の政府は最も深刻な社会問題のひとつと闘うことができないでいるように思われる。

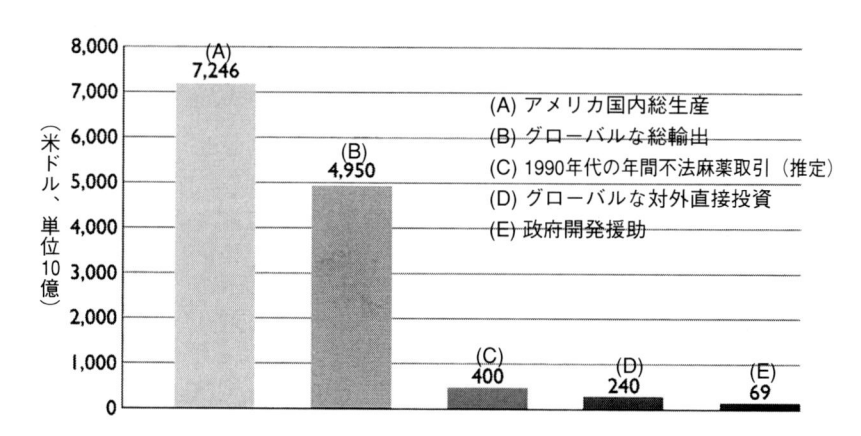

(A) 7,246 アメリカ国内総生産
(B) 4,950 グローバルな総輸出
(C) 400 1990年代の年間不法麻薬取引（推定）
(D) 240 グローバルな対外直接投資
(E) 69 政府開発援助

（米ドル、単位10億）

●図4.2 世界の国際的麻薬取引（国際総量比較）
出典：UNDCP, 1997

　グローバル化が深まるなかで、これと張り合えるだけの国民型政府の力は弱まっているように思われるし、国際組織も合意ずみの政策を実施しうるだけの権威を欠いている。実際、違法な麻薬取引のように、トランスナショナルな諸力が国民国家のコントロールを回避しているだけに、グローバル化は、御しがたい世界が現実化する可能性を高めている。

　逆説的に、G8の政府が国民的コントロールをやめ、ともに商品とサービスや資本がグローバルに展開しうる市場を追求すべきであるとしたことが、不法な麻薬取引に新たな好機を与えることになった。情報通信、輸送、金融、貿易のインフラストラクチャとシステムによって、フィリピンの低賃金労働の工場で作られた無地のナイキ「トレーニング・ウエア」をグラスゴーの商店街でかなり高値で売ることができるようになった。が、こうしたインフラストラクチャとシステムは、また、違法な組織的麻薬取引をも可能にした。グローバル化とは、主な金融市場間の「短期資金」フローや世界貿易の劇的拡大によって測

られるような経済現象にとどまるものではなくて、重要な社会的・政治的次元や人々の関係にも及ぶものでもある。これは人々の安全をも大きく左右する。というのも、遠隔の人々や社会の生活チャンスや幸福が、個人や社会はもとより、政府でさえ直接コントロールできない、高度に組織された超国境的ネットワークによって緊密に結びつくに至ったからである。グローバル化は、世間からは見えにくいとしても、人間の顔を持っているのである。

グローバル化の現代的形態は、近代社会がどのように統治されているか、また、規範的にはどのように統治されるべきかという点で、極めて深刻な問題を提起している。グローバル論者は、グローバル化された世界にあっては、国民型政府が弱体化を強め、有意性を失うと論じている。彼らは、国民型政府では、地球温暖化や違法な麻薬取引にみられるような、当該国民を左右するグローバルな諸問題に対処するには小さすぎるし、廃棄物の再活用のようなローカルな問題に対処するには大きすぎると指摘している。つまり、イギリスに即してみると、政府の権力は、上位の組織（EU）と下位の組織（スコットランド議会）のみならず、並存する諸組織（多国籍企業）によって影を薄くしつつあるとされる。対照的に、伝統論者は、個別国民の生活を規制し、グローバルな諸問題をも処理しうる国民型政府の能力がこれほど広まったことはないと主張している。彼らは、国民国家の終焉どころか、グローバル化のなかで、国民型政府が社会の諸問題を処理するための中心的存在であることを再確認することになったと考えている。

変容論者は、いずれの意見とも異なる立場から、グローバル化の諸力によって生まれたグローバルな近隣関係のなかで、国民型政府は自らの役割と機能を変えなければならなくなっていると論じている。その結果、権力、管轄権、権威、正統性の重大な再配置という点で、国家は変化の過程にあるとする。国民型政府は、それほど権力を失っているわけではないとしても、その権力と主権が共有され、国民国家の上下の、またこれと並存する他の多くの公的・私的諸機関との取引を迫られるという状況に直面している。イギリスにおいて、この「権力移動（パワー・シフト）」は、EUや権限を委託された政府という脈絡のなかで、国民主権をめぐる論争となって表れている。変容論者は、どのように、だれによって、また、だれの利益のために、何の目的で統治されるのかという政治学の古くからの問題が、グローバル化のなかで改めて問われていると考えている。

以上の諸問題を考察するとなると、本章は、とりわけ政治の領域に、つまり、権力、権威、正統性、ガヴァナンス（統治の過程）という問題にグローバル化

第4章 権力移動 145

の分析を広げざるをえなくなる。すると、グローバル化をめぐる現代の論争から、以下の4つの鍵的疑問が浮上することになる。

1 政治はグローバル化しつつあるのか。最近の数十年間にトランスナショナルな政治の活動と組織の新たな形態が出現したとしても、それは、どの程度に及んでいるのか。
2 グローバルなガヴァナンスという考えによって、何を理解すべきなのか。それは、だれによって、だれの利益のために、また、どのように運営されているのか。
3 グローバル化とは、国民型の政府と選挙民から、リージョナルな、また、グローバルなガヴァナンスへの歴史的権力移動を予示するものであるとすると、その規模はどの程度に及んでいるのか。
4 グローバル化は、もっと御しがたい世界秩序と、あるいは、もっと有望な世界秩序のいずれと結びついているのか。

　註）　本章で扱う多くの政府間組織と非政府組織は、一般に略語で表記されている。こうした略語の大部分にはなじみ深いものがあろうが、それほど知られていない組織についても論ずることになるので、使用した略語を確認することができるように、その一覧表を章末に付してある。

2　国境を越える政治——国際政治からグローバル政治へ？

　アラン・ハーパーに降りかかったような悲劇を繰り返したくないとすると、イギリス政府が日々に直面せざるをえないのは、貿易外であるとはいえ、違法な麻薬取引の源泉が、イギリスの法的・政治的管轄権をはるかに超えている場合が多いという現実である。スラム街の麻薬問題にとどまらず、これにかかわる社会的影響に対処するために効果的対応策を敷こうとすると、ローカルないしナショナルなイニシアティブのみならず、国際的協調行動が求められることになる。世界は相互に結びついているだけに、国内と地方、国外と国際という区別は有効性を失い始めている。イギリスの公共政策に即してみると、他の諸国の政府と企業や消費者、また市民グループと地域社会の活動や決定から直接的ないし間接的影響を受けていないものはほとんどない。これは、麻薬取引に

例示されるように、妥当な政策を展開しようとすると、イギリス政府の閣僚たちの選択肢に重大な影響を与えることになる。例えば、もっとグラスゴーの麻薬防止プログラムに資金を出すべきであろうか、あるいは、ラオスのケシ栽培農民が他の穀物を栽培できるように資金援助をすべきであろうか、などである。

こうした現実の政策問題にとどまらず、国境を越えた諸問題も積み重なっているだけに、もっと根本的な問題が浮上している。つまり、経済と社会の生活組織が領域を越えて体系性を帯び出しているとすると、一国の権力領域とはどのようなものなのか、また、国民型政府はどれほどの実効性を備えているのかということである。この疑問に答えようとすると、国民国家の誕生以降、近代の政治生活の構造を規定してきた核心的諸原理を簡単に振り返っておくことが求められることになる。

2.1 領土、政治、世界秩序——ウェストファリアの理念

現代世界の政治地図の最も著しい特徴のひとつは、地政学的空間が領土的実態として明確に区分されていることである。現在、人々は、政治目的から190以上の排他的社会に、つまり国民国家に組織されている。これは当たり前のようにみえるし、これまでと今日の世界の姿でもあるように思われるが、例えば、中世期の地図製作者には、ほとんど意味のないことであったろう。その時代の世界は、宗教と帝国を中心に組織されていて、はっきりと政治的国境線が引かれていたわけではない。100年前の世界地図ですら、今日とはまったく別のものであった。イギリスの外務省に行くと、19世紀の世界地図が省内の壁に掛かっている。この地図では地球の多くが大英帝国を示す薄いピンク色でおおわれている。第1章で指摘したように、地図は、この世界がどのように政治的に組織されているか、また組織されるべきかを示す仮説を表現したものである。

課題 4.1

次項の地図から、この地図が世界の（政治）組織についてどのようなことを想定しているかを考えてみよう。

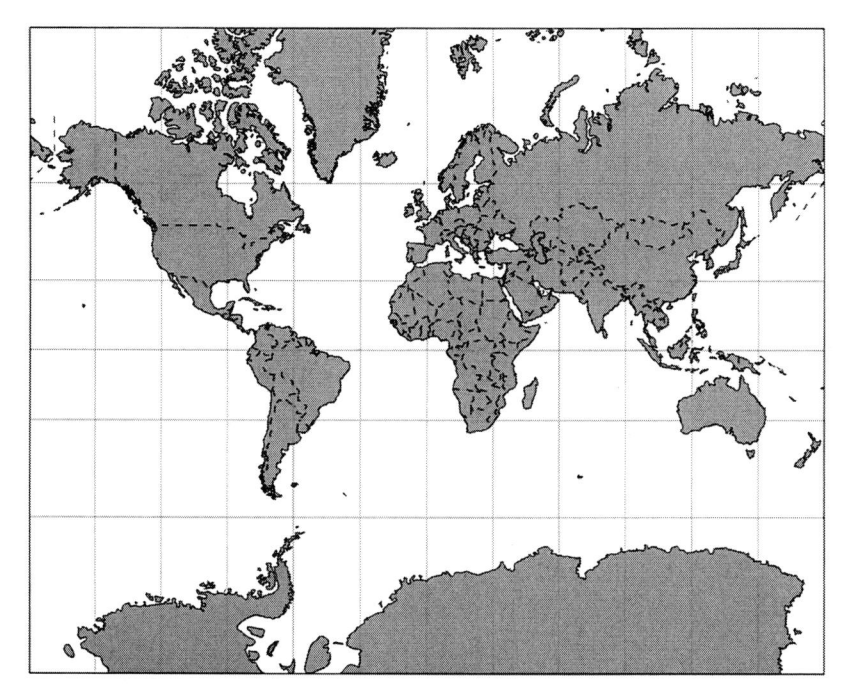

●図4.3　世界の政治地図

課題 4.1 のコメント

　私の第一印象では、以下の５つの仮説が示されていると思われる。

1　人々は、主として、個別の領域的・政治的コミュニティに組織されており、これが国民国家と呼ばれている（領域性）。
2　この領土ブロックにおいて、国家ないし国民型政府が自らの人民に対して最高かつ排他的権威を主張し、また、その忠誠を要求している（主権）。
3　諸国は、政治・社会・経済活動の自律的な容器のような姿を帯び、きちんとした境界線をもって内外の領域が区分されている（自律性）。
4　国家をもってグローバルな政治的光景が描かれるのは、国家が領土のみならず、その経済的・人的資源や自然資源の利用をコントロールしているからである（至高性）。
5　国家は自らを監督しなくてはならないだけに、自助的世界となる（アナーキー）。（パスポートを見ればわかるように）国家の主要機能のひとつは、その市民の安全と幸福を確保し、外部の干渉から守ることである。

テイラーによれば、世界の伝統的政治地図の根底にあるのは、政治生活の「容器(コンテナー)としての国家」型概念である（Taylor, 1995, p.334）。このルーツは「ウェストファリアの平和」（1648年）に発しており、この条約をもって、ヨーロッパの君主たちは外部の干渉を受けずに自らの領土支配権を互いに認めることとした。しかし、グローバルな帝国が崩壊するなかで、国家性(ステイトフッド)と民族の自主的決定が最終的に唯一の原理となり、人々が政治的に組織されるに至ったのは、20世紀に入ってからのことである。この起源をもって、一般に「ウェストファリア体制」と呼ばれているが、この諸国家からなる近代システムは、今や地球全体に及んでいる。今日、人々は個別の国民国家に組織され、それぞれが用心深く自治権を守っている。EUがイギリスの内政に「干渉」したことをめぐって論争が続いていることからもわかるように、国民主権の問題は、国民的アイデンティティの核心に位置しているだけに、なお、極めて緊張に満ちた問題である。

約400年におよぶ展開過程にあって、諸国家からなる**ウェストファリア体制***2を構成している抽象的原理や規準と実践は、（民主政と自由の理念と並んで）近代の政治生活の中心的な組織的特徴となっている。ウェストファリア体制は、国際的外交交渉からユーロスター列車内の規則的パスポート検査に至るまで、諸国家の日常的実践において再生産されている。

違法な麻薬取引を根絶しようとグローバルな試みが繰り返されているが、これに即してみると、ウェストファリア体制が日々の政治に入り込んでいることが容易に理解できよう。グローバルな麻薬特捜部隊を置き違法な麻薬取引と闘う措置を課し、その実施を求めるだけの権威ある世界組織が存在していないだけに、いかなる効果的政策も、究極的には、国民型諸政府間の自発的協力に依拠せざるをえず、各政府は国際的合意をみた措置を自国の領域内で実行することに同意することになる。「国連国際麻薬規制計画（UNDCP）」は違法な麻薬取引と闘うために国際的政策実施に協力する責任を課しているが、これを強制する権限を持っているわけではない。同様に、G8構成国も、国際的イニシアティブを発揮しようとすると、アメリカ合衆国の麻薬取締り局や英国の関税局のような自国機関にのみ依存せざるをえない状況にある。各政府は、自国の麻薬取締り機関もさることながら、それぞれに固有の優先課題をかかえており、国内問題のコントロールを放棄する意思はまずなく、したがって、グローバルな麻薬規制計画は場当たり的で一貫性に欠けたものとならざるをえない。その結果、組織犯罪は「規制がゆるく、取締り法を欠いていたり、それが不十分な

国において」、麻薬で得た資金を洗浄（マネーロンダリング）することになる（UNDCP, 1977, p.141）。だから、国内領域と国際領域とは明確に区分されていることになる。というのも、国際領域では、国民型政府のような世界政府が存在していて、国際的に合意された麻薬取締り策を守らせたり、違法な麻薬の生産と密売を禁ずる国際条約の遵守を求めうるような状況にはないからである。UNDCPの報告書が指摘しているように、「国際的麻薬規制システムは、国家による国民型的統制と国家間の国際的協力という諸原理の作動を前提としている」のである（UNDCP, 1977, p.168）。

　ウェストファリア体制の規準と原理および実践は、その古さにもかかわらず、なお、現代のグローバルな諸問題のガヴァナンスに影響を与えている。この点は違法麻薬の規制例からもわかる。さらには、こうした原理や実践によって、国内問題と国際問題との一応の二分論が強化されていて、国内領域は政治支配の中心機関である政府によるものとされ、国際領域においては、明らかに、これを欠くという状況にある。したがって、ウェストファリア体制は、主として、一国の領域と空間とを同じくする政治空間の概念を示しており、政治と社会生活の「容器としての国家」という考えを反映している。伝統論者にあっては、ウェストファリア体制は、なお、近代の政治生活の仕組みの中心に位置し、今日の世界の統治様式の本質と力学を理解するうえでも、その中心に位置するものと考えられている。グローバル論者や変容論者にとって、ウェストファリアの理念は、現代の経済・文化・政治の活動の組織が広範化しているだけに研究の深化を求めていることになる。

2.2　政治のグローバル化──グローバル政治の登場

　今日のイギリスは、EUからグローバルなマネーロンダリングに至るまで、リージョナルとグローバルな機関やネットワークに深く組み込まれている。トランスナショナルな結びつきと流れは、事実上、人間活動のあらゆる領域で発展し、インターネットの爆発的広がりのなかで仮想的現実空間をも生み出している。商品、資本、知識、理念、武器のみならず、犯罪、環境汚染、ファッション、微生物があっさりと領域を越えている。ニューヨーク公立図書館のメイン・ウェブサイトには、毎月、あらゆる地域から1,000万件の問い合わせが届いている。これに対し、図書館近辺の利用者に貸し出された図書は5万冊にすぎない（Darnton, 1999, p.371）。国民国家は、「個別の権力容器」ではなくて、ますます「フローの空間」に、すなわち、グローバルでトランスナショナルな

フローとネットワークが隅々に及んだ脱領域的空間に近いものとなっている（図4.9を参照）。さらには、違法な麻薬取引であれ（図4.4を参照）、自動車生産であれ（第1章の図1.11を参照）、現代の社会・経済活動の多くの局面がリージョンないしグローバルな規模で組織されているだけに、個別リージョンのコミュニティの運命は複雑に結びついている。サンデルが指摘しているように、グローバル化という状況にあって、近代国家は「伝統的に自治の手段ではあるが……、今や、経済諸力に対抗して自らの市民の判断と価値をもって自らの運命を定めることができない状況を深めている」(Sandel, 1996, p.339)。

グローバル論者と変容論者は、もはや権力は、主として一国規模で組織され、行使される状況にはなく、トランスナショナルな次元とリージョナルな次元を、あるいはグローバルな次元すらも帯びる傾向を強めていると論じている。その結果、政府と政治の課題自体が国際化とグローバル化を深めているとする。

2.2.1 国家の国際化

1998年にバーミンガムで開かれたG8サミットには、世界最強の諸政府の指導者たちが集い、参加国全体に関わる一連のグローバルな諸問題について論じている。その議題は、1997年の東アジア経済危機を踏まえた地球規模の金融構造の改革から、地球規模の麻薬取引にまで及んだ。

このサミットで、G8諸国の指導者たちは、違法な麻薬売買と組織犯罪にまつわる脅威と闘うという点で、各国の計画と政策を調整するための野心的行動計画について合意している (Hajnai, 1999, p.3)。その後、国連総会は、違法な麻薬と闘うことをあらためて明らかにするとともに、トランスナショナルな組織犯罪に対抗するために新たに会議を開くことも決めた。国連事務総長が述べているように、「残念ながら、麻薬取引の根絶を期待しつつも、世界のどの国も、世界的協力を欠いてはできない状況にある」(UN Chronicle, 1998)。

G8においては、こうしたイニシアティブを監視・勧告する責任は「トランスナショナルな組織犯罪に関する上級専門家グループ（リヨン・グループ）」にあり、また、国連においてはUNDCPにある。この両機関の背後では、国際刑事警察機構のみならず、ヨーロッパ警察機構、米大陸国家間薬物乱用規制委員会、中央アジア共和国麻薬プログラムのようなリージョナルな諸機関によって、各国の麻薬取締り機関と警察との日常的協力関係が敷かれ、違法な麻薬取引の防止ないし規制を目指した政府間の重要な国際網が形成されている。しかし、国家のこうした国際化は、麻薬のように明らかに国境を越えた問題にとど

第4章 権力移動 151

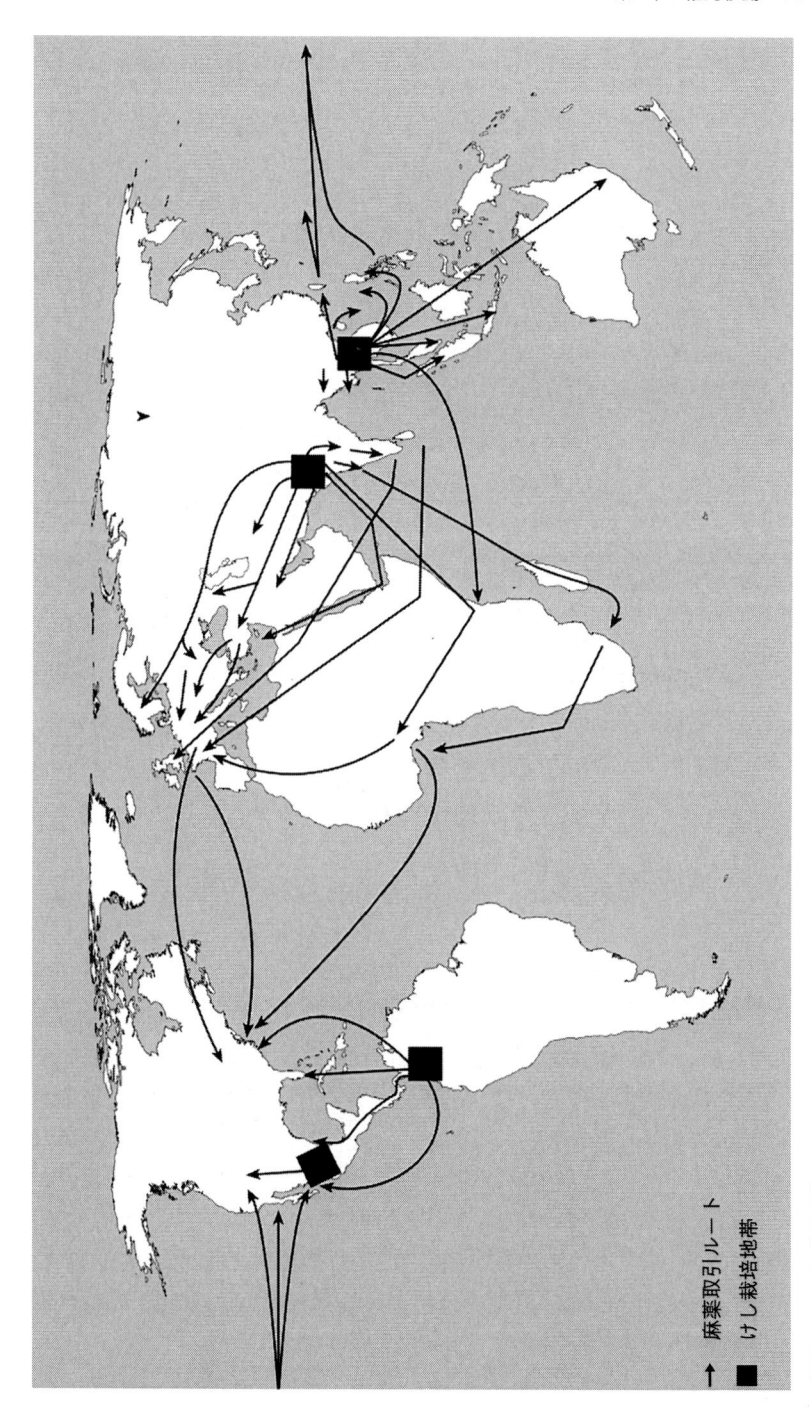

●図4.4 麻薬取引ルート　出典：UNDCP, 1997

↑ 麻薬取引ルート
■ けし栽培地帯

●図4.5　G8バーミンガム・サミット（1998年）

まらず、社会保障や課税の問題から環境や食品安全基準に至るまで、政府の職務のほとんどすべての面に及んでいる。この50年以上のあいだに、政府活動が劇的に国際化するなかで、政治家たちは、一国の管轄権を超える勢いにある、あるいは、海外にルーツを持つ諸活動や諸問題を規制ないし再調整しようと努めている。

　こうして、国家が国際化していることは、多くのレベルで明らかである。イギリス政府は、ほとんどすべての省に国際局を置き、これが、相互の調整をほとんど経ることなく、外国政府の相手機関やEUと、あるいはイギリスが参画している国際組織と直接に交渉している。中央政府の交渉とならんで、スコットランドやウェールズの権限を委託された政府の公務員相互間の、また、ローカルな政府レベルにおいてはEU内の当該部局やヨーロッパの他の地方および地域政府の公務員との直接交渉が増大しているだけに、状況はさらに複雑化している。ヨーロッパ・レベルでは、欧州委員会のような機関が、歴史的・地理的に結合した政府間の協力関係を承認し、制度化している。

　グローバルなレベルでは、政府間組織（IGO）の数が、1909年の37から1999年の約300に爆発的に増えている。その活動は各国政府の諸部局の機能的職務を反映して、財政から動植物にまで及んでいる。国際通貨基金（IMF）や世界保健機構（WHO）のような公式の組織とならんで、多数の官僚からなる上級

作業グループ、サミット〔首脳会議〕、協議会、会議体、もっとインフォーマルな交渉と調整の場が存在している。1世紀前には国際サミットが開かれることはまずなかったが、今や、その数は年に4,000回を越えている。

この種の活動がこれほど広がるなかで、外務省も、イギリス政府が毎年参加している国際組織と会議体やサミットがどれくらいに及んでいるかを正確につかんでいるわけではない。国家が国際化するなかで、イギリスの内閣のような政府の中央機関は、大きく膨らんだ政府間および超政府間活動を監督することはできなくなっているし、いわんや、これを直接コントロールしうる状況にはない。

2.2.2 政治活動のトランスナショナル化

グローバル化が国家の国際化と連動しているとすると、これに対応して、グローバル化は政府の**トランスナショナル化**[*3]を、すなわち、諸社会を超え、横断する活動をも促し、これを加速した。麻薬の防止と規制の点では、全地球規模で何百もの非政府組織（NGO）が麻薬教育、農村開発、児童福祉などのさまざまな分野で活動し、国連後援の諸会議にも参集している。こうした組織は、違法な麻薬取引との闘いを進めるにあたって、トランスナショナルな協力を組むとともに、グローバルな麻薬政策の指針を設定している。薬物に関する政治論争は、禁止対自由化、防止対規制、法的統制対自発的統制に及び、境界線を越えた展開をみている。

NGOは、共通利益を軸に、国境を越えて動員し組織することによって、EUやUNDCPのようなリージョナルな、またグローバルな団体のみならず、自国政府の反麻薬策をも作成しようとしている。だが、こうしたインフラストラクチャによって、グリーンピースや世界的規模の女性運動のような市民社会の団体間に、トランスナショナルな協力とコミュニケーションが形成されることになるが、他方では、組織犯罪や人種差別主義とテロリストの活動のような「非市民的」(アン・シビル)社会の団体間にも、トランスナショナルなネットワーク化が成立することになる。NGOが結集してグローバルな麻薬取締り策について議論しているのと同様に、犯罪組織の代表（米国の秘密犯罪組織のコーザノストラ、ロシアマフィア、中国の秘密結社の三合会(トライアド)、日本のヤクザ）間で非公式外交が成立し、グローバルな麻薬カルテルが結ばれている（Booth, 1996）。

この数十年にトランスナショナルな組織と運動やネットワークが急増し、国境を越えて利益団体や専門職団体、宗教団体の結集と動員が繰り返されている。

●図4.6　麻薬防止教育に参加したケニアのNGO

　世界開発運動から世界イスラム会議まで、あるいは、国際サンタクロース年次大会から警察・消防世界協議会まで、北京女性フォーラムからヨベル2000キャンペーン〔ヨベル（Jubilee）とはユダヤ教史の安息年で、ユダヤ民族がカナンに入った年から起算して50年ごとの祝祭〕まで、さらには、国際会計基準委員会から国際政治学会に至るまで、インターネットの助けを借りて、個別の、ないしは共通の利害と信念や大義を掲げて、あるいは職業上の目的から領土と大陸を超えて、人々の組織化が進み、動員される傾向が強まっている。

　20世紀のはじめには、数百の超国家的な（つまり、非政府的な）組織が公式に確認されている。だが、21世紀のはじめには、その数は5,000を超えている（図4.7参照）。NGOについて確かな統計を作ることは難しいが、それでも、こうした動向は諸社会を超えて広がり、資源、情報、権力の調整という点で、トランスナショナルな政治的結合と組織が重要な意味をもつに至っている。この点は、例えば、ダイアナ妃が広めた地雷禁止運動のような暫定的キャンペーンに、また、より恒常的には、国際的な労働組合間の提携や児童労働の世界的禁止の実現を求めた人権問題の活動家にも明らかである。

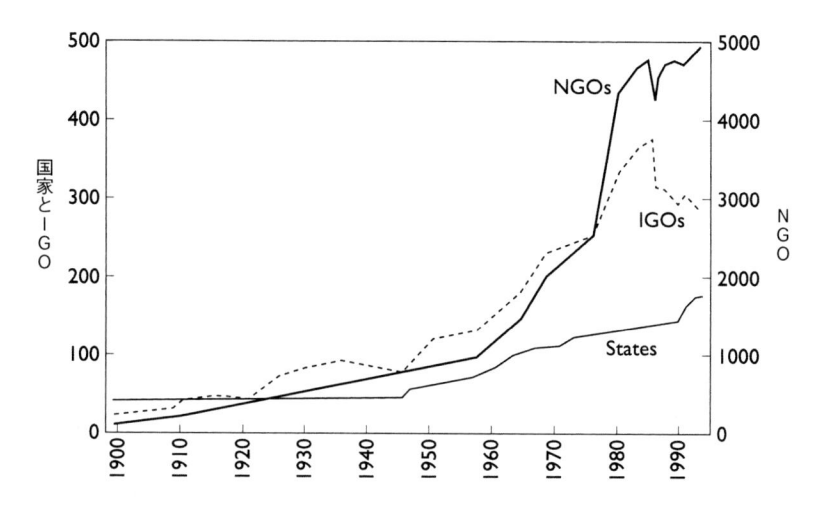

●図4.7　1900年以降の政府間組織（IGO）と非政府組織（NGO）の増加
出典：Held *et al*., 1999, p.151

2.2.3　すると、何が新しいのか？

　伝統論者たちが正確に考察しているように、19世紀後期のグローバルな帝国の時代にも、例えば、イギリス政府が法規を押し付けることによって主要諸国家が国際化し、奴隷制の廃止を求めるグローバルなキャンペーンのように政治活動のトランスナショナル化も起こっている。とはいえ、今日のグローバル化は、次の点で、この時代とは異なる多くの特徴を帯びている。

1　政府間およびトランスナショナルな政治的相互交流のネットワークが著しく制度化されている。これは、とりわけ、国際連合やグリーンピースのような公式の機関が設立され、また、非公式には、世界最強の諸国家の中央銀行間で交渉が常態化しているだけでなく、トランスナショナルな麻薬カルテルが結ばれていることにも明らかである。
2　国家の上下と相互間で新たな権威のセンターが形成されている。この状況において、例えば、イギリス政府（したがって、イギリス市民）は、とりわけ、世界貿易機関（WTO）、EU、ウェールズおよびスコットランドの議会、海外の多国籍企業を含む組織の諸活動に従属しているともいえる。
3　もろいとはいえ、グローバルな政体（ポリティ）が生成している。世界政府（world

government）は存在していない（あるいは、その可能性はない）が、UNDCPやEUのように、国境をまたぐ問題を処理するために、グローバルな、またリージョナルな多くの機関が組織され、これがグローバル（およびリージョナル）なガヴァナンスの萌芽システムをなしている。グローバル・ガヴァナンスとは、政府相互の、また、政府間機関と（公的・私的な）トランスナショナルな諸機関間の政治的調整プロセスの総体である。これは、グローバルな、ないしトランスナショナルなルールを設定し、これを実施することによって、また、国境をまたいだ諸問題を処理することによって、共通の目的ないし共同で合意した目標の実現を期している。この点で、グローバル・ガヴァナンスは世界政府という概念とは根本的に異なるものである。というのも、世界政府とは、グローバルなレベルでひとつの中心的な公的機関を設置し、人類のために法律を制定するという考えを前提としているからである。これに対し、グローバル・ガヴァナンスは、個別の政府、（国際連合のような）政府間組織、NGO、世界野生動物保護基金からモンサント社に至るトランスナショナルな組織、これらが一体となってグローバルなルールや規範と基準を確立し、地球規模の麻薬取引のような国境をまたぐ個別問題を規制ないし解決しようとするプロセスである。だからといって、すべての政府ないし集団がグローバルな政策決定に平等な入力を行使しているわけではない。むしろ、権力と手段や影響力の点では大きな不平等が認められる。

4 このグローバルな政体と並んで、トランスナショナルな市民社会のインフラストラクチャが生成している。非常に多くのNGO、（国際商工会議所からカトリック教会に至る）トランスナショナルな組織、（女性運動から「ネット・ナチス」に至る）意見ネットワーク、市民グループ、これが国境を越えて人々の力を動員・組織し、その力を発揮させるうえで重要な役割を果たしている。こうした**トランスナショナルな市民社会**[*4]の生成をみたのは、現代においてグローバルなコミュニケーションが容易となり、そのスピードも速まったことによるのみならず、異なる国々や地域の人々のあいだで利害を共通にしているとする意識が強まったことによる。こうして、「民間外交」が爆発するなかで、萌芽期のトランスナショナルな市民社会が生成していることになる。これは、換言すれば、市民や民間利益団体が、相互の目標の前進を期し、あるいは、政府やグローバル・ガヴァナンスの公的組織に活動の責任を負わせるために、国境を越えて協力するた

めの政治的舞台であるといえる。

　トランスナショナルな市民社会という考えは、国家間の関係と人民間の関係に関わる重要な区別を前提とし、また、この区別に依拠しているが、概念的には、両者を区別することは簡単ではない。最近、国際連合からEUに至るグローバルな、またリージョナルなガヴァナンスの中心機関の多くは、公式・非公式の協議のいずれを問わず、トランスナショナルな市民社会の「大使たち」の参加と代表を求めている。例えば、1992年にリオ・デ・ジャネイロで開かれた国連地球サミットでは、政府の公式代表者よりも、環境保護団体や企業等の利害団体の主な代表者たちのほうが多かった。

　もちろん、トランスナショナルな市民社会の成員のすべてが市民的であったり、代表者であったりするわけではない。なかには怪しげな、ないし反社会的主張を掲げるものもあるし、有効な説明責任を欠いている場合も多い。さらには、資源と影響力の点でのみならず、政策決定中枢への接近手段の点でも、トランスナショナルな市民社会の成員間には著しい不平等が認められる。マードック・ニュース・インターナショナル社〔オーストラリア生まれのキース・ルパートが創設した米国の新聞社〕のような多国籍企業は、例えば、熱帯雨林保護運動ネットワークと比べると、権力中枢への接近手段やグローバルな課題設定能力という点で、より大きな力を持っている。また、すべての利益が組織されているわけではないから、世界的社会のなかで最も貧しく、最も弱い成員の多くは実効的発言力を欠いている。

5　グローバル・ガヴァナンスとトランスナショナルな市民社会からなるシステムの存在は、多国籍的で、かつトランスナショナルでグローバルな政治の新しい形態と結びついている。例えば、EUにおいて、イギリス政府はいくつかの争点で敗北することも起こりうる。また、WTOの貿易ルールは、すべての政府を等しく拘束し、貿易制裁を科すことによって政府にルールを強制することもできる。政府がより広い全体的目標へと社会化されるなかで、一国の利害は、国際組織に参加することによって、事実上、定義されることにもなる。したがって、例えば、イギリスの国防政策とNATOの国防政策との区別がつかなくなってきている。また、インターネットの存在によって、市民グループや社会運動は、政府を超えて、かなり早く、また容易に世論の動員と調整を期し、国境を越えて抗議できるようになっている。この点は、1999年にシアトルで開かれたWTOの交渉に際して起こっ

たデモに例示される。現代のグローバル化状況のもとでは、政治権力と抗議の組織化と行使は、もはや一国的ないしローカルな現象ではなくなっている。

政府も国民も、今までにない広いネットワークと多層型の、リージョナルとグローバルなガヴァナンスのなかにいる。実際、現代政治のグローバル化の形態と強度は、ウェストファリア的世界観の基本的前提に挑戦するものであるだけに、「容器としての国家」という政治生活観に重大な挑戦を突きつけている。とりわけ、変容論者たちは、政治空間と一国の領土とはもはや重ならないし、国民型の政府は自らと市民の運命を左右しうる唯一の存在ではなくなっていると指摘している。だからといって、国民型の政府と政治が、経済・文化・政治のグローバル化の力によって解体してしまったというわけではない。多くのグローバル論者が指摘しているように、国家は衰退しているのではなくて、その権力と権威が多層型グローバル・ガヴァナンス体制の脈絡のなかで再編成されているのである。

2.3 グローバル・ガヴァナンスのインフラストラクチャ

冷戦の終結以降、既存のグローバル・ガヴァナンスのシステムは世界中に広がり、その支配の及ばないグローバルな活動領域や国々はほとんどないといえる。第2次世界大戦後に成立した協力の機関と枠組みに依拠して、グローバル・ガヴァナンスのインフラストラクチャは、単一の権威中枢を欠きつつも、複合的で重層的なシステムを形成している。したがって、このシステムがポリアーキー的[*5]ないし多元主義的と呼ばれることが多いのは、国家と政府組織から多国籍企業に及ぶ多数の機関に依拠して、グローバルなルールと規範ないし政策で協力し合っているからである。このシステムについて考える方法のひとつとして、ガヴァナンスを3つの個別の層ないしインフラストラクチャに、つまり超国家（スプラステイト）、下位国家（サブ・ステイト）、トランスナショナルな層に分け（Scholte, 1997）、3つの層のあいだに国民型政府の層が挟まれているとするものがある。

各層は、独立しつつも結合して、ひとつの枠組みをなし、この枠組みにおいて政府と国民は自らの運命を左右するグローバルな、またローカルな状況と対峙し、権力行使の説明を求めている。次いで、このグローバル・ガヴァナンスの「レイヤー・ケーキ」モデルの、やや詳細な説明に移ろう。

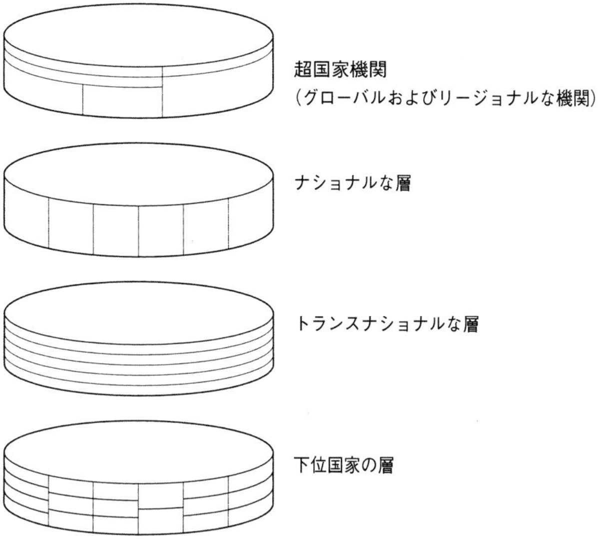
超国家機関
(グローバルおよびリージョナルな機関)
ナショナルな層
トランスナショナルな層
下位国家の層

●図4.8　多層型グローバル・ガヴァナンス—「レイヤー・ケーキ」モデル
出典：次より作成。Modelski, 1972

2.3.1　超国家の層

ここ50年間に、政府間組織の数が増えただけでなく、その支配とグローバルなインパクトも驚異的に広がっている。さらには、政府間の正式協定によって国際組織の誕生もみている。主要な政府間組織とより非公式の協力協定との区別は、通常、前者が選択受給型（カフェテリア）と定額受給型（ペンション）の制度をもっていることにある。つまり、ある種の自立的法人性を帯びていることである。また、この種の組織の会員は、今や、地球的規模に及んでいる。国際電気通信機構（ITO）のように、既存の国際組織のなかには19世紀に遡るものもあるし、国際労働機関（ILO）のように第1次世界大戦後の余波のなかで成立したものもあるが、250を優に超える圧倒的多数の国際組織は、1945年以降に生まれている。こうした組織の多くは、役割の点で、グローバルな活動の特定部門に責任を負っている。例えば、国際民間航空機関（ICAO）は航空輸送問題を対象としているし、国連やヨーロッパ安全保障協力機構（OSCE）などは、より広範な責任を負っている。こうした機能的・一般的機関のほかに、20世紀の最後の20年間に、各大陸にはリージョナルなグループや組織が急増した（表4.1を参照）。

EUが構成諸国間の統合過程を強めることになった。また、よりスローペー

■表4.1 1980年以降に結成された地域組織

	略語	設立年
東カリブ海諸国機構（Organization of East Caribbean States）	OECS	1981
湾岸協力会議（Gulf Co-operation Council）	GCC	1982
西アフリカ諸国経済共同体 （Economic Community of West African States）	ECOWAS	1983
南アジア地域協力連合 （South Asian Assosiation for Regional Co-operation）	SAARC	1985
アラブ・マグレブ連合（Arab Maghreb Union）	AMU	1989
アジア太平洋経済協力閣僚会議 （Asia-Pacific Economic Co-operation）	APEC	1989
ラテンアメリカ統合連合 （Latin American Integration Association）	ALADI	1990
ヴィスグラッド・グループ（Visegrad group）		1991
南部アフリカ開発共同体（South African Development Community）	SADC	1992
東南アフリカ共同市場 （Common Market for East and Southern Africa）	COMESA	1993
カリブ海諸国連合（Association of Caribbean States）	ACS	1994
グループ3（Group of 3- Colombia, Mexico, Venezuela）		1994
北米自由貿易協定（North American Free Trade Agreement）	NAFTA	1994
中央アフリカ経済金融共同体 （Economic and Monetary Community of Central Africa）	CEMAC	1994
西アフリカ経済金融共同体 （Union economique et monetaire ouest-africaine）	UEMOA	1994
南アメリカ共同市場（South American Common Market）	MERCOSUR	1995

出典：次より引用。Elazar, 1998, pp. 359

スで限定的であるとはいえ、地域統合のビジョンは他のリージョンでも同じように展開されている。NAFTA、APEC、MERCOSURでは、集団的意思決定制度を作り上げるというより、消極的統合を進め、構成諸国間の貿易と協力を妨害ないし減退させるような障害を取り除くことに重点が置かれている。とはいえ、リージョナルなガヴァナンスの協定は、グローバルな政治状況において、より確かな特徴となりつつある。実際、近年、リージョン間外交が浮上していることは、リージョンのブロックがグローバルな同盟関係や互恵協定を結ぼうとしていることにうかがわれる。この動向は、1990年代後期に提携航空会社間で進められたグローバルな提携関係にも認めることができる。

こうした超国家的活動の急増に戦略的方向を設定しようと、政府指導者たちは政府首脳間の公式会合（サミット）を開いてきた。一般的に、G8やEU評議会（EU構成国政府の首脳から構成される）のようなサミットは頻繁に開催されるようになっているだけでなく、その制度も充実と実質化をみている。G8が一種の「グローバルな重役会」とみなされることが多いのは、世界の最も経済的に（また軍事的に）強力な国家の指導者が集い、その共同決定ないし拒否権の行使が、グローバルな課題設定やグローバル・ガヴァナンスの政治に決定的影響力をもち得るからである。1999年6月のケルン・サミットで、G8は世界で最も貧しい負債諸国の債務の多くを放棄すると決定したが、この決定は、G8の構成国政府内において強力な諸勢力が反対する場合でも、断固たる行動力を取りうることを示すものである。

　超国家的ガヴァナンスの影響力は、イギリスでも、いくつかの点で明らかである。EUと国際組織の支配力が広がるにつれて、国内と地方の公共政策が、突然、ヨーロッパ的ないしグローバルな次元を帯びる場合が多くなっている。学校での体罰から違法麻薬に対する闘いに及ぶ問題について、国際社会は、それぞれ、ヨーロッパ裁判所とUNDCPという形で、公共政策の設定に発言権をもつに至っている。超国家的機関の管轄範囲の拡大とならんで、WTOのように、諸機関の政策がイギリスの市民に与えるインパクトも大きくなっている。WTOを例にとると、その主要な役割は貿易に対する一国の障壁を低くすることにあるが、ローカルなレベルの健康と安全の基準にとどまらず、国内生産者が海外生産者よりも不公正な競争上の利益を得ている場合には、その規準も問題にされることになる。

　イギリス政府が属している超国家的機関の範囲と数が膨大であるだけに、政府の中央機関は、今や、さまざまな審議の場でイギリスの代表として、多くの政府部局が採用している多様な立場を監視することが困難になっているし、いわんや、これに一貫性をもたせることはできなくなっている。実際、とりわけEUにおいては、強力な超政府型政策ネットワークないし政策集団が台頭しているだけに、主要な利害対立の区分は、必ずしも国民という線ではなくて、職務や部局で引かれるに及んでいる。したがって、イギリスの大蔵大臣を含むEUの蔵相たちが、共同農業政策予算をめぐって、イギリスの農業大臣を含むEUの農業相たちと対立するということも珍しいことではない。世界に向けて統一的意見を、つまり国益を訴えるというより、イギリス国家をモーツァルトのオペラにたとえれば、かなりの効果を期待して主役たちが声を合わせている

ようにみえても、調子はずれのメロディを歌っているにすぎないことになる。換言すれば、超国家的機関が台頭するなかで中央政府の断片化が起こり、イギリス国家は、もはや、グローバルな場で、常に統一的な行為をとることができなくなっていて、ときには一貫性のある国益を打ち出すことができないという事態も起こるということである。こうした断片化の感覚は、下位国家のネットワークとガヴァナンスの構造が強化されることによって深まることになる。

2.3.2 下位国家の層

　近年、グローバルな領域において、地方政府や下位国家の機関がそれぞれの文化的・経済的・政治的利害を促進しようとするなかで、両者の実質的役割は高まってきている。海外投資をよびこもうとするグローバルな競争が激化するにつれて、都市と地域や下位国家の諸機関は、グローバルとリージョナルなレベルで活動を強めている。こうした積極的姿勢には多くの形態があり、地方の外交使節を海外に派遣したり、グローバルとリージョナルな討議の場に代表を送ることから、地方自治体国際連合（IULA）のような公式機関の創設にまで及んでいる。こうしたメカニズムによって、下位国家の政府は重要な政策提起を行なうことができ、その国の中央政府を飛び越えて行なわれる場合も多い。また、ひとつの枠組みの形成をもって、違法な麻薬取引から環境汚染に至るまで、共通の、あるいは共有された問題に対処するために、協力してイニシアティブを発揮しうる状況にもある。

　イギリスの多くの地方政治機関（例えば、コヴェントリィ市）は、ブリュッセルに代表部を置いている。また、スコットランド政府を含めて、地方政府は、地域に重大な影響を与えるヨーロッパ規模の諸問題については、EUの地域委員会を通じて政策討議に多大の影響力を行使している。さらには、下位国家の諸機関は、グローバルなレベルで合意された多くの規準や方策を実施するにあたり、重要な役割を果たしてもいる。例えば、グラスゴー市議会は、リオ・デ・ジャネイロで開かれた1992年の国連地球サミットで合意をみた「アジェンダ21」に即して、地方の環境政策に多くのイニシアティブを発揮している。イギリス外務省は、なお、ヨーロッパにとどまらず広く世界におけるイギリスの利害の公式の代表機関であるとはいえるが、こうした利益の唯一の代弁機関ではなくなっている。エジンバラとカーディフやベルファストといった権限を委託された政府の代表者たち、およびマンチェスターやコヴェントリィのような多くの都市機関は、独自の国際的アイデンティティを創りあげようとしている。

地方社会はイギリスを代表する公的機関ではないとはいえ、ヨーロッパにとどまらず広く世界とかかわっているだけに、イギリス政府だけがこれに関与しているわけではなくなっている。

2.3.3 トランスナショナルな層

　前世紀には、一般的に、国際外交は承認された国家だけが参加できる活動を基本としていた。だが、国際連合やWTOのような超国家的組織が台頭するなかで、新しい舞台が生まれ、政府に比較して諸国民の発言力が高まる傾向にある。多くの政府間組織は、NGOやトランスナショナルな運動を討議に直接ないし間接に参加させることによって、自らの権威を正統化するとともに、多くの必要な専門知識も得ている。国際機関のなかで最も秘密主義的なWTOや世界銀行ですら、(大衆の圧力を受けて)トランスナショナルな市民社会の代表にオープンにならざるをえなくなっている。かくして、市民、コミュニティ、私的利益集団がグローバル・ガヴァナンスの運営と内容に組織的影響力を行使するなかで、グローバルな連帯型革命とグローバルな情報通信革命とが一体化したとも指摘されている (Rosenau, 1990)。環境保全運動から宗教運動に至るまで、公的諸問題のすべての領域には、NGOやトランスナショナルな運動を担い手として、生成期のトランスナショナルな市民社会の関心と利害が反映されている。

　トランスナショナルな運動のパワーや影響力は、国境を越えて共通目標を実現しようとする人々と資源を組織しうる能力に発している。グリーンピースのような、よく組織された大集団グループから、イスラム法ネットワーク下の女性の生活運動のような自然発生的グループに至るまで、トランスナショナルな運動には大きな多様性が認められるだけに、そのパワーと政治インパクトを一般化することは困難である。だが、総じて、多くのトランスナショナルな運動やNGOは、国家や多国籍企業が依拠しうるような経済的・財政的ないし政治的資源を欠いている。したがって、その影響力と政治的インパクトを測ろうとすると、その表面的能力は限定されがちなだけに、インフラストラクチャ型パワーの点から測定することがベストであろう。

　このインフラストラクチャ型パワーは政治戦略となって表われ、この戦略をもってトランスナショナルな運動と組織はグローバル・ガヴァナンスにおける発言権を得ている。その影響力は次のような方法で行使される傾向がある。
● 公衆の態度と利害およびアイデンティティの形成。

- ローカル、ナショナル、あるいはグローバルなレベルのいずれを問わず、その政治の課題設定を変更すること。
- 社会と市民にグローバルな、およびリージョナルな意思決定の場に近づく手段の供与。
- 道徳的・知的あるいは専門的権威の行使。
- 政府と国際機関および企業帝国が自らの行動と決定に責任を負わせるようにすること。

　例えば、有名なトランスナショナルな社会運動の例として、アムネスティ・インターナショナルを取り上げてみよう。この団体は、人々を国境を越えて動員することによって、人権意識の自覚を促し、諸権利についてグローバルな政治文化を創造することに寄与している。より具体的には、公然たるキャンペーンを展開し、また、イギリス外務省や国際連合およびILOのような多くの専門的機関に働きかけることによって、人権問題があっさりと忘れ去られないようにすることで、グローバルな課題の設定を期している。課題設定とならんで、アムネスティ・インターナショナルは、また、イギリスなどの国家の政府の直接的コントロールの外に制度的装置を置き、個々人がグローバルな問題に参加しうることを期している。その形態は多様で、文書キャンペーンから特定の人権侵害に対する抗議運動にまで及んでいる。いくつかの脈絡に即してみると、アムネスティ・インターナショナルのような機関は、かなり独自の権威を行使しているといえよう。こうした機関は、個別の大義を掲げ、普遍的規範を擁護するなかで、グローバルな問題において一定の道徳的権威を発揮している。さらには、人権擁護法に関する専門知識と経験をそなえているだけに、かなりの専門的権威も認められている。アムネスティ・インターナショナルは、自国ないし他国の市民に対して政府が行なった人権侵害に関する定期的報告書を出している。この報告書は、国家が人々に説明責任を負うというグローバルなシステムと文化の創造の中心的役割を果たしている。

　もちろん、すべてのトランスナショナルな運動やNGOがアムネスティ・インターナショナルと同様の資源に恵まれているわけではないし、世界中の人々がすべて、このようにグローバルな問題に参加できる平等な機会を持っているわけでもない。トランスナショナルな市民社会においても権力の不平等は存在し、これにはイギリス社会の不平等よりもはるかに顕著なものがある。例えば、アフリカではトランスナショナルな運動やグローバルな影響力をもったNGO

がほとんどみあたらないように、リージョン間には不平等が存在しているだけでなく、こうした不平等は、国境を越えた経済や性差、情報やエスニックの不平等と複合している場合が多い。いかに多様であれ、トランスナショナルな市民社会は、なお、世界の人々を代表していないことは明らかである。

　トランスナショナルな市民社会の最も顕著で強力な支持基盤の中には、グローバルな企業帝国の利害やグローバルな資本とビジネスの利益を代表する主体も含まれている。例えば、1977年のゼネラル・モーターズの世界売上高はフィリピンの国民所得のほぼ2倍に及んでいるし、ギリシャの国民所得は三菱やロイヤル・ダッチシェル・グループの世界売上高よりも少なかった（UNDP, 1999, p.32）。

　膨大な可処分資源を有しているし、多くの政府と政府機関が経済成長を至上命題としているだけに、多国籍企業や多くのトランスナショナルなビジネス団体は、例えば、世界経営者協議会（World Business Council）にみられるように、企業利益の代表として台頭し、グローバル経済のガヴァナンスにおいて特権的地位を得るに至っている。しかも、地球温暖化であれチリの人権抑圧問題であれ、経済的利害ないし打算と切り離しうる問題はほとんどないだけに、その影響力は、経済的次元をはるかに超えるに及んでいる。

2.4　グローバル政治：変容論者の場合

　変容論者に従えば、「容器としての国家」というメタファーよりも、「フローの空間としての国家」が、グローバル化する世界の、より正確なメタファーとされることになろう（図4.9を参照）。政府活動の国際化と社会のトランスナショナル化とは、権力と政治が領土的境界を越えて広く浸透することである。政治活動と統治課題が国境を越えるに及んで、グローバル政治とは別の形態が登場しつつある。

　変容論者によれば、グローバル政治という概念は、一国の政治や国家間の政治が、つまり、伝統的な地政学がもはや無意味になったということではなくて、両者が、国境を越える社会・経済・政治の諸関係のきめ細かい網状組織に埋め込まれているだけに、領土的に排他的というより、重複型の**運命共同体**[*6]が形成されているということを表している。「グローバルな隣人社会」において、政治とは権力と公正の追求であると理解すると、究極的にはグローバル政治となる。

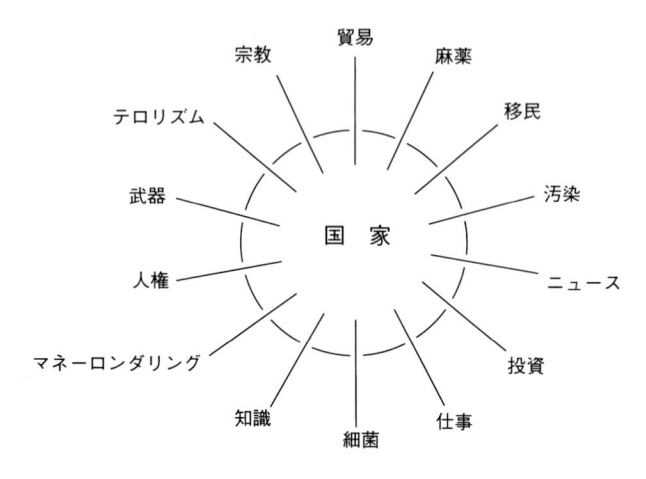

●図4.9　フローの空間としての国家　出典：次より作成。Scholte, 1997

> **要約**
> - 変容論者は、グローバル政治の出現によって国家が終焉したといっているのではなくて、国家権力の再配置が起こったと論じている。
> - グローバル政治とは、重複型の運命共同体が存在しているとし、また、人類の諸問題の対処においても多層型のグローバル・ガヴァナンスが重要であるとするものである。

3　グローバルな隣人たちを統治する

　違法な麻薬取引との闘いに主導権を発揮することとならんで、1998年にバーミンガムで開かれたG8サミットでは、国際金融のガヴァナンス改革について重要な施策が発表されている。というのも、前年に、グローバル金融市場の投機家たちがタイのバーツ平価の猛烈な切り下げに乗り出し、これが他の東アジア経済に対する投資家の信頼を切り崩し、1930年代以降、この地域を襲った経済危機の最悪事態をよんだからである。東アジアの経済危機は、国際金融システムの不安定化をよび、全世界の景気後退化のシグナルとなった。かくして、多くの都市銀行や投資基金が東アジアの経済危機の高まりにさらされ、イギリスのウェールズや北東部のコミュニティは、韓国や日本の企業がヨーロッパにおける拡大計画を縮小するに及んで、一夜で失業するのではないかと恐れた。

同様の事態はヨーロッパとアメリカ大陸でも起こった。合衆国大統領は、この事態を、1930年代以来の最も深刻でグローバルな金融危機であると述べている。グローバルな景気後退を阻止しようと、アメリカ合衆国、ドイツ、日本、イギリスの主要な経済列強は政策的対応を調整するとともに、IMFや世界銀行の融資をもって、第2次世界大戦後最大の多国間金融救済策に訴えている。バーミンガム・サミットで、こうした諸国はグローバルな金融市場のパワーをどのように規制するかについて、その合意を追求した。

　変容論者からすると、東アジアの危機は、グローバル化が諸国家とグローバルな市場との権力バランスの移動にどの程度に及んでいるかを示すものであるとみなされる。彼らは、また、この危機は、世界経済の安定化という点で、グローバルな経済的ガヴァナンスが主要な位置にあることを明らかにしたと論じている。極めて重要な諸決定がIMF、およびニューヨークとロンドンなどの多国籍銀行と投資会社によって行なわれている。こうした決定は、世界中のすべての国民と社会や家庭の経済的安全と幸福に決定的な意味を帯び、私たちの年金の価値や南ウェールズの労働者の仕事から、（インドネシアのジャカルタから400マイル東の）モジョケルトに住むサラメットさんの人力車稼業にまで及んでいる。金融危機のなかで、サラメットさんは、指示された鎮痛剤を買うだけのお金がなかったので、母親が苦しみながら死んでいくのを黙って見ていなければならなかったし、自分の子供が飢えるのを座視していなければならなかった（Kristof and Wyatt, 1999）。実際、東アジアの金融危機にどのように対処するかとなると、今日のグローバル・ガヴァナンスの形態が、とくに、それが民主主義的に信頼できるのかという本質的疑問が浮上した。すなわち、グローバル・ガヴァナンスの既存のシステムはだれの利益のために機能しているの

●図4.10　サラメットさん　東アジア経済危機の犠牲者

か、グローバル・ガヴァナンスはどのように運営されているのか、グローバルなルールはどのようにして定められ、実行されているのか、このシステムはどの程度に、また、だれに対して責任を負っているのか、権力はどこに帰属しているのか、こうした疑問である。

こうした疑問に応えようとすると、グローバル・ガヴァナンスの既存の理論に依拠する必要が起こる。グローバル政治の研究から、グローバル・ガヴァナンスに関して3つの異なる説明が生まれている。次に、これを簡単に検討しておこう。この3つの説明は、ここでは、伝統論者、グローバル論者、変容論者として括っておくことにする。

課題 4.2

この3つの説明を理解するために、以下の各節を学習しながら、下の要約表の空欄を埋めていきなさい。

■表4.2 グローバル・ガヴァナンスの諸理論（要約表）

	伝統論者	グローバル論者	変容論者
主な主体／支配の機関			
支配者はだれか？			
だれのために？			
どのような手段で？			
どのような目的に？			

3.1 ヘゲモニー的ガヴァナンス——伝統論者の議論

　1997年末に東アジアの金融危機が最も高まるに及んで、日本政府は東アジアの諸政府によって共同管理される地域基金を設けようとしたが、合衆国財務省とホワイトハウスはこの提案を拒否している。この基金は、この危機で大打撃を受けた韓国のような諸国に財政援助を行なおうとするものであった。この提案がアメリカにとって受け入れがたいものであったのは、この種の地域基盤型基金によって、援助受け入れ国が極めて重大な経済と財政の改革を課されないようにするのではないかと恐れたからである。むしろ、合衆国財務省は、IMFの援助をもって多角的金融救済政策を企画した。これは、1,160億ドル以上に及び、第2次世界大戦後のヨーロッパ援助であるマーシャル・プラン以来のものである（Godement, 1999）。とはいえ、東アジアの債務上昇の矢面に立つのはアメリカの銀行というより、すべてヨーロッパの銀行であった。さらには、この危機が他の地域に波及することを恐れて、（イングランド銀行に相当する）アメリカの連邦準備銀行は救済活動にのり出し、国内利率を引き下げた。これによって、世界経済は上昇に転じ、グローバルな景気後退に陥る下降スパイラルの可能性は避けられた。アメリカは世界最大の経済であり、抜きん出たヘゲモニー的なグローバル・パワーであるだけに、東アジア金融危機に占めるアメリカの役割は決定的であった。

　ヘゲモニー的ガヴァナンス[*7]という現代的理論の今日的例として、1997〜98年の東アジア危機に対するアメリカの対応が挙げられるが、これはユニークなものであったといえよう。伝統論者の説明の特徴は、国家間システムにおける権力構造を、とりわけ権力ヒエラルキーがグローバル・ガヴァナンスの形状をどのように規定しているかを強調することにある。冷戦期に、ソヴィエト社会主義連邦共和国とアメリカ合衆国がグローバルなヘゲモニーをめぐる対抗に終始していた局面にあっては、グローバル・ガヴァナンスの形状は今とはまったく異なるものであった。グローバルなレベルで実効的行動を起こそうとすると両国の同意が必要であったし、また、世界社会が直面している重要問題について合意をみることはまずなかったから、国際連合や多くのグローバル・ガヴァナンスの諸機関は、事実上、政治的機能不全に陥ることが多かった。冷戦後、アメリカは唯一のグローバルな超大国となった。アメリカは、世界を管理するために、諸資源を充て、これに傾注することを主要な関心としているわけではないとしても、なお、グローバル・ガヴァナンスのほとんどの局面について決定的拒否権を握っている。ヘゲモニー的ガヴァナンスという伝統論者の理論が

指摘しているように、アメリカのような諸列強は、自国にとどまらず世界の法律を制定したり、あるいはグローバル・ガヴァナンスの諸機関を直接コントロールしているわけではなく、むしろ国連のような国際組織において拒否権を行使し、あるいは、こうした組織を回避しうるだけの能力を備え、グローバルな諸問題に多大の影響力を行使しているのである。

　要するに、ヘゲモニー的ガヴァナンスという伝統論者の理論にあっては、グローバル・ガヴァナンスの構造と形状および成果の形成という点で、時代の支配的（諸）列強が決定的に重要であるとされていることになる。さらには、この議論には、多くの一般的印象とは違って、グローバル化とは、多くのグローバル論者が主張しているようにコントロールを欠いたものではなくて、アメリカ指導型の自由世界秩序の所産であることが示唆されている。この点で、グローバル化とは、アメリカ化に、すなわちアメリカの文化と政治権力および自由主義的資本主義の拡大にほかならないとみなされている。

3.2　グローバル資本の支配はＯＫ！──グローバル論者の議論

　『ひとつの世界の準備はできたか（*One World, Ready or Not*）』と題する著書で、ウィリアム・グレーダーは、資本主義がグローバル化するにつれて、アメリカのような最強の国家でさえ、グローバル市場の掟に飲み込まれていることに気づくことになったと論じている（Greider, 1977）。国家主義的視点からヘゲモニーを考えると、アメリカが唯一のグローバルな超大国となるが、この点では、もっとラディカルなグローバル論者は、グローバルな企業資本のヘゲモニーやここ数十年のグローバルな資本主義秩序の新しい形態が強化されていることを強調する。この説明からすると、グローバル・ガヴァナンスのインフラストラクチャは、エリート、企業、官僚ネットワークからなる強力な超国民的社会諸勢力に握られていて、その中心はアメリカにあるものの、その富と権力および特権は、グローバルな法人資本主義の再生産や拡大と結びついていることになる。したがって、アメリカの銀行のなかで東アジアの危機のあおりを受けたものはほとんどなかったとはいえ、アメリカ財務省とIMFは、グローバルな金融システムの安定のために直ちに行動している。さらには、必要な借款の増加を受ける見返りとして、IMFは東アジアの諸国に経済改革を求めたが、これは、例えば、ルノーと日産の合併や合理化をよび、広く、この地域においてグローバルな資本が権力を強化する新しいチャンスを生んだとされる。

こうしたラディカルな説明の基礎となっているのは、グローバルな資本主義が支配的位置にあるとする世界秩序観である。つまり、政治的諸帝国と企業諸帝国とは入れ替わったとする考えである。グローバル・ガヴァナンスの運営と内実は慣習法によって形成されており、これが、国民の福祉や自然環境をしばしば犠牲にして、グローバルな資本の利害と課題を自動的に優先させることになる。実際、グローバル・ガヴァナンスの諸機関と国民国家の諸装置は、実質的にグローバルな市場の諸原理とグローバルな蓄積要請に、すなわち、利潤追求の要請に従っており、資本主義的秩序を維持・管理するための伝動ベルトとなっているとされる。

東アジアの経済危機に関するグローバル論者の解釈からすると、この危機への対応は、グローバルな金融システムの安定が崩れ、あるいは世界が景気後退に引きずり込まれないうちに、危機を和らげ、解決するために協力するということである。この点で、政治家と大蔵大臣や中央銀行首脳、さらには官僚と企業体および多国間機関からなるトランスナショナルなエリート・ネットワーク(**コスモクラシー***8)の存在を明らかにしたことになろう。要するに、グローバル・ガヴァナンスの既存システムは、グローバルな資本主義体制を育て、正統化し、守るための組織にほかならないということである。

3.3　民衆のパワー——変容論者の議論

変容論者の説明においても、グローバル・ガヴァナンスを理解するには列強とグローバル資本が重要であるとされてはいるが、伝統論者とグローバル論者の説明にみられるような決定論は拒否されている。というもの、変容論者は、いずれの解釈にあっても、主体を犠牲にして構造が強調されているとするからである。この点で、変容論者の説明は、グローバル化によって起こった政治とガヴァナンスの構造ないし脈絡の変化のみならず、グローバル・ガヴァナンスの運営と内容の形成に占める政治的主体に重要性を認めようとするものである。この意味で、決定論というよりも再帰性が強調されることになる。したがって、グローバル・ガヴァナンスの意味という点で、彼らは人民の力の重要性や専門家の役割を強調することになる。

グローバル主義的説明のすべてというわけではないが、グローバル・ガヴァナンスの諸機関は「(グローバルな)ブルジョワジーの執行委員会」にすぎないと論じられることがある。しかし、これは安易すぎるであろう。経済のグローバル化という用語は、18世紀の大西洋奴隷貿易の反対キャンペーンから1970

ボックス4.1　事例研究――「ストップ・ザ・MAI」キャンペーン

　パリのOECD本部の地階2号室は、主として、西側の金持ち工業諸国のクラブであり、1996～99年には、実質的に対外投資のためのグローバルなルールを確立するための一連の秘密外交の場と、つまり、多国籍企業の国際投資の基本ルールを確立するための場と化していた。多角的投資協定（Multilateral Agreement on Investment, MAI）はEUの提案で成立し、WTOの課題を補い、多国籍企業の投資に対する障壁を低くすることによって貿易の自由化を進めようとするものであった。

　MAIの政治的重要性は、当時のWTO総裁によって認められ、「……単一のグローバル経済の憲章の起草」であるとされた（Barlow and Clarke, 1998, p.33）。この意味で、MAIは、多国籍企業が海外で活動するための「権利章典」を採択しようとするものであったといっても誇張とはいえまい。したがって、多国籍企業に関して国民型政府の参加を経ないで、その管轄権と権威を見直すものであった。

　争点には政治的に微妙な問題があるだけに、交渉がうまくいってはじめて、その討議の存在と協定草案が公にされた。このことは、公式筋からではなく、主としてグローバルな「ストップ・ザ・MAI」キャンペーンから明らかとなった。

　条約草案の準備に際しては、国際的実業界出身者のみならず、OECDの官僚たちも主要な西側諸国の意見を求めていたが、こうした諸国出身のキャンペーンの多くは環境NGOや労働NGOによって始められ、調整された。志を同じくする労働・人権・女性・環境・社会の諸団体間でMAIに対する国民的反対運動を構築することによって、「ストップ・ザ・MAI」キャンペーンは、グローバル化に関する国際フォーラムのようなグループを通じて、多様な国民的キャンペーンを調整しようとした。その目的は、OECDの交渉にみられる内紛を激化させるとともに、最も強い公的圧力が有効である場合には、これに訴えることにあった。MAIに対して請願とデモや反対運動が広く組織された結果、オーストラリアとアメリカの議会では公聴会を開かざるをえなかった。イギリスにおいても、「ストップ・ザ・MAI」キャンペーンは国民的請願を繰り返し、国会議員にロビー活動を行なった。インターネットのネットワーク化によって、多くの国において、また、多様なNGO間で直接行動と反対運動の戦略的調整が可能となった。MAIを政治化することによって、NGO主導下のキャンペーンはイニシアティブを握り、課題を自由化の問題から国民の経済主権という極めて情緒的問題へと転換させようとした。こうして、OECDの内紛が昂じ、また、政府が、MAIがほのめかした主権喪失に対して公然たる反対運動が起こることを恐れるなかで、この交渉は失敗し、1999年の初めまでには、条約草案はしばらく棚上げされることになった。

年代の新国際経済秩序を目指した第3世界の要求に至るまで、つねに論争の的とされてきた。さらには、この数十年間に、リージョナルな、またグローバルな諸機関の権威が高まり、新しい舞台が生まれるなかで、経済のグローバル化という用語はつねに論争の的と化している。また、政治活動のグローバル化とともに新しい「ネットワーク政治」が出現し、グローバル資本の支配に対して抵抗を動員し組織することで、グローバルな市場とグローバルな諸機関を世界の人々のために活かし、その逆転を阻止しようとしている。この「下からのガヴァナンス」は、新たな抵抗の政治とトランスナショナルな動員の例である。これにはいくつかの注目すべき成功例があるが、そのひとつとして、グローバルな「ストップ・ザ・MAI」キャンペーンがある（ボックス4.1を参照）。

いくつかの点で、グローバルな「ストップ・ザ・MAI」運動は、インターネットとネットワーク政治を利用し、トランスナショナルな市民社会を動員、組織することによって、経済のグローバル化という至上命令にうまく挑戦しえたという点では、最初の主要なキャンペーンの位置にある。MAIの支持者の一人は次のような結論を導いている。

　　……ＭＡＩの運命はひとつの警告となる。政策決定者は、これよりも確かな基盤を準備すべきである。また、自らの活動の政治的脈絡が変化したと理解すべきである。国際的自由主義経済論者たちは新たな論法と新たな組織化の方法を発見しているが、これには抵抗すべきであろう。(Wolf, 1999)

だが、下からのガヴァナンスは、意義を失うどころか、社会や市民がグローバル・ガヴァナンスの諸機関に責任を負わせるチャンネルとして、その意義を強くしている。グローバルな隣人社会のなかで、コミュニティ政治が新しい弾みをつけていることは、1999年12月に抗議者たちがWTOに反対した「シアトルの闘い」に明らかである。だが、専門家によるガヴァナンスにも同様に重要なものがあろう。

グローバルな金融市場から違法な麻薬取引に及ぶグローバルなシステムと相互交流ネットワークができあがるなかで、グローバル化は**体系的危機**[*9]を生み出した。この点は、例えば、東アジアの経済危機現象で露呈したグローバルな金融のメルトダウンの脅威に明らかである。体系的危機は、世界のあるリージョンの社会の運命と何千マイルも先の展開とを結びつけることになる。実際、グローバル化は、グローバルな「**リスク社会**」[*10]を生み出す。リスク社会にお

●図4.11　1909年の上海会議　違法麻薬貿易を規制するための最初の試み

いては、社会生活の多くの側面は専門家たちによって、つまり、専門的知識と経験を積んだ人々によって統治されるようになるので、極めて重要な多くの側面を含めて、グローバル・ガヴァナンスの日常業務の多くは職能的ないし専門的な機関の役割となる。かくして、UNDCPが違法麻薬のグローバルな闘いの多くの専門領域を規制し、国際民間航空機関の専門委員会が航空安全基準のグローバル規準を立法化することになる。実際、違法な麻薬取引を規制することは、麻薬カルテルと世界関税同盟のいずれの場合であれ、高リスクと専門家によるガヴァナンスがとりわけ明らかな領域である。

　違法な麻薬貿易を阻止するための国際協力の開始は1909年の上海会議に遡る。それ以来、取引防止からマネーロンダリングに及ぶあらゆる領域において、専門家の指導のもとでグローバルなルールとプログラムが設定され、実施されてきた。政治家や外交官は（1988年の麻薬と精神性薬物の違法取引に関する国連規約のように）グローバルな規制に関わる一般的原則を設定しているが、詳細な交渉と実施の多くは専門家に委ねられており、その領域は法執行機関から「違法物質」の定義を任務とする化学者にまで及んでいる。主要生産国の地域栽培ないし麻薬の教育と防止のいずれについても、専門知識を備えたNGOも規制プロセスの中心にあるだけに、このプロセスにかかわる専門家の数は着実

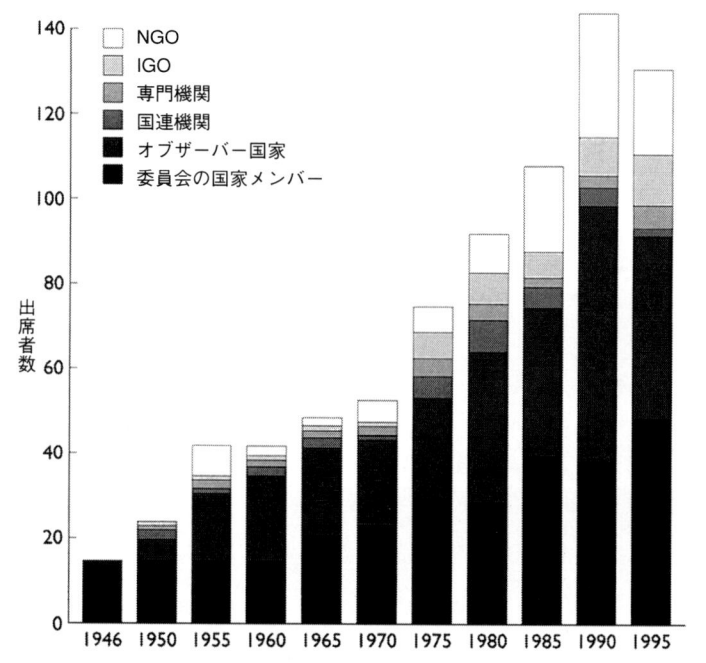

●図4.12　麻薬委員会の出席者状況　出典：UNDCP, 1997

に増加している（図4.12を参照）。

　麻薬問題は、健康、教育、治安、関税、法律、金融、道徳のいずれを問わず、公共政策の多くの分野に及ぶので、専門家や専門知識が支配する場となる。これは、多くの点で、違法な麻薬取引についても妥当する。というのも、この産業が「……危機管理不足の危険をかかえている」なかで（UNDCP, 1997, p.129）、麻薬取引は極めて専門的取引となり、多国籍企業と同様の方向で組織、運営されているからである（図4.13を参照）。

　違法麻薬取引はキャッシュという魅力ともなるので（「アメックスカードかい？　お断りだね！」）、例えば、麻薬資金のロンダリングは極めて専門的となり、専門的ビジネスとなっている。周知のように、「ロンダリング」操作には、固有の専門的きまりと手法がある。これには、キャッシュがビジネスに戻る最終段階までに、予洗、セット、洗浄、種別、総合と呼ばれる作業が含まれており、その組織化は、発覚を避けるために世界的規模に及んでいる（Booth, 1996, p.335）。

　グローバルな麻薬規制の領域にはトランスナショナルな専門家のコミュニテ

176

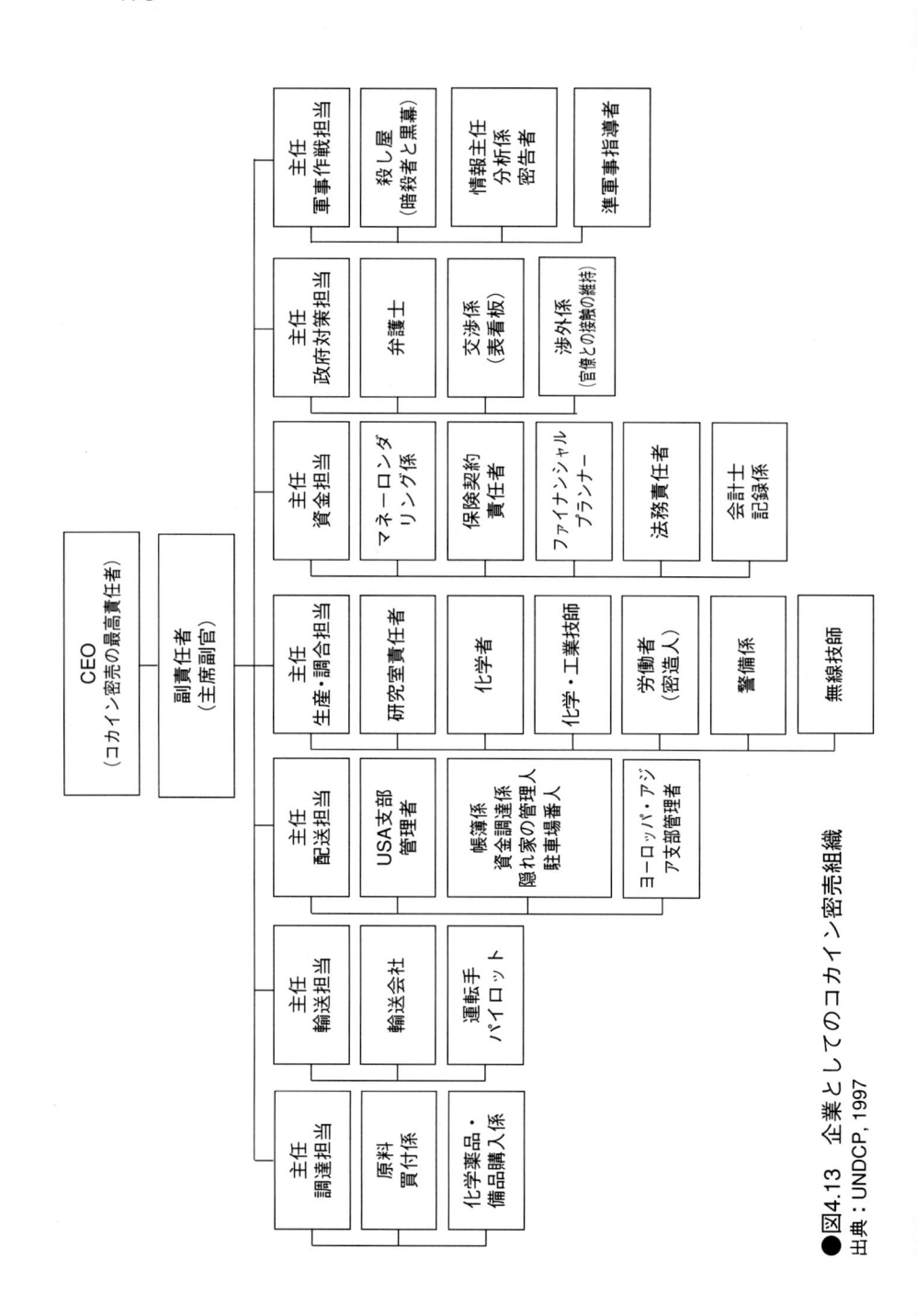

```
CEO
(コカイン密売の最高責任者)
    │
副責任者
(主席副官)
    │
    ├─── 主任 調達担当
    │     ├─ 原料買付係
    │     └─ 化学薬品・備品購入係
    │
    ├─── 主任 輸送担当
    │     └─ 輸送会社
    │         └─ 運転手 パイロット
    │
    ├─── 主任 配送担当
    │     ├─ USA支部管理者
    │     │   └─ 帳簿係／資金調達係／隠れ家の管理人／駐車場番人
    │     └─ ヨーロッパ・アジア支部管理者
    │
    ├─── 主任 生産・調合担当
    │     ├─ 研究室責任者
    │     ├─ 化学者
    │     ├─ 化学・工業技師
    │     ├─ 労働者(密造人)
    │     ├─ 警備係
    │     └─ 無線技師
    │
    ├─── 主任 資金担当
    │     ├─ マネーロンダリング係
    │     ├─ 保険契約責任者
    │     ├─ ファイナンシャルプランナー
    │     ├─ 法務責任者
    │     └─ 会計士 記録係
    │
    ├─── 主任 政府対策担当
    │     ├─ 弁護士
    │     ├─ 交渉係(表看板)
    │     └─ 渉外係(官憲との接触の維持)
    │
    └─── 主任 軍事作戦担当
          ├─ 殺し屋(暗殺者と黒幕)
          ├─ 情報主任 分析係 密告者
          └─ 準軍事指導者
```

●図4.13 企業としてのコカイン密売組織
出典：UNDCP, 1997

ィが存在していて、国際社会が麻薬問題にどのように対応するかという点では、その影響力に決定的なものがある。このトランスナショナルな、あるいは（知識ないし専門知識に基づいた）知的コミュニティの強さは、アメリカとイランとの外交関係はあまりないとはいえ、違法麻薬に対する「戦争」では両国の麻薬機関が協力しうるという事実からも明らかである。**認識群団**[*11]は、違法麻薬は専門的ないし手続き的問題であって、専門家の解決に委ねることが最善であるとすることによって、この問題を脱政治化している。専門的な知識と理解が、グローバル・ガヴァナンスのプロセスに参加し、また、これに寄与するための第一の要件となっている。かくして、政策決定は、知識や専門的ルールと専門知識の適用と解釈をもって正当化されている。この点で、ウィナーは次のように指摘している。すなわち、この種のテクノクラート的価値体系が意味していることは、

> ……実際の投票が非常に高度の専門的知識に基づいて行われるということである…。この水準で投票登録しうるには、専門家としての十分な要件を備えていることを示す必要がある。知識のないものや時代遅れの知識しかもたないもの、ないしは当該の問題にふさわしくないものは票決から締め出されることになる。この取決めで締め出される人々のなかには、あらかじめ厄介な存在とされる人々、つまり、平均的市民、主権者たる消費者……土着の政治家がいる。(Winner, 1997)

環境問題から安全な航空輸送に至るまで、グローバルな多くの問題の規制がテクノクラートの価値体系に服しているがゆえに、グローバル・ガヴァナンスの民主的要件からすると、重大な問題が浮上することになる。

課題 4.3

ここまでのところで、課題4.2で設定した空欄を完成したいと思うであろう。これをすませたうえで、次の表と比べてみよう。

課題 4.3 のコメント

次ページの表4.3を参照。

変容論者からすると、以上の3つのグローバル・ガヴァナンス論は、矛盾しているというより補完的なものとみなすべきものとされる。というのも、それ

■表4.3　グローバル・ガヴァナンスの諸理論（要約表）

	伝統論者 （ヘゲモニー型ガヴァナンス）	グローバル論者 （グローバルな資本の支配）	変容論者 （テクノクラート型ガヴァナンス、下からのガヴァナンス）
主な主体／支配の機関	支配的諸国家	グローバルな法人と金融資本	認識群団 NGOと社会運動
支配者はだれか？	ヒエラルキー ヘゲモンとしてのアメリカ	コスモクラシー 超国民的ビジネス文明	ポリアーキー 多様な社会諸勢力と利益諸集団
だれのために？	国民的・戦略地政学的利益	グローバルな資本	個別的・集団的人々と地球的利益
どのような手段で？	強制と同意	構造的権力 国民国家の行動をグローバルな市場によって規制する	知識、手続き、および専門的審議の適用 国境を越えた動員 超国民的連合の形成
どのような目的に？	ヘゲモニー的利益に連なるグローバルな秩序の維持	グローバルな資本主義的秩序の安定と再生産	能率的で責任ある効果的なガヴァナンス 上からのグローバル化に対抗し、抵抗する

それがグローバルな権力関係の個別の次元を考察していると考えられているからである。実際、次の3つの主要な構造に照応し、これが一体となって、現代のグローバル・ガヴァナンスと世界秩序のありようを規定している。

- 地政学と国家間システム
- グローバルな資本主義的生産システム
- グローバルな社会システム

世界はどのように、だれによって、だれのために統治されているかを理解しようとすると、上記の構造は、国家権力、企業権力、人民の権力の重要性と結びつくことになる。これを補完的にとらえると、変容論者の説明は、最強の諸国家と資本主義的社会諸勢力の戦略的重要性を認めるとともに、これを踏まえて、重要なことに、現代世界の統治様式を形成している多元的な政治諸勢力の考察にも及んでいる。

| 要約 | ● グローバル・ガヴァナンス論には、伝統主義、グローバル主義、変容主義がある。変容論者の説明は、グローバル・ガヴァナンスの諸構造の形成という点で、ヘゲモニー諸国家とグローバル資本主義が重要であるとしつつも、これを過度の決定論から説明しているわけではない。
● 変容論者の説明は、下からのガヴァナンスと専門家によるガヴァナンスを強調し、これと伝統論者やグローバル論者の議論と結びつけようとするものである。 |

4 権力移動——国民型政府の位置設定

変容論者は、グローバル化のなかで国民型政府の権力と権威の再配置が起こっているとする。イギリスのEU加盟が示しているように、主権の内実は旧態とは異なるものとなっている。ウェストファリアの国家観は変容しつつある。この点で、今や、ポスト主権型ガヴァナンスの時代に入っているとする論者もいる（Scholte, 1997, p.72）。だが、この変容の本質とはいったいどのようなものなのであろうか、また、どのような意味で国家権力の再配置が起こっているのであろうか。

課題 4.4

2.1節でウェストファリア体制の諸原理について論じたので、そこで挙げた5点をあらためて想起しておきたいと思うであろう。そこで、変容論者が論じていると理解したことをベースに次の空欄を埋めなさい。この空欄の検討が論点を確認する手だてとなるはずです。

課題 4.4 のコメント

変容論者は、国民型政府ないし国民国家が末期的局面を迎えているとか、グローバル化の諸力によって蚕食されていると主張しているわけではない。むしろ、いくつかの基本点で、例えば、租税と財源の徴収や市民生活への介入という点で、さらには敵国に対する核の脅威という点でも、現代のイギリス国家の能力には、以前よりも強力であるとはいえないまでも、なお強力なものがある。とはいえ、国家に対す

■表4.4　ウェストファリア体制の変容

	ウェストファリアの理念	ポスト・ウェストファリア体制
領域性		
国家主権		
国家の自律性		
至高性		
アナーキー		

る要求が不断に強まっていることも事実である。グローバルな、リージョナルな、ローカルな勢力に挟まれて、イギリス政府は自らの役割と機能を調整し、再定義せざるをえなくなっている。この点で、グローバル化には多層型グローバル・ガヴァナンス化という構造転換が内包されているだけに、国家も、これに適合せざるをえない状況にある。こうした国家権力の再配置をいくつかの点で認めることができる。

- 「領域性」

　ウェストファリア体制は政治空間を領域的に区別するという原理を基礎としており、これが近代国家の基礎となった。だが、こうした政治空間の概念は、今や、政治権力と権威がローカルからグローバルなものにまで多様な規模で組織され、行使されるに及んでいるだけに、こうした世界との矛盾を深めているようにみえる。行政目的からすると、国境と領域は、なお重要であるとしても、これだけで政治生活と政治共同体の空間的表象とはなりえない状況が起こっている。グローバル化のなかで、運命共同体の重複化と国境を越えた諸問題が政治的コミュニティと政治権力の新しい地勢を規定している。

- 「国家主権」

　国民型政府の至上の権力と権威は、つまり、固有の領土空間を支配する国家の権限は再定義されつつあるとはいえ、必ずしも蚕食されているわけではない。他の政府や機関とのトランスナショナルな支配のシステムという脈絡において、国家は、今や、最高権力の法的根拠というより、交渉手段として主権に訴えている。この多層型ガヴァナンスからなる複合的システムにあっては、主権は多様なレベルの公権力諸機関のあいだで交換、共有、分割されている。ウェストファリアの主権概念において、主権は不可分で、領土的に排他的な公的権力であるとされているが、この概念は公的権力と権威の共同行使であるとする新しい主権概念に換わりつつある。

- 「国家の自律性」

　グローバル化によって「国家の終焉」が起こっているわけではなくて、より積極的国家が台頭している。これは、個別国家の国内目的を実現しようとすると、国民型政府は広範な多角的協力や共同関係を結ぶことを強いられることになるからである。国家は、グローバルとリージョナルなガヴァナンスの枠組みに包み込まれる状況を強くしているだけに、現実のジレンマにも直面している。つまり、違法な麻薬取引の停止や雇用の創出のいずれにおいてのことであれ、より効果的な公共政策を展開し、国民の要求に応えようとすると、国家の自治能力が、すなわち国家の自律性が切り詰められることになる。かくして、多くの領域で実効的ガヴァナンスと自治のいずれを重視するかという厄介な選択が浮上することになる。

- 「至高性」

　国家は、もはや、市民に対する権威の独占的保持者ではない。国家の上下で新しい公的権力のセンターが台頭し、また、多国籍企業からアムネスティ・インターナショナルのようなNGOに至るまで多くの私的諸機関が登場するなかで、国家の至高性は掘り崩されている。さらには、トランスナショナルな社会運動と組織も成長するに及んで、市民の忠誠心とアイデンティティを国籍ないし国民国家の成員であることだけで定義しようとしても、困難な状況が起こっている。

- 「アナーキー」

　現代の世界体制は、アナーキー的世界に、つまり主権国家を超える権威が存在しない状況にあるというより、**ヘテラーキー***12の状況にあるとするのが妥当であろう。さらに、違法な麻薬取引が例示しているように、国内と国際との区別は、国内問題が国際化し、国際的事項が国内化するなかで蚕食されている。

国民型政府の役割や権力と権威および機能は、グローバル化のなかで変容している。政治的権威と権力が国家の上下に、また横にも拡散するなかで、権力移動が進行している。新しい型の国家がじょじょに登場し、政治活動のグローバルな脈絡の変化を考慮したガヴァナンスの新しい公共哲学も生まれている。ウェストファリアの指令型で統制型の国家観は、再帰型国家(リフレクシヴ)あるいはネットワーク型国家に換わりつつある。**再帰型国家**[*13]は、グローバル、リージョナル、トランスナショナル、ローカルな支配とガヴァナンスのシステムの交点で自らの権力を再構成しようとしている。

要約
- 変容主義的説明は、国家の戦略的重要性のみならず、国家の現実的機能に占める構造的脈絡の変化も認識している。
- 国家権力の再配置とは、国家の衰退ではなくて、多様ではあるが、より積極的な国家の型を意味している。
- ウェストファリアの指令型で統制型の国家は、再帰型の、ないしネットワーク型の国家に換わっている。

5 むすび——「ウェストファリア」体制から多層型グローバル・ガヴァナンスへ

本章の第1節で、政治のグローバル化に関する現在の論争について、4つの中心的疑問を提起した。この疑問に返り、むすびとしておこう。

1 政治はグローバル化を強めており、この数十年間に、新しい形態のトランスナショナルな政治活動や組織が登場している。
2 グローバル・ガヴァナンスとは政治的調整過程であって、この過程において、グローバルな、あるいはトランスナショナルなルールを作り、これを実施するという課題ないし国境を越えた問題を処理するという問題は、共通目標ないし共同で合意した目的の実現を目指して、政府や（公的・私的）国際機関とトランスナショナルな諸機関で共有されている。伝統論者、グローバル論者、変容論者の3つのグローバル・ガヴァナンス論は、ガヴァナンスがどのように、だれによって、だれのために運営されているのかを説明しようとするものである。この点で、変容論者が、こうした説明を、総じて、補完的なものと受け止めているのは、これを一体的に受け止めるこ

とによって、グローバル・ガヴァナンスの本質の理解に極めて重要な構造的諸勢力と政治主体の力学が分析されうると理解しているからである。
3 国民型政府や一国型選挙民からリージョナルな、またグローバルなガヴァナンス・システムの生成へと向かっているだけに、グローバル化とは、現に、歴史的な権力移動を予示するものである。これは、また、グローバル・ガヴァナンスとトランスナショナルな市民社会の諸制度が世界的コミュニティを代表するものではない限り、民主政の欠如をも意味している。
4 グローバル化はもっと不安定で御しがたい世界（グローバルなリスク社会）と結びついている。この問題に対処するには、もっと代表制を強め、責任と対応力のあるグローバル・ガヴァナンスをつくることが求められることになる。

第4章 キーワード解説

*1 　G8
　　G7グループ（アメリカ合衆国、日本、ドイツ、フランス、イギリス、イタリア、カナダ）にロシアを加えたものである。
*2 　ウェストファリア体制　Westphalian system
　　人々が、主権を有し領域的に排他的な国民国家に組織されていること。
*3 　トランスナショナル化　Transnationalization
　　国境を越えて、ヒト、ビジネス、社会を結びつける接触とネットワークおよび組織が成長していること。
*4 　トランスナショナルな市民社会　Transnational civil society
　　グローバル政治におけるすべての非政府組織の共同活動。
*5 　ポリアーキー　Polyarchy
　　権力と支配の断片型システム。
*6 　運命共同体　Communities of fate
　　共通の運命ないし連帯感を共有している社会集団と共同体。
*7 　ヘゲモニー的ガヴァナンス　Hegemonic governance
　　時代の諸列強による統治。
*8 　コスモクラシー　cosmocracy
　　グローバルな資本主義エリート。
*9 　体系的危機　Systematic risks
　　グローバルな、また、リージョナルな活動から生まれる集団的危険と脅威。
*10　リスク社会　Risk society
　　進歩と、進歩から生まれる危険の管理とのバランスを期して

いる諸団体。
* 11 認識群団　Epistemic community
  専門家のトランスナショナルなネットワーク。
* 12 ヘテラーキー　heterarchy
  政治的権威がガヴァナンスの多層間で共有・分割され、多くの諸機関がガヴァナンスの課題を共有しているシステム。
* 13 再帰型国家　reflexive state
  グローバルなものからローカルなものに及ぶ権力の諸資源とネットワークを戦略的に調整することによって成立する統治。

参考文献

Barlow, M. and Clarke, T. (1998) *MAI―The Threat to American Freedom*, New York, Stoddart Publishing.

Booth, M. (1996) *Opium―A History*, New York, St. Martins Press.

Darnton, R. (1999) 'The new age of the book', *The New York Review of Books*, XLVI, 59.

Elazar, D.J. (1998) *Constitutionalizing Globalization,* New York, Rowman and Littlefield.

Gillan, A. (1999) *The Guardian*, 6 February 1999, pp.32-2.

Godement, F. (1999) *The Downsizing of Asia*, London, Routledge.

Greider, W. (1997) *One World, Ready or Not―The Manic Logic of Global Capitalism*, New York, Simon Schuster.

Hajnai, P.I. (1999) *The G7/G8 System*, Aldershot, Ashgate.

Held, D. and McGrew, A., Goldblatt, D. and Perraton, J. (1999) *Global Transformations: Politics, Economics and Culture*, Cambridge, Polity.

Kristoff, N. and Wyatt, E. (1999) 'Who sank or swam in the choppy currents of a worlds cash ocean', *New York Times*.

Modelski, G. (1972) *Principles of World Politics*, New York, Free Press.

Rosenau, J. (1990) *Turbulence in World Politics*, Brighton, Harvester Wheatsheaf.

Sandel, M. (1996) *Democracy's Discontent*, Harvard, Harvard University Press.

Scholte, J.A. (1997) 'The globalization of world politics' in Baylis, J. and Smith, S., *The Globalization of World Politics*, Oxford, Oxford University Press.

Taylor, P.J. (1995) 'Beyond containers: internationality, interstateness, interterritoriality', *Progress in Human Geography* 19, 1 March, pp.1-15.

UN Chronicle (1998) p.2, vol.35, no.2.

UNDCP (1997) *World Drugs Report*, Oxford, Oxford University Press.

UNDP (1999) *Globalization with a Human Face―UN Human Development Report 1999*, Oxford, UNDP/Oxford University Press.

Winner, L. (1977) *Autonomous Technology―Technics out of Control as a Theme in Political Thought*, Boston, MIT Press.

Wolf, M. (1999) 'Uncivil society', *The Financial Times*, 1 September, p.14.

さらに深く学ぶために

Giddens, A. (1999) *Runaway World*, London, Profile Books（アンソニー・ギデンズ、佐和隆光訳『暴走する世界――グローバリゼーションは何をどう変えるのか』ダイヤモンド社、2001年）。この書は強いグローバル主義の視点からグローバル化について論じている。

Held, D. and McGrew A., Goldblatt, D. and Perraton, J. (1999) *Global Transformations: Politics, Economics and Culture*, Cambridge, Polity. 経済から文化に至るグローバル化の、あらゆる主要な側面の歴史的研究。

Keck, M. and Sikkink, K. (1998) *Activists Beyond Borders*, New York, Cornell University Press. 女性運動から人権キャンペーンに及ぶトランスナショナルな市民外交に関する極めて興味深い研究。

Luard, E. (1990) *The Globalization of Politics*, London, Macmillan（イヴァン・ルアード、大六野耕作訳『グローバル・ポリティクス』人間の科学社、1999年）。グローバル・ガヴァナンスの諸機関に焦点をすえて、政治と政治権力がどのようにグローバル化されてきたかについて論じた独創的で手ごろな研究。

Modelski, G. (1972) *Principles of World Politics*, New York, Free Press. グローバル化とその意味に関する古典的研究。

Report of the Commission on Global Governance (1995) *Our Global Neighbourhood*, Oxford, Oxford University Press（京都フォーラム監訳・編『地球リーダーシップ――新しい世界秩序をめざして』日本放送出版、1995年）。グローバル・ガヴァナンスの諸機関の動態やその改革の方向について論じた極めて興味深い案内書。

略語表

APEC（Asian Pacific Economic Co-operation） アジア・太平洋経済協力閣僚会議
EU（European Union） ヨーロッパ連合
IGO（Intergovernmental organization） 政府間組織
ILO（International Labour Organization） 国際労働機関
IMF（International Monetary Fund） 国際通貨基金
MAI（Multilateral Agreement on Investment） 多国間投資協定
MERCOSUR（South American Common Market） 南アメリカ共通市場
NAFTA（North American Free Trade Agreement） 北米自由貿易協定
NATO（North Atlantic Treaty Organization） 北大西洋条約機構
NGO（Non-governmental organization） 非政府組織
OECD（Organization for Economic Co-operation and Development） 経済協力開発機構
UNDCP（United Nations International Drug Control Programme） 国連国際麻薬規制計画
UNDP（United Nations Development Programme） 国連開発計画
WHO（World Health Organization） 世界保健機構
WTO（World Trade Organization） 世界貿易機構

終　章

デヴィッド・ヘルド

　学界に限らず、広く政治の世界においても、今や、グローバル化の特質と意味について激しい論争が起こっている。この論争のなかで、今日の最も根本的な争点のいくつかが浮上している。立場のいかんを問わず誇張されがちではあるが、伝統論者、グローバル論者、変容論者の議論には、すべて、重要な指摘を認めることができる。というのも、彼らの見解はすべて、社会生活の組織とグローバルな社会変化の軌道について重大な問題を提起しているからである。また、政治生活の特質に、さらには、現在と将来を問わず、社会が直面する重要な選択肢のいくつかに大きな関心を寄せてもいる。
　本書は、「序論」で設定した多くの論点を軸に編まれている。ここで、この点を確認しておこう。

1　グローバル化とは何か。これをどのように概念化すべきか。
2　現代のグローバル化は、それまでの時代の流れのなかでみると、どのような特徴を帯びているのか。
3　グローバル化は、個々の政治社会に、とりわけ近代の国民国家の主権と自律性にどのようなインパクトを与えているのか。
4　グローバル化は、新しい型の不平等と階層化を、換言すれば、新しい類型の勝者と敗者を生み出しているのか。

　本書の行論は、以上の論点のいずれにもかかわる形で展開されてはいるが、いくつかの別の論点も繰り返し登場している。それは、グローバル化によって国家と社会をとりまく環境が不安定なものとなり、また、両者の選択と決定の類型が構造化されているとすると、どの程度に及んでいるのかということ、要するに、グローバル化によって政府と市民をとりまく環境がリスクに満ち、制約されたものとなっているのか、という疑問である。本書では、こうした諸問題にそれなりに応えてきたが、本書をむすぶにあたって、この点を簡単に考察しておくことが有益であろう。まず、グローバル化の本質をめぐる論点から始めよう。

グローバル化とは何か

　本書には、2つの異なった見解が浮上している。第1の見解は第1章に登場し、第2章と第4章で展開されている。この見解の中心には、グローバル化とは、基本的には、空間的概念であって、世界的規模の相互連関様式の広範化と強化および加速化であるとする考えがある。したがって、グローバル化とは、ローカル・ナショナルとリージョナル・グローバルを両極とするスペクトルにおさまるものとする。この点で、グローバル化は、コミュニティ相互の連関と関係およびネットワークの拡張に、あるいは、こうした現象全体の全般的強化に関わるものとされる。この対極に位置するのが、第3章でグラハム・トンプソンが展開した見解である。というのも、トンプソンは、グローバル化の本質を、とりわけ、グローバルな経済変動の本質を理解しようとすると、グローバルな経済システムの内実を明確にしなければならないと主張しているからである。この点で、「グローバル経済（global economy）」の概念を設定し、グローバル論者は、この概念をもって経済交換が国境ないしナショナルな障壁に服してはいない経済システムであるとしているものと位置づけている。この概念に対して、彼は「国際経済（international economy）」の概念を設定し、この経済においては（例えば、貿易、生産、金融を含む）本質的に独立した国民経済が相互に連関しているにすぎないとする。これは伝統論者の見解である。トンプソンは、経済的諸関係の大部分が、グローバル論者の概念とはほど遠い状況にあり、多くは伝統論者の見解に照応しているとしている。したがって、彼の結論にしたがえば、グローバル化とは現代の壮大な神話のひとつにすぎず、現代はグローバルな状況にはなく、国際体制にあるとされる。

　この見解の違いのなかで次の争点が浮上したことになる。すなわち、グローバル化とは、社会活動の空間的形態を徐々に変容させる一連の諸過程であると理解すべきなのか、それとも、本質的に最終局面を迎えていると、つまり、グローバルなシステムの完成の域に達していると理解すべきなのか、ということである。グローバル化の概念について合意を得るべきものとすると、この違いを考察すべきことになる。この短い章で、この論争に決着をつけることはできないにしても、問題の所在だけは明らかにしておくべきであろう。

　グローバル化とは文化・経済・政治に及ぶ一連の諸過程であり、時間的・空間的拡大であると理解すべきものであろうか。それとも、最終局面であって、グローバル化された現代の経済システムの規模を評価するための道具ないし尺度として活用しうるものであろうか。第3章の執筆者からすると、最も重要な

ことは、グローバルな経済システム（あるいは、別の脈絡では、おそらく、グローバルな社会ないしグローバルな政治体制）の明確な概念を設定し、その概念に照らして、今やグローバルな体制にあるか否かが判断されるべきものとなろう。これに対して、他の諸章の執筆者たちからすると、グローバル化とは一連の未確定の諸過程であって、必ずしも社会変動の確定的ないし決定的概念と結びついているわけではないとされることになろう。したがって、グローバル化には唯一の目的地が設定されているわけではなくて、政治的・社会的生活の空間的組織を変容させる一連の複合的で偶発的な諸過程であるとみなされることになる。また、この空間的組織は、確定的モデルとして「読み取る」べきものではなくて、解釈と分析の対象とされるべきものとされる。

　以上の見解にはそれぞれ言い分があるだけに、注目すべきである。さらには、一方は空間と時間に及ぶ変化の理解を期し、他方は一連のグローバルな体制のモデルに照らして諸過程の本質と限界を明らかにしているように、グローバル化のアプローチには異なったものが認められるとしても、グローバルな変容の理解という点では、いずれも、その多様な側面を明らかにしている。

現代のグローバル化はどのような特徴を帯びているか

　本書全体に広く認められる第2の争点は、現代のグローバル化の特質にかかわっている。この問題に対する応答が、なによりも、グローバル化の特質そのものをどのように見るかによって変わらざるをえないことは明らかである。例えば、グローバル化という考えに懐疑的であれば、グローバル化をもって社会変化の個別の局面ないし段階を設定してみても、無益であると考えることになろう。この点においても、各章の執筆者の見解には大きな隔たりを認めることができる。第3章でグラハム・トンプソンが強力なグローバル化テーゼに、つまり、グローバル論者の見解に深い疑念を発すべき根拠を示していることに気づかれたであろう。トンプソンは、歴史的諸条件に照らすと、現代世界が強い統合状態にあるとするにはほど遠いものがあるとしている。彼は、1世紀前と比べて、主要経済間のネットフローに大きな変化が現に起こっているわけではないと指摘している。経済的グローバル化の試金石は、世界経済の動向に単一のグローバル経済の成立が認められるか否かに求められるとの立場から、多くのグローバル論者の主張は誇張にすぎず、論拠に欠けると述べている。トンプソンはこの分野の経済論争を冷静に観察し、一般化には注意深くて然るべき論拠を示している。かくして、国民経済は存続しているし、また、国民的・国際

的経済管理の可能性には根強いものがあるとの主張をもって結びとしている。

　こうした懐疑派の主張に対して他の諸章は別の論調にある。第2章では、今日の文化とコミュニケーションのグローバルな様式に大きな変化が起こっていると強く主張し、懐疑論について検討するとともに、変容論者の見解に説得的なものがあるとしている。この点で、とりわけ、電信とインターネットの事例研究は適切である。文化フローとトランスナショナルなコミュニケーションの発展を過大視する議論が多いなかで、歴史的諸条件に照らして技術的変化が静かに起こっているという事態の検討が看過されがちな状況にある。今日、インターネットの斬新さが強く主張されているが、この種の主張の多くは、電信が発明され、発展を遂げた19世紀においてもすでにみられる。この注目すべき事例研究は、「情報革命」によってコミュニケーションのネットワークにどのような変化をきたしたかという問題を提起している。求められていることは、万事が変化したとか、何の変化も起こっていないことを確認することではなくて、何がどのように変化したかを正確に理解することである。ヒュー・マッカイによると、規模と強度、あるいは速度と量の点で、今日のグローバルな文化的コミュニケーションは頂点に達しているとされる。テレビ放送、インターネット、衛星・デジタル技術が急速に普及したことで、これまでになく広い、しかも瞬時のコミュニケーションが成立しうる状況にあるだけでなく、これに巻き込まれる人々も増えている。だが、彼は、文化空間と文化システムをめぐる対立が激化しており、「将来は未確定」であって、国民国家、メディア企業、技術発展、一般市民の好み、それぞれのあいだで、どのような協調と対立が起こるかによって規定されると主張している。

　第4章では第2章の理論的見地が敷衍されている。アンソニー・マッグルーは、ウェストファリア国家体系と現代の世界政治体系とを対比している。マッグルーが主張しているように、17世紀後期以降の国家体系が発展するなかで、人々は個別の領域的政治コミュニティに組織されるようになったが、とりわけ、1945年以降にあっては、国家の著しい国際化と政治活動のトランスナショナル化が起こっている。政治活動の現局面における新しい動向としては、グローバル・ガヴァナンスの示差的で多層的なシステムが登場し、政治権威が拡散していることが挙げられる。とはいえ、マッグルーは、すべての国家権力が衰退の一途をたどり、国家間体系が終局に向かっているわけではないとし、このように理解しないと、現況を誤解しかねないと指摘している。また、現に、政治権力の変容と再配置が進みつつあると示唆している。各国の政府はグローバルな

諸力とローカルな諸要求の狭間に置かれるようになり、その役割と機能の再考を迫られている。だが、現代の諸国家は、数世紀以前のほどではないにしても、なお、強力な存在を保っている。政治権力の基準に、例えば、課税能力や戦争遂行能力のような尺度に照らしてみても、とりわけOECD世界の諸国家の多くは、極めて強力な存在であり続けている。とはいえ、不況の防止や環境保護のような公共善の追求という点で、諸国家は協力関係を深めざるをえない状況にある。さらに、例えば、酸性雨や経済危機に対処するために、トランスナショナルな合意が交わされることがあるが、これは各国政府の国内政策の変更を迫るものとなる場合が多い。マッグルーが主張しているように、グローバル政治によって、国内政治と国際政治の本質は変容を深くしているとしても、この変容の輪郭そのものは、なお、明らかにされているわけではない。

トンプソンが懐疑論の立場から、あるいは、第2章と第4章が慎重な変容論者の立場から議論を展開しているように、現代という歴史的局面の特徴については多様な解釈があるだけに、その違いを明らかにしておくべきであろう。第1に、グローバル化とは単一の条件と直線的過程のいずれでもないことを強調しておくべきであろう。むしろ、グローバル化とはひとつの多次元的現象であって、経済・政治・技術・文化・環境のように、多様な諸領域の活動と相互作用をともなうものであると理解することが妥当であろう。こうした諸領域には、それぞれに固有の諸関係と諸活動があるだけに、確実なグローバル化論を展開するためには、各領域の現況の詳細な分析が求められる。第2に、グローバル化の一般論に訴えることで、ある活動領域で起こっていたり、あるいは他の領域で起こりそうなことを「読み取り」、あるいは予測することはできないということである。グローバル化の理論を構築するためには、各領域で何が起こっているかを理解しなければならない。例えば、経済の領域については第2章の懐疑論が当てはまるとしても、文化や政治の領域については、グローバル化の本質と力学の個別の判断が妥当することもありえよう。グローバル化には単一の歴史的論述ないし論理があるにすぎないのであって、すべての領域が順序通りに動いていると仮定すべき根拠などみあたらないし、実際、そう考えると著しい誤解を生むことになろう。グローバル化はさまざまの諸過程からなるだけに、多様な局面で、また、多様な軌道と速度において展開をみたといえよう。したがって、どのような活動と相互作用において、グローバルな諸過程が展開しうるかについては個別の検討が求められることになる。

グローバル化はどのようなインパクトを与えているか

　グローバル化が国民国家の主権と自律性にどのようなインパクトを与えているか、これが本書を貫く第3の関心領域である。驚くべきことではないが、この点でも意見は多様である。第3章の伝統主義的アプローチからすると、国民国家の主権と自律性が浸食されているとしても、グローバル化をめぐる論争においては、その程度が過大視されているとする。グラハム・トンプソンは、重要なことに、こうした過大視が起こるなかで、実際には、国民経済政策の立案と執行の任にある政策立案者の能力を軽視し、その信頼性をみくびることになりかねないと主張している。というのも、強力なグローバル論者たちは、世界経済において国民国家が、なお、重要な位置にあり、自国の諸問題を管理しているとの考えを攻撃しているが、これは間違っているとするからである。国民経済と国際経済は、なお、管理されうるものであるし、この過程において国家が重要なアクターの位置にあるし、現代は「暴走する世界（runaway world）」ではないと考えられている。

　これに対して、他の諸章の論者は別の立場にある。グローバル化が主権と自律性の衰退に連なると想定されているわけではなくて、文化的・政治的権力の再配置が起こっているということである。マッグルーが指摘しているように、各国政府の主権と自律性は再定義され、多層型ガヴァナンスのシステムに組み込まれているとする。このシステムにおいて、国家は主権に訴えて最高権力の法的存在を主張するわけにはいかなくなっている。というのも、主権は、トランスナショナルな、ないし国際機関や国際的勢力との交渉において、国家が依拠すべき手段にすぎなくなっているからであるとする。また、国家は、多角的ないしトランスナショナルな交渉において、主権と自律性を「交渉札（bargaining chips）」とすることによって、協力と活動の調整を期し、リージョナルな、ないしグローバルなネットワークの変動に対処しているとする。さらには、既定の領域を支配する国家の権利が、すなわち、国家主権が崩壊の危機を迎えている場合が多いわけではないとしても、こうした権限の現実的性質が、すなわち国家の現実的支配力の形状と形態が変容しているとする。このように理解すると、グローバル化が権力の歴史的移動を引き起こして、権力は各国政府と国民国家の選挙民の手からリージョナルな、ないしグローバルなガヴァナンスという、もっと複合的なシステムに向かっていることになる。すると、政治はトランスナショナルな、あるいはグローバルな性格をさらに強くするとともに、政治権力のリージョナルな、ないしグローバルな展開が不確実で御し難

い世界を生み、これが常態化しつつあることになる。

　現代国家がグローバル化のなかで、どのような影響を受けたかという点で、伝統論者、グローバル論者、変容論者の理解と強調点には重要な相違が認められる。これを軽視すべきではないが、リージョナルとグローバルな次元においてEUやWTOのような国際的ガヴァナンスが広がるなかで、世界秩序が今や変質過程にあり、この点について重大な分析的・規範的問題が提起されているとする認識については3者の意見は一致している。どのような類型の世界秩序が存在していると、あるいは登場すると想定されうるのか。誰がこの秩序の受益者なのか、あるいは、なるべきなのか、この疑問に応えることは、パースペクティブの違いを問わず、緊急の課題となっている。

勝者と敗者か

　グローバル化は、グローバル秩序のなかで、新しい型の権力と不平等を生み出しているのか、これが本書を貫く第4の関心領域である。この点でも、力点のおき方や連続性の点で違いが認められる。第2章は、多国籍企業がグローバルな文化的ネットワークを支配することで、周辺文化と周縁的文化集団の地位をどのように脅かすことができるのかについて検討している。だが、同時に、このテーゼを単純化しすぎないように注意している。第1に、文化とコミュニケーションのフローが主に西側世界に発しているからといって、ただちに権力ないし支配が証明されたことにはならない。フローにはグローバルなものもあれば、リージョナルなものもありうるだけに、フロー自体をもってインパクトを十分に理解することはできない。しかも、多国籍企業による文化産品の消費は、人々の地位や文化とは無関係に、消極的に消費されているわけではない。むしろ、多くの人々が、こうした産品と創造に関わっている。つまり、ローカルとナショナルを問わず、文化的資源のレンズを通して理解されているのである。創造的インターフェイスがグローバルなメディア産品とそのローカルな利用過程に介在している。さらには、ナショナルな諸機関が、なお、公的生活の中心に位置しているし、各国の視聴者は外国産品を新しい方法で絶えず再解釈している。したがって、文化帝国主義ないし文化的同質化という単純な様式が世界的に存在しているとする有力な証拠などは存在しないことになる。文化的フローの交差と混成化や多文化主義を含めて、経験的意見は大きく分かれている。

　この点では、第3章は、グローバルな経済システムにおいて勝者と敗者の様

式が複雑化していると指摘している。例えば、3極経済（NAFTA、EU、日本）のように、リージョナルな貿易と投資ブロックが発展するなかで、経済取引が地域内と地域間に集中している。3極経済は、世界の経済活動の3分の2から4分の3を占めるとともに、資源の移動は各リージョンを越えるものともなっている。とはいえ、不平等という要素がとりわけ顕著になっている。すなわち、世界人口のかなりの部分が周縁的地位にとどめおかれていたり、こうしたネットワークから排除されている。この点は近年の調査結果によって確認されていることであり、次の2つの事実を比較してみるとよく分かる。つまり、過去40年間に、世界の総生産（全GDPの合計）が4倍に、また、1人当たりの世界の生産が2倍に増えているにもかかわらず、人類の大部分は世界経済システムや経済的繁栄に与ることなどほとんどできない状態にある。近年、ある著者がこの事態を次のように要約している。

　　　13億の人々が、つまり、世界人口の22％にあたる人々が貧困線以下の生活を送っている。……こうした過酷な貧困の結果、今日、8億4,100万人（14％）が栄養失調の状態にあり、8億8,000万人（15％）が医療サービスを受けることができないでいる。10億人（17％）が住居を欠き、13億人（22％）が安全な飲料水にありつけず、20億人（33％）が電力の使えない状態に置かれている。また、26億人（43％）が下水処理施設のない状態に置かれている（Pogge, 1999, p.27. 次も参照のこと。UNDP, 1997）。

　このように、生活条件と生活機会の点で、深刻な格差が世界中に存在しており、形態は異なれ、本書の執筆者たちが一様に指摘していることである。
　こうした不平等と階層化が現代の支配的特徴ではあるが、これは経済と文化にとどまらない。政治的要因も作用している。第4章が指摘しているように、グローバル化は新しい形態の政治的不平等を生み出している。というのも、現代のリージョナルな、またグローバルなガヴァナンスのシステムにおいて、一部の国家と権力がその中枢に位置しているのに対し、その他の諸国が、とりわけ　G7とG8から排除されている諸国が周縁部にとどめ置かれているからである。マッグルーは、現代のグローバル秩序によって諸国が分断され、不平等が深まっているだけでなく、社会的排除が強化され、文化間衝突も強まりうることを指摘している。換言すると、グローバル化によって世界の断片化が進み、御することができない状態が高まりかねないということである。さらには、新しいリージョナルな、ないしグローバルなシステムが誰の利益において統治されているのかという問題を提起している。現行のグローバル・ガヴァナンスの

多層型システムの中枢には「致命的欠陥」があると、すなわち、民主的信頼性と正統性に欠けていると示唆している。

　本書の諸章で、現代の世界秩序における勝者と敗者という問題が分析されているが、その内容は次のように要約することができる。つまり、不平等と階層化の様式は、経済的には根深いものがあるとはいえ、これにとどまらず、多次元的なものでもあるということである。換言すれば、文化と政治や他の社会的諸要因が経済的要因と結びついて、さまざまの不平等や大きな社会的分裂と対立を生み、再生産されていることになる。こうした現象は根深いものであるし、起源の点でも極めて複雑であるだけに、ローカルとナショナルな、あるいはリージョナルとグローバルな次元を問わず、多くの深刻な課題を提起している。この問題に、あるいは関連諸問題にまともに取り組むべきものとすると、いくつかの点で、政治が再考されるべきことになろう。というのも、政治的平等、社会的公正、自由にまつわる既存の諸理念は、すべて、国民国家と独特の領域型政治コミュニティに発しているだけに、これを取り上げ、統一的な政治的プロジェクトへと再構成することが求められるからである。さらには、このプロジェクトが十分に有効なものとなるためには、権力の行使がローカルとナショナルな次元のみならず、トランスナショナルな規模にも及ぶとともに、ひとつのコミュニティの政治的・経済的決定が地球全体にまで波及しうるような世界の現実を踏まえたものでなければならないことになろう。この点で、本書の執筆者たちには一定の合意が認められるといえるが、詳論に及ぶと、その限界も浮上している。

争点のまとめ

　グローバル化をめぐる論争は社会諸科学にとって重要な諸問題を提起している。解釈と内実および価値が問われている。今日の世界において、グローバル化とはどのような意味を帯びているのかという疑問に応えようとすると、理論的見地に異なるものがあるだけに、浮上する争点の範囲も異なることになる。理論の展開が、また設定された活動領域が異なると、複雑な世界について多様な説明が登場することになる。だからといって、パースペクティブには解消し難い対立があるとの結論を導いてしまうと、致命的な誤解を生むことになろう。

　解釈枠組（伝統主義、グローバル主義、変容主義）の違いは重要である。「事実と証拠」が自らを語るわけでないことは明らかである。事実と証拠は解釈され、理論的に体系化される必要がある。だが、理論体系がどこに焦点を据

え、また、どのように論証されているかを評価することも重要である。各章で展開された議論から、どのような諸問題が提起されうるのかを想起してみると、統一性と経験的妥当性および包括性に即して社会科学の議論を批判的に検討すべきことがわかる。というのも、証拠のなかには概念化に齟齬をきたす場合もあるし（例えば、貿易や金融統計の作成と体系化の方法）、見地を異にすると別の証拠の妥当性が強調されることにもなるからである。

　例えば、グラハム・トンプソンは、とくに生産と貿易の組織を強調することで、グローバル化テーゼそのものに疑問を投げかけている。彼は、多国籍企業が、なお、個別の国民国家を拠点としていることを、また、貿易上の小さな変動を過大視して、新しいグローバルな経済秩序論とされていることを強調している。だが、この章がグローバルな金融市場の特質と形態の変化に焦点を据えていたなら、金融活動の変動と高まりや世界経済システムに与えているインパクトについては別の説明のつけ方がありえたとも想定できる。同様に、アンソニー・マッグルーは世界政治システムの変容が重要であると主張しているが、国家の主権と自律性に対するインパクトそのものには注目していないと指摘することもできよう。例えば、EU法の制定が、構成諸国の法的・政策的帰結に直接的な影響を与え、これを規定していることに鑑みると、EU構成諸国の主権が根源的な鋳直しの過程にあると想定することができよう。だからといって、EU以外の諸国も同様の過程にあるかとなると不明確である。国際法と人権規約の弱点に、とりわけ、その場当たり的な適用と執行に着目すると、別のストーリーを描きうることになろう。理論の統一性と包括性および経験的妥当性は常に検証されなければならない。

　本書で設定された意見には限界があるし、力点の置き方も異なっているにしろ、興味深いことに、共通の立脚点が認められる。その一部については、本章の冒頭の問題設定においてすでに明らかにしている。強調してきたことは、すべての立場から多くを学ぶことができるということである。本書の内容の大部分は相補的なものであり、グローバル化と結びついた多様な局面と問題について深い洞察を提示している。さらには、視点は異なれ、政治的コミュニティ間の結びつきと諸関係に大きなシフトが起こっているという点では意見の一致が認められるということ、すなわち、国と地域の違いによって影響の違いはあれ、国家内と国家間において文化的・経済的・政治的相互連関性が強まっているという点で、また、貿易と金融フローの規制に発する諸問題のように、トランスナショナルで国境を越える諸問題が全世界的な急務として浮上しているという

点では合意が認められる。さらには、政府間組織と国際的NGO、あるいはさまざまな社会諸運動が増加するとともに、リージョナルな、ないしグローバルな諸問題においてその役割も高まっていることに鑑みると、既存の政治メカニズムと諸制度が国民国家につなぎ止められてきただけに、この制度をもって、例えば、貧困と社会的公正のようなリージョナルな、ないしグローバルな諸問題の緊急の要請に今後とも対応しうるとするには極めて不十分であるという点でも合意が認められる。もちろん、こうした点に合意があるからといって、その含意の多くを、究極的には、どのように理解するかとなると、判断が一致しているわけではない。

　最後に、グローバル化をめぐる論争は、アカデミックな次元にとどまるものではないことを付言しておかなければならない。この論争は、現代世界の深い変容過程をめぐる政治論争でもある。どのような倫理的・制度的原理をもって人々の諸問題の組織化と将来の世界秩序の形態を組み立てるのか、あるいは組み立てるべきかが問われている（次を参照のこと。Held and McGrew, 2000）。この問題は変化のなかで考えぬかれる必要がある。正確にはどのように解釈すべきかという違いはあれ、ローカルなものとナショナルなものが、また、リージョナルなものとグローバルなものが、今や、新しく複雑に分かち難く結合している。したがって、市民と政府にとって、環境は不確実で危険を増したことになる。つまり、新しいアクターと構造によって政治生活が形成され、制約されているだけでなく、これを可能にする環境が生まれているということになる。だから、新しい危険とリスクを孕んでいるだけでなく、新しい機会と可能性も生まれていることになる。政治の枠組みに再び光りがあてられている。

参考文献

Held, D. and McGrew, A. (2000) *The Global Transformations Reader : An Introduction to the Globalization Debate*, Cambridge, Polity.

Pogge, T. (1999) 'Economic justice and national borders', *Revision*, vol. 22, no. 2.

UNDP (1997) *United Nations Development Program : Human Development Report,* New York, Oxford University Press.

監訳者あとがき

　本書は、David Held, ed., *A Globalizing World?: Culture, Economics, Politics* (London and New York, Rutledge, 2000)の全訳である。

　編者のD. ヘルドは、「グローバル化」の理論的第一人者のひとりであり、すでに、『民主政の諸類型（*Models of Democracy*）』（中谷義和訳、御茶の水書房、1998年）と「グローバリゼーションは規制できるか——政治を再び発明する」（辻中若子訳『リヴァイアサン』27号、2000年）がある。また、共著の大著＝『グローバルな諸変容——政治・経済・文化（*Global Transformations: Politics, Economics and Culture*）』（Polity Press, 1999）の訳出作業も開始されると聞いている（D. ヘルドの主要著作と略歴については、『民主政の諸類型』所収の「訳者あとがき」を参照のこと）。

　「グローバル化（globalization）」という言葉は、ひとつのはやり言葉となっているが、その内実は、必ずしも、明らかにされているわけではない。この点で、本書は、研究領域を異にする6人の執筆者が現代の「グローバル化」現象に社会・文化・経済・政治の諸次元から多面的にアプローチし、その動態と特徴を解き明かそうとするものである。

　「グローバル化」は、国民内的（national）・国民間的（international）・超国民的（transnational）なレベルにおける時間的・空間的関係の深化の複合的な過程と現象であるだけに、「統合と分離」や「包摂と反撥」の力学を内燃化し、矛盾の噴出をよんでいる。それだけに、伝統的な国家と経済や社会概念の再検討が迫られていることになる。本書は、執筆者の視点とスタンスの違いを留保しつつも、「グローバル化」をめぐる解釈ないし理論枠組みを「伝統論者」・「グローバル論者」・「変容論者」に括り、各アプローチの視座を明示し、批判的に検討するとともに、分析的・規範的視点において現代的課題を提示している。

　本書は、イギリスの「オープン・ユニバーシティー（Open University）」のテキストとして編まれ、図表と写真を使ってビジュアルに編成されている。また、各章に学習の課題と要約を付すとともに、キーワードやキータームについ

て解説し、グローバル化の現状と諸アプローチの理解を深めうるように工夫されている。それだけに、「グローバル化」という現代的状況の理解に迫るという点では、大学のテキストとして、また一般的入門書としても格好の位置にある。

しげく引用されてきたことではあるが、トクヴィルに従えば、「新しい時代には新しい政治が求められている」。本書が、「グローバル化」の動向について検討し、新しい時代の民主政論議の活発化をよびうる一助となることを期待したい。

訳出は、「日本語版への序文」と「序論」を中谷義和が、第1章を髙嶋正晴が、第2章を山下高行が、第3章を篠田武司が、第4章を國廣敏文が、「終章」を柳原克行が担当し、訳語と文体の統一を中谷義和がおこなった。また、「索引」は髙嶋正晴と柳原克行が作成した。

9.11事件を踏まえ、コスモポリタン民主政の立場から、編者のD. ヘルドは本訳書に長文の「日本語版への序文」を寄せてくださった。また、畏友で画家の松原龍夫さんは、今回も、印象的な画を表紙に使うことを認めてくださった。両氏の好意に感謝の意を表する。最後になったが、法律文化社の岡村勉社長と編集部の小西英央さんをはじめ同社の皆様が本訳書の出版に惜しみなく協力くださったことにたいし、訳者一同は深く感謝する。

監訳者　中谷義和
2002年7月1日

索　引

ア　行

アドルノ，テオドール　67
アナーキーとウェストファリア型国家体系　180, 181
アボリジニ社会とオーストラリアにおける核廃棄物の投棄　22-3, 24, 30
アムネスティ・インターナショナル　164, 181
アメリカ化としてのグローバル化　16, 68-72
アメリカ合衆国（USA）
　商品貿易の対GDP比率　107, 109, 111
　テレビ輸出　70, 72, 84-7
　と3極リージョナル化　121-2, 126-8
　と大西洋電信　77-8
　とヘゲモニー的ガヴァナンス　169, 170
　と保護主義　131
　貿易関係　129, 132, 134
　麻薬取締機関　148
　労働力移民の効果　131
アルダマストン核兵器工場　22
アレン，J　68
イギリス（United Kingdom）
　権限を委託された政府　162
　公共放送　57-9, 61-2, 73, 73-4, 74-5
　商品貿易の対GDP比率　107, 109, 111
　新　聞　75-6
　政　府
　　とグローバル・ガヴァナンス　179-80
　　と政治のグローバル化　155-6, 158, 161-2
　テレビ視聴者　73-5
　と違法麻薬取引　142, 145-6, 148-9
　と経済のグローバル化　96
　と国家の国際化　152-3
　と地図表現　36, 39
　と電信　77-8
　と東アジア経済危機　167
　メディアの規制緩和　62
イギリス核燃料社（BNF）とオーストラリアへの核廃棄物輸送　22-3, 24
イギリス放送協会（BBC）　57-9, 61-2, 72
　視聴者　73-4, 74-5
　ゴールデンアワー・ニュース　76
イスラム帝国　1
遺伝子組換え食品　34
違法麻薬
　グローバルな麻薬取引　142-3, 145-6, 148-9, 150-2
　　とグローバル・ガヴァナンス　181

　とグローバルな規制　174-7
　麻薬マネーのロンダリング　149, 175
　トランスナショナルな麻薬カルテル　153, 155
　とリージョナルなガヴァナンス　161
　に関する政治的論議　153
　麻薬関連犯罪　2, 123
移　民
　南北の経済効果　131
　の拡大とグローバル化　1-2, 32
　のフロー　30-1
インターネット　8, 12, 34, 89
　とグローバル政治　149, 157-8, 172, 173
　とグローバルな不平等　123
　と「地球村」　60-1, 71-2
　と電信　73, 77-9, 190
インディペンデント・テレビ（ITV）　59
インド，のテレビ視聴者　74
インフラストラクチャ　→グローバルなインフラストラクチャの項目を参照のこと．
インフレーション，商品貿易の対GDP比率　108-9
飲料水，放射性廃棄物による汚染　22
ウィナー，L．　177
ウェストファリア型国家体系　148-9, 158, 179-82, 190
　と再帰型国家　182
ウェル（Whole Earth 'Lectronic Link）　60-1
『ウォールストリート・ジャーナル』　75
ウッドワード，K．　33
運命共同体　165
英語，国際的コミュニケーション言語としての　15, 70
衛星テレビ放送　8, 32, 34, 57, 59, 73, 74, 79
　の規制　76-7
オーストラリアと核廃棄物の輸送　22-3, 24, 25, 30
欧州委員会　152
　経済のグローバル化の定義　102-3, 116
欧州連合（EU）　28, 34, 76, 193, 194
　とNGO（非政府組織）　153
　と国家主権　196
　と3極リージョン化　121-2, 126-8
　と政治のグローバル化　155-6, 157
　とリージョン化　28, 160, 161, 162
　貿易関係　132
大前研一　21
汚　染　2
　社会的諸関係の拡張　31

と積極的グローバル論者　27
のグローバルな輸送　22, 23, 24, 44
→環境悪化の項目も参照のこと。
オゾン破壊　2
オックスファム（Oxfam）　35
オランダ、商品貿易の対GDP比率　107, 109, 111

カ　行

海外直接投資（FDI）　113-21
　対内的　119, 120, 127
　と総資本のフロー　118-21
　と相互依存と統合　132-4
　と相互浸透　33-4
　と多国籍企業　113-8
　の株とフロー　121-2
価格調整と商品貿易の対GDP比率　108-11
核廃棄物
　のグローバルな輸送　22-5
　　地図化　44-5
　　とグローバル化への理論的アプローチ　29-30
カステル, M　40-1
株式と3極経済　127, 128
環境悪化　2, 15
　と社会的諸関係の拡張　19
カンジンスキー, ワッシリィ『スモール・ワールズ』　45, 46
関税と貿易に関する一般協定（GATT）　76
気候変動　2, 15, 19
記号化、文化の表現　83
技　術
　の国際的移転　103
　→コミュニケーション技術、情報技術の項目も参照のこと。
規制と経済のグローバル化　98-9
北大西洋条約機構（NATO）　34-5, 157
ギデンズ, アンソニー　8, 14
　『暴走する世界』　16
ギバーノウ, M　2, 9, 68, 73, 81
金本位制
　とグローバル経済　108, 112-3, 135
　と資本のフロー　121
金融市場
　グローバルな　4, 8, 34
　→東アジア、金融危機（1997）の項目も参照のこと。
グリーンピース　35, 153, 155, 163
グレイダー・ウィリアム『ひとつの世界の準備はできたか』　170

グローバル化　2-5, 8-47
　最終局面としての　189
　現代の特徴　189-92
　多次元現象としての　191
　のインパクト　192-3
　の解釈　14-9
　の概念　19-26, 97, 188-9
　の人間的次元　144
　の弁護論　10-5
　をめぐる議論　26-30
　→グローバル化の地図化の項目も参照のこと。
グローバル・ガヴァナンス　166-79, 183, 190-1
　とグローバル論者　144, 168, 170-1, 178
　と伝統論者　144, 168, 170, 178
　と国民型政府　158, 159, 179-83, 190-1
　と変容論者　144, 165-6, 167, 168, 171-9, 182-3
　のインフラストラクチャ　158-65
　　下位国家　158, 159, 162-3, 193
　　超国家　158, 159-63, 193
　　トランスナショナルな　158, 159, 163-5
　の固有の特徴　155-8
　の新形態の展開　34
　→政治とグローバル化の項目も参照のこと。
グローバル・ガヴァナンスの超国家層　157-8, 159-63
グローバル化に関する国際的フォーラム　172
グローバル化の空間的概念　188
グローバル化の地図化
　時間と空間の　42-4
　世界都市　41-2
　世界の政治地図　146-8
　多国籍企業　42-3
　と「宇宙船地球号」　40
　と核廃棄物の輸送　44
　と不平等　37-41
　メルカトル図法　36-7
グローバルなインフラストラクチャ　20-1, 25
　と文化のグローバル化　63
　の出現　34-5, 46
グローバルな気候変動　2, 15, 19
グローバルな相互連結性　17, 18
グローバルな不平等　3, 187, 194-5
　地図化　40-2
　とグローバルな文化のフロー　62-3, 68, 68-71
　と権力　25, 26, 30
　と国連『人間開発報告』　122-4
　とトランスナショナルな市民社会　157, 164-5
グローバルな変化　5

地図化　44-5
グローバル論者
　グローバル化の理論　3, 26-7, 47, 187, 196
　とウェストファリア型理念　149
　と核廃棄物の輸送　29, 30
　とグローバル化のインパクト　192
　とグローバル化の特徴　189-90
　とグローバル・ガヴァナンス　144-5, 168, 170, 178
　とグローバルな文化のフロー　52, 53-9
　と経済のグローバル化　98-9, 100, 103, 134-5, 190
　と社会的諸関係の拡張　31
　とフローの激化　31
　→悲観的グローバル論者、積極的（楽観的）グローバル論者の項目も参照のこと。
ケーブルテレビ　57, 59, 73-4, 79
経済協力開発機構（OECD）　129, 172
経済的新自由主義者　98, 100
経済のグローバル化　8, 16-7, 96-136, 188
　欧州委員会による定義　102-3, 116
　相互依存　→世界経済の相互依存の項目を参照のこと。
　統合　→世界経済の統合の項目を参照のこと。
　と金融危機　97
　とグローバル論者　98-9, 100, 103, 134-5, 190-1
　と国民経済　100, 101, 188, 189-90
　と3極リージョン化　121-8
　と資本投資　113-21
　と相互浸透　33
　と伝統論者　27-8, 99, 100-1, 102, 135-6
　と発展途上国　122-3, 124, 129-34
　とフローの強化　32
　と変容論者　99-100, 101, 103, 135, 136
　と貿易　98, 102, 105-13, 196
　の統計学的証明　101-2
　の論争　173
経済の網状化　100, 105
　と貿易　107
携帯電話　8, 10-3, 15, 32, 34
ゲイツ, ビル　10, 12, 69, 88, 122
想像の共同体　81
権力
　世界都市とグローバルな権力　21
　とグローバル化　18
　とグローバルな不平等　25, 26, 30, 194-5
　と多国籍企業　13
ゴールドブラット, D　2, 9, 68, 73, 81

公共圏とインターネット　60-1
公共放送　57-9, 61-2, 73, 79
　とナショナルな、グローバルなテレビ視聴者　73-4, 74-5
　→イギリス放送協会（BBC）の項目も参照のこと。
構造と文化的グローバル化　90
国際通貨基金（IMF）　69, 119, 152
　と東アジア金融危機　166-7, 169, 170
国際電気通信機構　159
国際法　196
国際民間航空機構　159, 174
国際労働機構（ILO）　159, 164
国内総生産（GDP）
　の地図化　40, 41
　と3極経済における貿易のフロー　125-6
　とG7経済間の資本フロー　120
　と代表的多国籍企業の収入　116-7
　と貿易　106-13
国民経済と経済のグローバル化　100, 101, 188, 189-90
国民国家
　グローバル化のインパクト　3, 17-8, 192-3
　戦後の増加　39
　と移民のグローバル化　32
　とグローバル・ガヴァナンス　34, 145
　とグローバルなインフラストラクチャ　20-1, 63
　とグローバルな文化　90
　とグローバルな変化　9
　とコミュニケーション技術　14
　と社会的諸関係の強化　19
　と政治　3-4, 146-9, 149-50
　と世界の政治地図　146-7, 148
　と多国籍企業　4
　とテレビ所有　54-7
　と伝統論者　27-8
　と変容論者　28, 129, 47
　とメディア規制　79
　のウェストファリア型体系　146-9, 158, 179-82, 190
　の権力　190-1
国民所得　→国内総生産（GDP）の項目を参照のこと。
国民型政府
　とグローバル・ガヴァナンス　158, 159, 179-83, 190-1
　へのグローバル化のインパクト　192-3
国連（UN）　35, 155, 159

国際麻薬規制プログラム（UNDCP）148-9, 150, 153, 156, 161, 174
地球サミット（リオ、1992年）157, 162
とヘゲモニー型ガヴァナンス 169
『人間開発報告書』122-3
国連教育科学文化機関（UNESCO）68
コスモクラシーと東アジア金融危機 171
国　家
　再帰型国家 182
　の国際化 150-3, 190-1
　フロー空間としての 165-6
　→国家の自律性、国民国家、国家主権の項目も参照のこと。
国家主権
　グローバル化のインパクト 187, 192-3, 196
　第2次世界大戦後の変化 39
　とウェストファリア型国家体系 180, 182
　の脅威としてのコミュニケーション技術 14
国家の自律性
　グローバル化のインパクト 187, 192-3, 196
　とウェストファリア型国家体系 180, 181
国　境
　国境を越える諸問題 197
　とウェストファリア型国家体系 180
　とグローバル・ガヴァナンス 34
　とグローバルなインフラストラクチャ 20-1
　と経済のグローバル化 100
　と国民型権力の限界 145-6
　と国民国家 9
　と世界の地図化 39
コミュニケーション技術
　と技術決定論 88-9
　とグローバル化 8, 10-5
　とグローバル化の特徴 189-90
　とグローバルなインフラストラクチャ 20-1, 34
　とグローバルな不平等 62-3
　とグローバルな文化のフロー 54-9
　と電信 73, 77-9, 88, 90
　とフローの強化 19-20, 31, 52-3
　の急速な普及 2, 4
　→テレビの項目も参照のこと。
コミュニティ政治 173
雇用、貿易グローバル化の影響 131, 134
コンピューターを媒介としたコミュニケーション（CMC）60-1

サ 行

サイオン・コンソーシアム 10-1, 12, 14, 19-20, 31
再帰型国家 182
サマーズ、ローレンス 23, 30, 44
3極経済 121-8
　相互依存と統合 126-8, 134
　とグローバルな不平等 194
　と貿易関係 129-30, 132-5
CNNインターナショナル 76
G7諸経済
　からの排除 194
　間の資本のフロー 120
G8諸政府
　からの排除 194
　と違法麻薬取引 142-3, 148, 150-2, 166
　とグローバル・ガヴァナンス 161
至高性とウェストファリア型国家体系 180, 181
資本、グローバルな支配 170-1, 178, 179
資本移動、の規制緩和 98
資本投資と経済のグローバル化 113-21
資本のフロー
　と海外直接投資（FDI）118-21
　と経済のグローバル化 102, 103, 104
市民社会、トランスナショナルな 153-4, 157-8, 163-5, 173, 183
シモネッティ，R 99
社会的諸関係の拡張 17, 19, 45-6
　と核廃棄物の輸送 24-5
　と積極的グローバル論者 27
　と文化のグローバル化 62
　の証明 31
社会的排除と「第四世界」41
社会変動
　地図化 44-5
　とグローバル化 17
上海会議（1909年）174
周縁化と経済のグローバル化 100
自由主義
　と文化のグローバル化 61-2, 67
　とメディアの規制緩和 71
主体的行為
　と文化のグローバル化 90
　グローバル化と規模 17, 17-8
出版、グローバルな 79
消費の持続不可能なレベルの縮小 27
商品貿易とGDP 106-13
情報技術
　とグローバルなインフラストラクチャ 20-1, 34
　とグローバルな不平等 62-3

とグローバルな文化のフロー　54-9, 87-9, 90
「情報社会」論争　87-8, 89
シラー，ハーバート　68, 83
シンクレア，J　80
人権規約　196
新工業化経済地域（NIEs）と北における雇用見込み　131
新自由主義と経済のグローバル化　99, 100
新聞
　グローバルな新聞　75-6, 79
　と電信　77-8
ズーキン，S　33
スコットランドの新聞　75
スタンディジ，トム　77, 78-9, 88
「ストップ・ザ・MAI」キャンペーン　172, 173
スパークス，コリン　75-6
スミス，アンソニー　73
政治活動のトランスナショナル化　153-5, 190
政治とグローバル化　9, 144-5, 145-83
　政治活動の国際化　153-5, 182, 190-1
　と国民国家　3-4, 146-9, 149-50
　と国家の国際化　150-3, 190-1
　変容主義者とグローバル政治　144, 165-6
　→グローバル・ガヴァナンスの項目も参照のこと。
政府間組織（IGOs）　35, 155, 159-62, 197
西洋文化、グローバルな文化として　62, 67-72
世界銀行
　と汚染の貿易　23, 30
　とグローバルなインフラストラクチャ　163
　とグローバルな文化のフロー　69
　と東アジア金融危機　167
世界経営者評議会　165
世界経済の相互依存　100, 101, 103-4, 134
　とグローバルな不平等　122-3, 124
　と3極経済　126-8, 134
　と貿易　105-7, 108, 113
　と南北貿易と移民　131
世界経済の統合　100, 101, 103-4
　と3極経済　126-8, 134
　と資本のフロー　121
　と多国籍企業　116-8
世界都市
　地図化　42
　とグローバルな権力　21
世界貿易機関（WTO）　34, 69, 76, 155, 157-8, 161, 163, 193
　とコミュニティ政治　173

と「ストップ・ザ・MAI」キャンペーン　172
世界保健機関（WHO）　152-3
積極的（楽観的）グローバル論者　17, 19, 27
　と核廃棄物の輸送　29, 30
　と文化のグローバル化　52, 60-2, 71-2, 89
セラフィールド核処理工場（ガンブリア州）　22, 24, 25
相互浸透
　の深化　20, 45-6
　と核廃棄物の輸送　25
　の証明　33-4
　ローカルとグローバルな文化の　68

タ行
体系的危機　173
対内海外直接投資　119, 120
　と3極経済　126-7
太平洋、通常の時空地図　42, 44
「第四世界」　41
多国間投資協定（MAI）　172, 173
多国籍企業（MNCs）　4, 10-4
　グローバルな投資のフローと違法麻薬取引　143
　地図化　42-3
　の定義　114
　とグローバル経済　99, 135, 136
　とグローバル政治　157, 165
　と国民国家　196
　と3極経済　128
　と海外直接投資（FDI）　113-9
「ダラス」（メロドラマ）　86
地域間貿易、テレビ番組の　80-2
地域的多様性、テレビ所有者の　56-7
チェルノブイリ災害　22, 24-5
地球村　60-1, 71-2, 89
中国　1
中国人コミュニティの相互連関　31
超国籍企業（TNCs）
　とグローバルなメディア市場　63-7
　と経済のグローバル化　116-7, 121
　と3極経済　127-8
　の定義　115
ディアスポラ文化　31
低開発諸国（LDCs）への汚染の輸出　23, 24
ディズニー
　テレビ・チャンネル　73-4, 74-5
　と文化帝国主義　67-8, 69, 71
テレビ
　一世帯あたりの受信者数　54-7

衛星 8, 32, 34, 57, 59, 73, 74, 79
　の規制 76-7
ケーブル 57, 59, 73, 79
チャンネル数 56-9
テレビ視聴者の地域的多様性 54-7
と相互浸透の文化的形態 33
と文化のグローバル化 52
ナショナルとグローバルな聴衆 73-5, 79
輸入番組 70, 80-2, 87, 89-90
　と文化の読解 83-7
→公共放送の項目も参照のこと。
電子（E）メール 2, 17, 61
電信の発達 73, 77-9, 88, 90, 190
伝統的経済自由主義者 98-9
伝統論者
　グローバル化の理論 3, 26, 27-8, 47, 187, 196
　と核廃棄物の輸送 29, 30
　とグローバル・ガヴァナンス 144, 168, 169-70, 178, 182
　と経済のグローバル化 27-8, 99, 100-1, 102, 135-6
　と社会的諸関係の拡張 31
　とフローの強化 31-2
　と文化のグローバル化 53, 60, 72-9, 90
ドーソン, G 98
ドイツ
　経済活動の国際化 126-7
　商品貿易の対GDP比率 107, 109, 111
投資
　海外の 104
　の規制緩和 98
　→海外直接投資（FDI）、対内海外直接投資の項目も参照のこと。
トランスナショナルな市民社会 153-4, 156-8, 163-5, 173, 183
トリニダードのアメリカ製メロドラマ番組 84
トンプソン社 115, 115-6

ナ 行
ナショナルな文化とグローバルな文化 71, 73, 87, 90
西ヨーロッパ
　と3極リージョナル化 125
　→欧州連合（EU）の項目も参照のこと。
日 本
　商品貿易の対GDP比率 107, 109, 111
　と3極リージョン化 121-2, 125, 126-8, 194
　貿易関係 129, 132

ホンダ自動車工業 116-8
ニュース機関 68, 76
ニューズ・コーポレーション 63, 64-6, 115, 116, 157
認識群団 177
ネオ・マルクス主義者と経済のグローバル化 99, 100
ネットワーク国家 182
「ネットワーク政治」 172, 173

ハ 行
ハーパー, アラン 142, 145
場所と人々の関係 13
発展途上諸国
　とグローバルな不平等 122-3, 124, 194-5
　と南北貿易関係 129-34
ハットン, ウィル、『来るべき状況』 14-5
ハバーマス, ユルゲン 60
パプア・ニューギニア、テレビ番組 83-5
犯罪とグローバル化 2, 123, 124
東アジア
　金融危機（1997） 96, 150, 166-7, 173
　　とヘゲモニー型ガヴァナンス 169
　　のグローバル論者の解釈 171
　と3極経済 125
　への資本のフローの削減 119
　貿易関係 132
悲観的グローバル論者 17, 19, 27
　と核廃棄物の輸送 29, 30
　と文化のグローバル化 52, 62-71, 72, 89-90
ビクトリア女王 78
非政府組織（NGOs） 197
　と違法麻薬のグローバルな規制 174
　とグローバル・ガヴァナンス 34, 156, 164-5, 181
　と政治活動のトランスナショナル化 153-5
ヒューズ, G 99
ヒンメルヴァイト, S 99
ファーガソン, R 99
「ファイナンシャル・タイムズ」 75
フォルクスワーゲン社、国際的生産システム 42, 43
付加価値と商品貿易の対GDP比率 111-2
ブキャナン, ジェームズ（アメリカ大統領） 78
不平等 →グローバルな不平等の項目を参照のこと。
ブラウン, ゴードン 96
フランクフルト学派 67

索引 207

フランス、GDPに占める商品取引率　107, 109, 111
ブリティッシュ・スカイ放送（BSkyB）　74
ブレア，トニー　142
フロー　→資本のフロー、フローの強化の項目を参照のこと。
フローの強化　19-20, 45
　グローバルな文化のフロー　53-4, 80-1, 86
　と核廃棄物の輸送　24
　とコミュニケーション　19-20, 52
　の証明　31-3
文化
　のグローバル化　8, 17, 32, 52-90
　　と技術　87-9
　　とグローバル論者　26-7, 53-72, 89
　　とグローバルな不平等　195
　　と伝統論者　53, 60, 72-9, 90
　　と変容論者　53, 79-87, 90, 190
　の相互浸透　20, 33
　の対立　90, 190
文化帝国主義　52-3, 193
　とグローバル化の主体　62, 67-72
　と変容論者　80, 82-3, 84, 86
文化的差異のグローバルな縮小　67
文化の表現のデコード　83-7
ヘゲモニー型ガヴァナンス　169-70, 178, 179
ヘテラーキーとグローバル・ガヴァナンス　181
変容論者
　グローバル化の理論　3-4, 28-9, 47, 187, 191, 196
　とウェストファリア型国家体系　149, 179-82
　と核廃棄物の輸送　29, 30
　とグローバル・ガヴァナンス　144, 165-6, 171-9
　と経済のグローバル化　99-100, 101, 103, 135, 136
　と東アジア経済危機　167
　と文化のグローバル化　53, 79-87, 90, 190
貿易
　国際的拡大　1, 4, 104, 105-6
　「自由主義的」グローバル貿易システム　25-6
　とグローバル経済　98, 102, 105-13, 196
　　とGDP　106-13
　　と相互依存　105-7, 108, 135
　とグローバル政治　157, 161
　と3極経済　125-6
　とフローの強化　31-3
　南北貿易関係　129-30, 131-4
　の規制緩和　98
　のパターン変化　31
　文化の　54

北米自由貿易協定（NAFTA）　121, 132, 160, 194
保護貿易主義と新興工業化経済地域（NIEs）　131
ポリアーキーとグローバル・ガヴァナンス　158
ホルクハイマー，マックス　67
ホンダ自動車工業　116-8

マ　行
マードック，エリザベス　64
マードック，ルパート　69, 74, 115, 157
マイクロソフト　10-1, 12-3, 31, 63, 122
マクルーハン，マーシャル　60
マッシー，ドリーン　36
麻薬　→違法麻薬の項目を参照のこと。
ミラー，ダニエル　84
民主政
　とインターネット　60-1, 71-2
　とメディアの所有　64, 66
ムルガン，G　15
『連結の時代』　15, 19
メキシコのサパティスタ運動とインターネット　61
メディア
　規制　76-7, 79
　規制緩和　62, 71
　所有権の集中　61-2, 63-5, 72, 89-90
　新聞　75-6
　と文化のグローバル化　52, 53
　と民主政　61
　ニュース　76
　の効果の評価　83-4
　→テレビの項目も参照のこと。
メディアの規制緩和　62, 71
メルカトル図法　36-7
モース，サミュエル　77-8
モスタファーヴィ，M　20

ヤ　行
輸送
　グローバルな核廃棄物輸送　22-6, 29-30, 44
　の新システム　2
ヨーロッパ安全保障協力機構　159

ラ　行
ラインゴールド，ハワード　60-1, 62-3
ラジオ保有台数（抽出数カ国）　56-7
楽観論者　→積極的（楽観主義的）グローバル論者の項目を参照のこと。
ラテン・アメリカ　の「テレノベラス」（輸入メロドラマ）　80, 81

リージョナル・ガヴァナンス　160-1, 183, 192-3
リージョン化　19
　　と3極経済　121-8
　　と伝統論者　28
リスク管理とグローバルな麻薬取引　175
リスク社会　173-4, 183
領域性とウェストファリア型国家体系　180
旅行の増加　1
冷　戦
　　と技術決定論　88-9
　　とグローバル・ガヴァナンス　158, 169
レストランと相互浸透の文化形態　33
ローカルな政府とグローバル政治　162
ローカルな世界
　　とグローバルな相互浸透　33, 84-6
　　とグローバルな連結性　17, 17-8, 19

ワ　行
ワイズマン，ジョン『オーストラリアとグローバル化の政治』　16, 19

監訳者

中谷義和（立命館大学法学部教授）………日本語版への序文, 序論

訳　者

髙嶋正晴（下関市立大学経済学部助教授）…………第1章
山下高行（立命館大学産業社会学部教授）…………第2章
篠田武司（立命館大学産業社会学部教授）…………第3章
國廣敏文（立命館大学産業社会学部教授）…………第4章
柳原克行（大同工業大学教養部専任講師）…………終章

2002年10月1日　初版第1刷発行
2006年1月30日　初版第5刷発行

グローバル化とは何か
――文化・経済・政治――

編　者　デヴィッド・ヘルド
監訳者　中　谷　　義　和
発行者　岡　村　　　勉

発行所　株式会社　法律文化社

〒603-8053　京都市北区上賀茂岩ケ垣内町71
電話 075(791)7131　FAX 075(721)8400
http://www.hou-bun.co.jp／

© 2002 Yoshikazu Nakatani　Printed in Japan
西濃印刷株式会社・酒本製本所
装幀　前田俊平
ISBN4-589-02596-5

ロレイン・エリオット著／太田一男監訳 **環 境 の 地 球 政 治 学** A5判・350頁・3675円	地球環境問題の歴史的変遷をふまえ、諸問題群を理論的に考察した体系的な概説書。最新の研究成果をふまえて今日的課題を検討し、問題解決への方向性を示唆する。「持続可能な開発」と「環境の安全保障」を詳細に検証し、女性と先住民族にも言及。
M.ガートフ著／菊井禮次訳 **グローバル・ヒューマニズムの政治学** ―世界秩序転換のアジェンダ― A5判・396頁・3990円	戦後国際社会のグローバルな危機―軍拡競争・低開発・人権侵害・環境破壊―の諸相を明らかにすると同時に、人類的利益を促進する理論の枠組みと実践課題を提起し、世界秩序パラダイムの再構築―転換と創造―を試みる。
岡本三夫・横山正樹編 **平 和 学 の 現 在** A5判・298頁・2940円	平和学の起源・構想・方法・対象など、その全体像を鳥瞰し、今日の理論の到達点を解説。戦争のない状態=「平和」という概念を超えて、核廃絶・構造的暴力・国連・沖縄・ジェンダー・エコロジー等を対象に真の平和を探求する。
岡本三夫著 **平 和 学** ―その軌跡と展開― A5判・376頁・6300円	総体で平和創造という価値を含みもちながら、その一方で研究対象が多様な平和学の体系化を試みる。前編で、起源はじめ学問としての発展過程を整理し、後編で、各国の制度化を概観する。
戸﨑 純・横山正樹編 **環 境 を 平 和 学 す る！** ―「持続可能な開発」からサブシステンス志向へ― A5判・244頁・2205円	環境破壊は、生命の本来性を奪い、平和ならざる状況の一つである。環境を平和学的に捉え直すことにより、環境問題アプローチのオルタナティブを提言する。「開発」から平和へのパラダイム転換と構造的暴力克服への方途を提示する。
高田和夫編 **国 際 関 係 論 と は 何 か** ―多様化する「場」と「主体」― A5判・352頁・3150円	モノ、カネ、安全保障、情報、人など日常生活の世界化に強く作用する諸要因と、地域やNGOなど国際関係のプロセスに参加する多様な主体を考察。国際社会における民主化と平和の実現を希求して、新しい国際関係論を展望。

―法律文化社―

表示価格は定価（税込価格）です